रज़ा फ़ाउण्डेशन | THE RAZA FOUNDATION

पंचामृत

अश्विनीकुमार दुबे

राजकमल प्रकाशन

रज़ा पुस्तक माला : **संगीत**
प्रधान सम्पादक : अशोक वाजपेयी | सम्पादक : पीयूष दईया
राजकमल प्रकाशन प्रा.लि. और रज़ा फ़ाउण्डेशन का सह-प्रकाशन

ISBN : 978-93-88933-96-4

मूल्य : ₹595

पहला संस्करण : 2019

प्रकाशक : राजकमल प्रकाशन प्रा. लि.
1-बी, नेताजी सुभाष मार्ग, दरियागंज
नई दिल्ली-110 002

शाखाएँ : अशोक राजपथ, साइंस कॉलेज के सामने, पटना- 800 006
पहली मंजिल, दरबारी बिल्डिंग, महात्मा गांधी मार्ग, इलाहाबाद- 211 001
36 ए, शेक्सपियर सरणी, कोलकाता-700 017

वेबसाइट : www.rajkamalprakashan.com
ई-मेल : info@rajkamalprakashan.com

मुद्रक : यश प्रिंटोग्राफिक्स
नोएडा-201 301 (उत्तर प्रदेश)

Panchamrit
by Ashwini Kumar Dubey

स्व. श्री राधा चरण दुबे
की पावन स्मृति में

आमुख

कलाओं में भारतीय आधुनिकता के एक मूर्धन्य सैयद हैदर रज़ा एक अथक और अनोखे चित्रकार तो थे ही उनकी अन्य कलाओं में भी गहरी दिलचस्पी थी। विशेषतः कविता और विचार में। वे हिन्दी को अपनी मातृभाषा मानते थे और हालाँकि उनका फ्रेंच और अँग्रेज़ी का ज्ञान और उन पर अधिकार गहरा था, वे फ्रांस में साठ वर्ष बिताने के बाद भी, हिन्दी में रमे रहे। यह आकस्मिक नहीं है कि अपने कला-जीवन के उत्तरार्द्ध में उनके सभी चित्रों के शीर्षक हिन्दी में होते थे। वे संसार के श्रेष्ठ चित्रकारों में, २०-२१वीं सदियों में, शायद अकेले हैं जिन्होंने अपने सौ से अधिक चित्रों में देवनागरी में संस्कृत, हिन्दी और उर्दू कविता में पंक्तियाँ अंकित कीं। बरसों तक मैं जब उनके साथ कुछ समय पेरिस में बिताने जाता था तो उनके इसरार पर अपने साथ नवप्रकाशित हिन्दी कविता की पुस्तकें ले जाता था : उनके पुस्तक-संग्रह में, जो अब दिल्ली स्थित रज़ा अभिलेखागार का एक हिस्सा है, हिन्दी कविता का एक बड़ा संग्रह शामिल था।

रज़ा की एक चिन्ता यह भी थी कि हिन्दी में कई विषयों में अच्छी पुस्तकों की कमी है। विशेषतः कलाओं और विचार आदि को लेकर। वे चाहते थे कि हमें कुछ पहल करनी चाहिये। २०१६ में साढ़े चौरानवे वर्ष की आयु में उनकी मृत्यु के बाद रज़ा फ़ाउण्डेशन ने उनकी इच्छा का सम्मान करते हुए हिन्दी में कुछ नयी क़िस्म की पुस्तकें प्रकाशित करने की पहल *रज़ा पुस्तक माला* के रूप में की है, जिनमें कुछ अप्राप्य पूर्व प्रकाशित पुस्तकों का पुनर्प्रकाशन भी शामिल है। उनमें गाँधी, संस्कृति-

चिन्तन, संवाद, भारतीय भाषाओं से विशेषतः कला-चिन्तन के हिन्दी अनुवाद, कविता आदि की पुस्तकें शामिल की जा रही हैं। सभी पुस्तकों पर रज़ा साहब और उनके समकालीन मित्र चित्रकारों आदि की प्रतिकृतियाँ आवरणों पर होंगी।

शास्त्रीय संगीत और संगीतकारों पर हिन्दी में बहुत कम सामग्री है— पठनीय तो और भी विरल। इसलिए पाँच शास्त्रीय संगीतकारों पर यह पुस्तक प्रकाशित करते हुए हमें प्रसन्नता है। यह संगीत में डूबे एक रसिक की पुस्तक है और उसे पढ़कर आपकी शास्त्रीय संगीत में रसिकता उद्दीप्त हो सकती है ऐसी उम्मीद है।

अशोक वाजपेयी
सितम्बर २०१९, नयी दिल्ली

प्राक्कथन

मेरा बचपन मैहर में बीता। मेरा स्कूल बाबा (अलाउद्दीन ख़ाँ साहब) के बंगले के ठीक सामने था। स्कूल में कोई कार्यक्रम हो; सरस्वती पूजन, वार्षिक उत्सव आदि, हमारे प्रिंसिपल साहब झट बाबा को बुला लेते। बाबा सहज ढंग से आ भी जाते। कभी-कभी उनके शिष्य भी उनके साथ आते। इस प्रकार बचपन से ही बाबा और उनके सभी शिष्यों को सुनने व उन्हें पास से देखने के ख़ूब अवसर मिलते रहे। प्रति वर्ष बाबा की स्मृति में मनाये जाने वाले संगीत समारोह को भी सालों-साल देखने-सुनने का मौक़ा मिला। संगीत कला के सभी नामचीन कलाकारों को मैंने अपने स्कूली दिनों में ही नज़दीक से देखा और सुना। अक्सर बड़े कलाकारों से बातचीत करने के भी मौक़े आये। उनके पास बैठकर मैंने शास्त्रीय संगीत की बारीकियाँ जानीं। उन दिनों रिश्ते में मेरे चाचा (मेरे पिता की बुआ के बेटे, जिन्हें यह किताब समर्पित है) से मेरा सम्पर्क बढ़ा। वे थे तो इंजीनियर परन्तु शास्त्रीय संगीत के ख़ासे जानकार, उनके साथ मेरी घण्टों बैठकें होतीं। इस प्रकार बचपन से मुझे शास्त्रीय संगीत के संस्कार मिले।

उन दिनों हर कोई साइंस की पढ़ाई करते हुए इंजीनियर या डाक्टर होना चाहता था। घर में माँ-बाप भी अपने बच्चों से यही अपेक्षाएँ करते थे। इस प्रकार मैहर से निकलकर मैंने साइंस (मैथ्स) में स्नातक डिग्री हासिल की और सिविल इंजीनियरिंग में डिप्लोमा करके छत्तीसगढ़ (उस समय म.प्र. में) में नौकरी करने चला गया। रायपुर (छ.ग.) में रहते हुए

वहाँ डॉ. अरुण कुमार सेन और डॉ. अनीता सेन से मेरा परिचय हुआ। दोनों इन्दिरा संगीत वि.वि. खैरागढ़ से सम्बद्ध थे। छत्तीसगढ़ में रहते हुए वहाँ के नामी कलाकारों से परिचय हुआ और उन्हें सुनने के अवसर मिलते रहे। इस प्रकार मैं अपने आपको शास्त्रीय संगीत का अनन्य प्रेमी और जिज्ञासु श्रोता मानता हूँ। कई बार सितार सीखने की इच्छा हुई। कुछ दिनों तक अभ्यास भी किया परन्तु बात आगे नहीं बढ़ पायी। सरकारी नौकरी की व्यस्तताएँ और तबादले आदि में शहर बदलते रहने के कारण मैं चाहते हुए भी संगीत सीख नहीं पाया।

नौकरी के अन्तिम सालों में मुझे देवास (म.प्र.) में रहने का अवसर मिला। देवास उस्ताद रजब अली ख़ाँ और पण्डित कुमार गन्धर्व की नगरी है। यहाँ गली-गली में उनके चर्चे होते हैं। पुरानी पीढ़ी के लोग बड़ी श्रद्धा से उन्हें याद करते हैं। बहुत लोगों से यहाँ उनके विषय में सुनने को मिला। हाँ, नयी पीढ़ी में उनके विषय में ज़्यादा उत्साह दिखायी नहीं दिया। नौकरी से सेवानिवृत्त होकर मैं अपनी छोटी बेटी के साथ इन्दौर रहने लगा। इन्दौर उस्ताद अमीर ख़ाँ और आचार्य गोकुलोत्सव महाराज की नगरी है। यहीं विदुषी श्रीमती कल्पना झोकरकर रहती हैं। आप श्री कृष्णराव मुजुमदार की बेटी हैं, और शास्त्रीय गायन में इस समय देश की नामी शख़्सियत हैं। आपसे लगातार मेरी मुलाक़ातें होती रहती हैं। यों कहें कि इस किताब की प्रेरणास्रोत भी वही हैं। इन्दौर सचमुच एक कलानगरी है। यहाँ साहित्य, संगीत, रंगमंच, चित्रकला और फ़िल्मों से सम्बन्धित गतिविधियाँ बहुत हैं। शास्त्रीय संगीत के कई बड़े कार्यक्रम यहाँ प्रतिवर्ष होते हैं, जिसमें उस्ताद अमीर ख़ाँ स्मृति समारोह एवं श्री कृष्णराव मुजुमदार स्मृति समारोह प्रमुख हैं। इसके अलावा कई संगीत संस्थाएँ हैं जो आये दिन शास्त्रीय संगीत सभाएँ आयोजित करती हैं। दुःख इस बात का है कि इन संगीत सभाओं में युवा पीढ़ी की उपस्थिति प्रायः कम ही रहती है, जबकि सुगम संगीत एवं फ़िल्म संगीत के कार्यक्रमों में युवाओं की उपस्थिति भरपूर रहती है। इस प्रकार शास्त्रीय संगीत का अमृत जो इस शहर में पर्याप्त और सहज सुलभ है, उससे हमारी युवा पीढ़ी वंचित क्यों? यह प्रश्न भी इस किताब के लिए प्रेरणा है। मैं युवा पीढ़ी को शास्त्रीय संगीत के अमृत से परिचित कराना चाहता हूँ। मैंने मैहर में कई फ़िल्म स्टारों और राजनेताओं को बाबा के

चरण स्पर्श करते हुए देखा है। मेरे प्रिंसिपल कहा करते थे कि बाबा इन सबसे बहुत बड़े हैं। यह बात मुझे सदा स्मरण रहती है। मैं युवा पीढ़ी को अपनी किताब के माध्यम से यह बात समझाना चाहता हूँ।

'पंचामृत'। मैंने इस किताब में संगीत मार्तण्ड रजब अली ख़ाँ, उस्ताद अमीर ख़ाँ, पण्डित कुमार गन्धर्व, श्री कृष्णराव मुजुमदार एवं आचार्य गोकुलोत्सव महाराज के व्यक्तित्व और कृतित्व पर चर्चा की है। इन हस्तियों का क़द कितना बड़ा है, यह हमारी नयी पीढ़ी को अच्छी तरह समझना चाहिये। प्रायः सामान्य लोगों द्वारा पूछा जाने वाला बहुत रूढ़-सा प्रश्न है, शास्त्रीय संगीत समझ में नहीं आता है। जी हाँ, दरअसल, शास्त्रीय संगीत एक अमूर्त कला है, जिसका आनन्द लेने के लिए आपको भी अमूर्त जगत् में प्रवेश करना पड़ता है। उसे जानने, समझने और उसमें विभोर होने के लिए शान्त होना पड़ता है। मन की सारी ऊहापोह, दिन का सारा तनाव, संसार की सारी उठापटक से मुक्त होकर, एकाग्रचित्त करके आपको बैठना होता है। यहाँ कान ही नहीं, मन और हृदय को भी पूरी तरह खुला रखना है। फिर देखिये धीरे-धीरे, कैसे अमृत रस आपकी आत्मा में उतरने लगता है। इसके लिए आपको शास्त्रीय संगीत के व्याकरण को जानने की ज़रूरत नहीं है। धीरे-धीरे, सुनते-सुनते अपने आप समझ विकसित होने लगती है और आनन्द आने लगता है। परन्तु इतना धैर्य लोगों के पास कहाँ? मैं परिचित करना चाहता हूँ लोगों को शास्त्रीय संगीत के अमृत से।

'पंचामृत' पढ़कर आप एक बार ज़रूर इन पंच विभूतियों को सुनना चाहेंगे। आजकल तो इण्टरनेट और सेलफ़ोन ने आपको सारी सुविधा उपलब्ध करा रखी है। बस एक बटन दबाने की देर है और अमृत कानों में घुलने लगता है। शास्त्रीय संगीत की साधना बहुत कठिन है। यह अत्यन्त श्रम और समय साध्य है। बाबा कहा करते थे—शास्त्रीय संगीत सीखने के लिए एक उम्र बहुत कम है। जबकि स्वयं वे १०८ वर्षों तक जिये। इतनी लम्बी उम्र भी उन्हें संगीत सीखने के लिए कम लगती रही। 'पंचामृत' में सम्मिलित सभी विभूतियों ने अपने समय को भली-भाँति पहचाना और उसके एक-एक पल का उपयोग किया, तब जाकर वे इतने महान् संगीतकार हो सके। सचमुच, उनको सुनना एक नये अनुभव से गुज़रना है।

इन्दौर में रहते हुए मैं यहाँ आयोजित सभी शास्त्रीय संगीत के कार्यक्रमों में बतौर श्रोता शरीक़ होता हूँ। लगभग एक जैसे श्रोता। हर कार्यक्रम में वही-वही चेहरे। नये श्रोता इन कार्यक्रमों से कैसे जुड़ेंगे? लोग कैसे जानेंगे कि हमारे शहर में इतने बड़े कलाकार हुए और उनके शिष्य अभी सक्रिय हैं। नयी पीढ़ी का इस अमृत से परिचय कैसे होगा? ये प्रश्न मेरे मन को मथते थे। मैं ऐसा कुछ करना चाहता था, जिससे युवा पीढ़ी में शास्त्रीय संगीत के प्रति जिज्ञासा पैदा हो। लोगों को पता चले कि हमारे आस-पास कितने महान् कलाकार हुए हैं। उनकी शिष्य परम्परा किस प्रकार अपने गुरु की शिक्षा को आगे बढ़ा रही है। इस विचार को ध्यान में रख कर मैंने एक योजना बनायी, 'पंचामृत' को लिखे जाने की। मेरे पास जानकारी बहुत कम थी और काम बड़ा। मैंने एक दिन अपनी योजना श्रीमती कल्पना झोकरकर जी को बतायी और सामग्री के अभाव का रोना रोया। उन्होंने मुझे बहुत उत्साहित किया और पर्याप्त जानकारी उपलब्ध कराने का वादा भी किया। इस बीच मेरे अभिन्न मित्र सत्यनारायण व्यास, जो 'सूत्रधार' नामक साहित्यिक-सांस्कृतिक संस्था के एकमात्र कर्ता-धर्ता हैं, से मैंने अपनी परेशानी बतायी। दूसरे दिन उन्होंने थैलाभर अख़बारों की कटिंग्स, फोल्डर, ब्रोशर आदि मुझे उपलब्ध कराये, जिन्हें पढ़ते हुए मैं अपने विषय में बहुत समृद्ध हुआ। आचार्य गोकुलोत्सव महाराज जी इन्दौर में रहते हैं परन्तु अपने कार्यक्रमों के सिलसिले में वे प्राय: विदेशी दौरों पर होते हैं। उन्होंने इन्दौर प्रवास के दौरान मुझे पर्याप्त समय दिया और अपने विषय में विशेष सामग्री उपलब्ध करायी। आकाशवाणी इन्दौर के निदेशक महोदय से भी मुझे आवश्यक सहयोग मिला। कल्पना झोकरकर जी से इस बीच कई बार मुलाक़ातें हुईं। उन्होंने रजब अली ख़ाँ, कुमार गन्धर्व और अपने पिता श्री कृष्णराव मुजुमदार के विषय में मुझे दुर्लभ जानकारी उपलब्ध करायी। इस प्रकार मेरा उत्साह बढ़ा और 'पंचामृत' का लेखन प्रारम्भ हुआ।

कोई सालभर के अन्दर मैंने यह किताब पूरी कर ली। श्री अशोक वाजपेयी को भला कौन नहीं जानता? मध्यप्रदेश में कला, संगीत, साहित्य और संस्कृति के क्षेत्र में आपने बहुत काम किया है। मैंने बिना किसी संकोच के अपनी पाण्डुलिपि उनके पास अवलोकनार्थ भेज दी। एक हफ़्ते बाद ही उनका फ़ोन आया—पाण्डुलिपि बहुत अच्छी है। हम

इसे रज़ा फ़ाउण्डेशन की तरफ़ से प्रकाशित कर रहे हैं।

हमारी और प्रकाशकों की यही मंशा है कि आप भारतीय शास्त्रीय संगीत की उत्कृष्ट परम्परा से परिचित हों। आधुनिक मनोरंजन के तमाम दबावों के बावजूद आज भी शास्त्रीय संगीत सभाओं में गुणीजन आते हैं। आप वंचित रह जाते हैं, सिर्फ़ अधैर्य के कारण। इस किताब को पढ़कर आपको भारतीय शास्त्रीय संगीत क्षेत्र की महान् विरासत का परिचय मिले और इस गौरवशाली संगीत को सुनने के प्रति आपमें रुझान पैदा हो, यही कामना है।

कश्मीरी कवि श्री सतीश विमल की इन पंक्तियों के साथ मैं यह पुस्तक अब आपके हाथों में सौंपता हूँ—

> इस धर्म का ईश्वर
> शक्ति नहीं आनन्द है
> मैं गुड़ के स्वाद को
> गूँगेपन से बाँट रहा हूँ।

—अश्विनीकुमार दुबे

क्रम

सकल गुनिजन विद्या पहिचाने
संगीत मार्तण्ड रजब अली ख़ाँ

वर्षों पहले एक मुस्लिम परिवार अलवर रियासत से मालवा की नरसिंहगढ़ रियासत में आकर रहने लगा। उस समय रोज़ी-रोटी की तलाश में लोग लम्बी-लम्बी यात्राएँ किया करते थे। गाने-बजाने वालों का यह परिवार पूरी तरह राजाश्रय पर निर्भर था। राजा यदि गुणी है, संगीत का जानकार है, तब तो उसके राज्य में कलावन्तों का गुज़र-बसर हो सकता था। यदि ऐसा नहीं है तो राज्य के कलाकार दूसरे राज्यों में जाकर बस जाते थे। परिवार के मुखिया मुग़ल ख़ाँ बहुत अच्छे ख़याल गायक थे। आपकी शादी देवास में हुसैनी बाई से हुई थी।

मुग़ल ख़ाँ बड़े मुहम्मद ख़ाँ की शिष्य परम्परा से थे। बड़े मुहम्मद ख़ाँ सचमुच बड़े मुहम्मद ही थे। वे अपने समय के बहुत बड़े गायक थे। लोग उनका शिष्यत्व प्राप्त करने के लिए तरसते रहते थे। वे ग्वालियर दरबार के प्रमुख गायक थे। ग्वालियर महाराज की शह पर उनके ही पलंग के नीचे छुपकर हद्दू ख़ाँ और हस्सू ख़ाँ ने आपको सुनते हुए आपकी गायकी चोरी से सीखी। इस घटना से बड़े मुहम्मद ख़ाँ बहुत क्षुब्ध हुए, महाराज की मर्ज़ी से वह घटना हुई थी, इसलिए वे किसी से कुछ कह नहीं पाये परन्तु इस घटना के पश्चात् ग्वालियर में उनका मन नहीं लगा। वे ग्वालियर छोड़कर राजस्थान चले गये। कुछ समय पश्चात् रीवा महाराज ने उन्हें राजाश्रय प्रदान किया। उस समय पूरे देश में उनका

बड़ा नाम था। वे उस समय के बहुत प्रसिद्ध गायक थे। वे जिस दरबार में रहते, उनके कारण उस राज-दरबार की शान बढ़ जाती थी। मुग़ल ख़ाँ ने उनका नाम भलीभाँति सुन रखा था। वे उनसे ही सीखना चाहते थे। हिम्मत करके रीवा गये और बड़े मुहम्मद ख़ाँ साहब से उन्होंने अपना निवेदन किया। वैसे तो मुहम्मद ख़ाँ किसी को अपनी गायकी नहीं सिखाते थे। ग्वालियर में हद्दू ख़ाँ और हस्सू ख़ाँ ने उनकी गायकी चोरी से सीखी, इस बात पर उन्होंने ग्वालियर हमेशा के लिए छोड़ दिया था। मुग़ल ख़ाँ में उन्होंने जाने क्या बात देखी कि उन्हें सिखाना उन्होंने कुबूल कर लिया। इस प्रकार रीवा में ही मुग़ल ख़ाँ ने बड़े मोहम्मद ख़ाँ साहब से गण्डा बँधवाया।

मुग़ल ख़ाँ की शादी देवास में हुसैनी बाई से हुई थी। हुसैनी बाई एक असाधारण महिला थीं। वे अपने गायक पिता मुनव्वर ख़ाँ और गायक भाइयों के साथ ग्वालियर से देवास, महाराज के राजाश्रय पर, आयीं थीं। उनका परिवार देवास राजघराने का सम्मानित गायक परिवार था। हुसैनी बाई स्वयं बहुत अच्छा गाती थीं। ऐसे गुणी माता-पिता के पुत्र हैं रजब अली ख़ाँ।

रोहिणी नक्षत्र में ठीक जन्माष्टमी के दिन ३ सितम्बर, १८७४ को नरसिंहगढ़ में रजब अली का जन्म हुआ। उनका नाम रजब अली इसलिए रखा गया कि उनका जन्म हिज्री साल के सातवें महीने रजब का होना पाया गया, यह हज़रत मोहम्मद के मेराज की रात है। इस प्रकार दोनों परम्पराओं के अनुसार उनका जन्मदिन अत्यन्त सौभाग्यशाली माना गया। घर में पूरी तरह संगीतमय वातावरण था। पिता मुग़ल ख़ाँ नामी ख्यात गायक एवं माँ भी उच्चकोटि की कलाकार। बालक रजब अली की घर पर ही संगीत शिक्षा प्रारम्भ हुई। इस प्रकार पहले गुरु उनके पिता मुग़ल ख़ाँ हुए। मुग़ल ख़ाँ बहुत अनुशासनप्रिय व्यक्ति थे। नियमित दिनचर्या उनके जीवन का सबसे बड़ा उसूल था। चार साल की उम्र से ही बालक रजब अली का रियाज़ प्रारम्भ हो गया। दस साल की उम्र तक पहुँचते-पहुँचते वे सभाओं में गाने लगे थे। पिता उन्हें अपने साथ ले जाते और जहाँ अवसर मिलता उन्हें स्टेज पर गाने के लिए प्रोत्साहित करते। इस प्रकार रजब अली में आत्मविश्वास पैदा करने में उनके पिता की भूमिका महत्त्वपूर्ण रही। दस वर्ष की अल्प आयु में उन्हें नेपाल जाने का

अवसर मिला। वहाँ एक संगीत कार्यक्रम में उन्होंने जलतरंग बजाकर लोगों को आश्चर्यचकित कर दिया। रजब अली में अब कोई झिझक नहीं रही। एक बार आग्रह करने पर ही वे अपना आलाप शुरू कर देते। यहाँ उनकी माँ ने उन्हें सम्भाला, सभाओं में गाने से झिझक दूर होती है। आत्मविश्वास बढ़ता है। परन्तु रजब अभी बच्चे हैं, उन्हें आगे बहुत सीखना है। कहीं शैशवकाल में ही अपने आप को वे कलाकार न समझने लगें, इस ओर उनकी माँ ने उन्हें हमेशा सचेत किया।

नरसिंहगढ़ में मुग़ल ख़ाँ के परिवार की आर्थिक स्थिति बहुत अच्छी नहीं थी। गाने-बजाने के अलावा परिवार में कोई रोज़गार-व्यवसाय न था। कहीं से कोई आर्थिक मदद मिलने की सम्भावना भी नहीं थी। ऐसे में पति-पत्नी दोनों ने देवास जाकर बस जाने की बात पर विचार-विमर्श किया। हुसैनी बाई का कहना था, वहाँ रजब के दोनों मामा राजघराने के नामी गायक हैं। देवास के महाराज भी गुणी कलाकारों का बहुत मान-सम्मान करते हैं। बालक रजब की तालीम के लिए वहाँ एक से एक गुणी कलाकेन्द्र मौजूद हैं। इस प्रकार देवास चलकर रहना हमारे परिवार के लिए बहुत अनुकूल रहेगा। मुग़ल ख़ाँ ने अपनी बेगम की बात थोड़े सोच-विचार के पश्चात् मान ली। इस प्रकार नरसिंहगढ़ से यह परिवार देवास में आकर रहने लगा।

देवास के महाराज धार्मिक प्रवृत्ति के, संगीत के जानकार और गुणीजनों की क़द्र करने वाले शख़्स थे। टेकरी पर माँ का मन्दिर, पास में शीलनाथ बाबा का आश्रम, जहाँ दूर-दूर से साधु-सन्तों का आगमन होता रहता था। इस तरह देवास नगरी मुग़ल ख़ाँ परिवार को भा गयी, वे स्थायी रूप में यहीं बस गये। रजब अली ख़ाँ बचपन में खेलकूद के बड़े शौक़ीन रहे। अखाड़े में कुश्ती लड़ना, लाठी भाँजना और कसरत करना उन्हें बहुत पसन्द था। उनके दोनों मामा क्रमशः मगन ख़ाँ और बबुले ख़ाँ देवास राज दरबार के प्रतिष्ठित गायक थे। बालक रजब अली उनके साथ अकसर राजदरबार जाया करते थे। वहाँ उन्होंने पहली बार बन्दे अली ख़ाँ साहब की गायकी सुनी। उस्ताद बीनकार के रूप में बहुत ख्याति अर्जित कर चुके थे। उस्ताद को सुनते हुए रजब अली बहुत प्रभावित हुए। मन ही मन उन्होंने निर्णय लिया कि वे उस्ताद बन्दे अली ख़ाँ से गण्डा ज़रूर बँधवायेंगे। वे अब नियमित रूप से दरबारी कार्यक्रमों में सम्मिलित हो

रहे थे। उस्ताद बन्दे अली को सुनते हुए वे अभिभूत हो जाते। कार्यक्रमों में वे उन्हें एकटक होकर निहारते और ध्यानपूर्वक उन्हें सुनते रहते। देवास के महाराज कृष्णाजी राव पवार (बड़ी पाती) इस बालक को अक्सर संगीत कार्यक्रमों में एक अच्छे श्रोता के रूप में देख रहे थे। एक दिन अपने मामू के कहने पर रजब अली ने महाराज के सम्मुख अपना गाना प्रस्तुत किया। महाराज बहुत प्रसन्न हुए। उन्होंने अपने मुनीम को बोलकर बालक के लिए रोज़ दो पराँठे और छटाँक भर देशी घी की व्यवस्था करवा दी। रजब अली बहुत ख़ुश हुए। उनका पहलवानी का शौक़ और गले का रियाज़ साथ-साथ चलता रहा था। रजब अली का स्कूली शिक्षा में बिलकुल मन नहीं लगा। घर पर रहते हुए ही उन्होंने हिन्दी, उर्दू और मराठी सीखी। घरेलू आपसी बातचीत वे मराठी में ही किया करते थे। इस बीच प्रसिद्ध नाथ योगी शीलनाथ महाराज से आपका परिचय हुआ। वे उनसे बहुत प्रभावित हुए। नाद योग और ओंकार की साधना रजब अली ने उन्हीं से सीखी। उनके आश्रम में जाते हुए रजब अली ने विभिन्न सन्तों की वाणियों का श्रवण किया, जिसका प्रभाव उन पर हमेशा बना रहा। उनके अब्बा हुज़ूर मुग़ल ख़ाँ स्वयं बहुत अच्छे ख़याल गायक थे। आपको मेरुखण्ड का विशेष ज्ञान था। रजब अली को उन्होंने बड़े अनुशासन में संगीत सिखाना प्रारम्भ कर दिया था। उन्होंने शुरू में स्वरों और पलटों का अभ्यास रजब अली को कराया। जो भी स्वरावली उनके द्वारा बतायी जाती रजब अली तुरन्त उसे अपने गले से निकालकर अब्बा हुजूर को ख़ुश कर देते। मुग़ल ख़ाँ को विश्वास हो चला था कि एक दिन उनका बेटा रजब बहुत बड़ा कलाकार बनेगा। मुग़ल ख़ाँ ने उन्हें अनेक राग-रागिनियाँ सिखायीं। आलाप, बहलावे, मींड, गमक, ताने, खटके आदि की शिक्षा उन्हें उनके अब्बा मुग़ल ख़ाँ के द्वारा ही प्राप्त हुई। जलतरंग वे बचपन से बहुत अच्छी बजा लेते थे।

बन्दे अली ख़ाँ को सुनते हुए बीनकारी की ओर भी उनका रुझान बढ़ा। बेटे का झुकाव देखते हुए उनके अब्बा ने बन्दे अली ख़ाँ से गण्डा बँधवाने के लिए उन्हें प्रेरित किया। इस प्रकार बड़े उत्साह के साथ सन् १८८९ में वे विधिवत् बन्दे अली ख़ाँ के गण्डाबँध शिष्य हुए। बन्दे अली ख़ाँ बहुत मूडी व्यक्ति थे। जब मर्ज़ी होती, तब सिखाते। कभी-कभी तो हफ़्तों बहुत मिन्नतें करने के बाद भी वे कुछ न सिखाते। वे उस समय

तन्त्रकारी के बादशाह थे, यह बात रजब अली भलीभाँति जानते थे। उन्होंने अपने उस्ताद की सेवा में कोई कमी नहीं की। आख़िर में बन्दे अली उनसे बहुत ख़ुश हुए और उन्होंने रजब अली को अपना प्रिय शिष्य मानकर उन्हें तन्त्रकारी के कई रहस्य बताये। रजब अली चीज़ों को बहुत अच्छी तरह पकड़कर रखते थे। उन्हें कोई चीज़ सिर्फ़ एक बार बता दी जाये तो फिर दुबारा उसे समझाने की ज़रूरत नहीं पड़ती थी। बतायी गयी चीज़ों में वे कुछ भी नहीं छोड़ते थे। इधर उस्ताद ने उन्हें कोई चीज़ बतायी उधर उनके दिमाग़ और गले ने उसे पूरी तरह जज़्ब कर लिया। फिर लगातार अभ्यास करते हुए वे उस चीज़ को पूरी तरह अपनी चीज़ बना लेते थे। जबकि दूसरे शिष्य पीते कम थे, छलकाते ज़्यादा थे। रजब अली ने उस्ताद द्वारा पिलायी जा रही ज्ञानगंगा में से कुछ भी छलकने नहीं दिया। उसे पूरा, ज्यों का त्यों, आत्मसात् कर लिया। उनकी इस प्रवृत्ति से बन्दे अली ख़ाँ उनसे बहुत ख़ुश रहते थे।

रजब अली के उस्ताद बन्दे अली रूहानी तबीयत के आदमी थे। आपने दिल्ली में निज़ामुद्दीन औलिया की दरगाह पर वर्षों बीन वादन की साधना की थी। स्वाभिमानी इतने कि एक बार निज़ाम हैदराबाद के दरबार में बीन बजाते हुए उन्हें ख़ाँसी आयी और उन्होंने निज़ाम के सोने के पीकदान में थूक दिया। निज़ाम ने बुरा नहीं माना वरन् ख़ुशी में वह सोने का पीकदान उन्हें देने की पेशकश की, जिसे बन्दे अली ने यह कहकर ठुकरा दिया कि मैं पीकदान उपहार में नहीं ले सकता, भले ही वह सोने का ही क्यों न हो। निज़ाम के सेक्रेटरी ने समझाया भी, 'मियाँ, इसकी क़ीमत पन्द्रह हज़ार से ज़्यादा है। आप इसे ले लें। काम आयेगा।' उनका जवाब था, 'लोग यही कहेंगे न कि बन्दे अली हैदराबाद में बीन सुनाकर इनाम में निज़ाम का पीकदान लाये हैं। मैं नहीं लूँगा।' यह अक्खड़पन रजब अली ने भी उनसे ख़ूब सीखा।

ग्वालियर में महाराज जयाजी राव को बीन सुनायी तो महाराज ने मुँहमाँगा इनाम देने को कहा। बन्दे अली ने राजदरबार की प्रसिद्ध गायिका चुन्नीबाई को ही माँग लिया। महाराज वचन दे चुके थे इसलिए अगले दिन बन्दे अली और चुन्नीबाई का निकाह करा दिया गया। शादी की पहली रात को ही बन्दे अली ने रात भर बीन बजायी और चुन्नीबाई भी तानपूरा लेकर उन्हें गाना सुनाती रहीं। ऐसी अद्भुत जोड़ी थी बन्दे अली

और चुन्नीबाई की। रजब अली चुन्नीबाई को माँ की तरह मानते रहे। गुणी कलाकार तो परिन्दों की तरह होते हैं, वे एक जगह ठहरते नहीं। उड़ते रहते हैं जीवन भर यहाँ से वहाँ। बन्दे अली कुछ दिनों पश्चात् पुणे चले गये। रजब अली उनका साथ छोड़ना न चाहते थे। देवास में इस समय उन्हें पर्याप्त सुख-सुविधाएँ प्राप्त थीं परन्तु उनके उस्ताद तो पुणे चले गये थे। अपने उस्ताद के बिना उनका यहाँ मन नहीं लगा और एक दिन वे अपने दो फुफेरे भाइयों, मुराद ख़ाँ और वहीद ख़ाँ के साथ पुणे आ गये। पुणे में रहते हुए बन्दे अली ख़ाँ ने अपने फ़न के परचम तो ख़ूब लहराये परन्तु आर्थिक रूप से वे यहाँ लगातार कमज़ोर होते गये। जीवन में आर्थिक मार बहुत घातक होती है, इससे बड़े-बड़े प्रतिभाशाली लोग भी प्राय: उबर नहीं पाते। शिष्यों को अपनी शिक्षा पूरी किये बग़ैर अन्यत्र गाने-बजाने की सख़्त मनाही थी। रजब अली लगातार उनसे बीन वादन की बारीकियाँ सीख रहे थे। बन्दे अली ख़ाँ जयपुर, ग्वालियर के अलावा इन्दौर राजदरबार में काफ़ी समय तक रहे। इस दौरान उनकी बीन वादन की शैली इतनी लोकप्रिय हुई कि लोग उसे 'इन्दौरी बीन' कहने लगे थे। २७ जुलाई, १८९५ को बन्दे अली की यह इन्दौरी बीन सदा के लिए शान्त हो गयी। अर्थात् उनका निधन हो गया। रजब अली पर तो जैसे वज्रपात हुआ। बन्दे अली की बेगम चुन्नीबाई ने इस कठिन समय में हिम्मत नहीं हारी। वे अत्यन्त साहसी और बहुत गुणी महिला थीं। उनमें ग़ज़ब का धैर्य था। उन्होंने अपने साथ अपने शौहर के शिष्यों को भी ख़ूब सम्भाला। उन्होंने किसी भी शिष्य को जाने नहीं दिया, उनकी शिक्षा उन्होंने जारी रखी। अब वे अपने शौहर की जगह ख़ुद उनके शिष्यों को आगे की शिक्षा प्रदान कर रही थीं। घरख़र्च बहुत मुश्किल से चल पा रहा था। एक दिन रजब अली किसी कार्यक्रम में गाकर पचास रुपये पारिश्रमिक के रूप में लाये और उन्होंने रुपये माताश्री के चरणों में सादर रख दिये। चुन्नीबाई ने वे रुपये छुए तक नहीं और दुख व्यक्त करते हुए कहा, 'रजब, अभी तुम्हारी शिक्षा पूरी नहीं हुई।' उस दिन चुन्नीबाई ने अफ़सोस करते हुए खाना भी नहीं खाया। रजब अली को बहुत सदमा पहुँचा। उन्होंने माताश्री के चरण छूकर क़सम खायी कि अब वे अपनी तालीम पूरी किये बग़ैर कहीं भी कोई कार्यक्रम नहीं देंगे। इस घटना के बाद रजब अली ने संगीत साधना में अपने आप को डुबो दिया। अब वे रात-दिन लगातार रियाज़ में लगे रहते थे। वे नहीं चाहते थे कि अब

उनके कारण माताश्री को किसी भी प्रकार का कोई कष्ट हो। वे उनकी हर आज्ञा का उत्साहपूर्वक पालन करते। रजब अली ख़ाँ के रिश्तेदार हैदरबख़्श भी बन्दे अली ख़ाँ के शागिर्दों में रहे। वे रजब अली को बहुत मानते थे। वे बहुत अच्छी सारंगी बजाते थे। उनकी कला से प्रभावित होकर महाराज कोल्हापुर ने उन्हें अपने दरबार में रख लिया था। रजब अली भी हैदरबख़्श को बहुत मानते थे। वे उनकी कोई बात कभी न टालते थे। इधर रजब अली के अब्बू देवास से कोल्हापुर आकर रहने लगे थे। इस प्रकार रजब अली का पूणा से कोल्हापुर आना-जाना लगा रहता था। इधर कोल्हापुर में अल्लादिया ख़ाँ का गायकी में बड़ा नाम था। उन्हें अपनी गायकी का गुरूर भी था। एक दिन हैदरबख़्श ने उनसे कह दिया कि तुम किस बात पर नाज़ करते हो, तुम्हारे सामने ही एक नये लड़के को गवाऊँगा और तुम देखते ही रह जाओगे। जब अल्लादिया ख़ाँ ने इस बात का बहुत उपहास उड़ाया, तब हैदरबख़्श ने पूणा रजब अली को तार भिजवाया जिसमें लिखा था, 'यदि भोजन पर बैठे हो तो हाथ कोल्हापुर में आकर धोना। तुम्हारी यहाँ सख़्त ज़रूरत है।' रजब अली को जैसे ही हैदरबख़्श का सन्देश मिला वे तुरन्त कोल्हापुर के लिए निकल पड़े। रजब अली के अब्बा मुग़ल ख़ाँ यहीं रहते थे। अल्लादिया ख़ाँ को जब मालूम हुआ कि रजब अली मुग़ल ख़ाँ के बेटे हैं तो उन्होंने अपने गुरूर में कहीं कह दिया, 'मुग़ल ख़ाँ तो किसी सारंगिये के शागिर्द हैं।' रजब अली को अपने वालिद के विषय में अल्लादिया द्वारा कही गयी यह बात बहुत नागवार गुज़री। उन्होंने अपने परिवार की वंशावली निकाली और अल्लादिया के सामने सप्रमाण यह सिद्ध किया कि उनके वालिद पुश्तैनी ख़याल गायक हैं। अल्लादिया रजब अली से उम्र में बहुत बड़े थे। उन्होंने हँसकर बात को टाल दिया और अपनी धारणा नहीं बदली। इस बात से रजब अली को बहुत ग़ुस्सा आया और उन्होंने उनके प्रति प्रतिस्पर्धा का भाव बना लिया। हैदरबख़्श का अल्लादिया ख़ाँ से मनमुटाव चल ही रहा था। हैदरबख़्श बहुत गुणी व्यक्ति थे और कोल्हापुर में रहते हुए अल्लादिया ख़ाँ की गायकी से ख़ूब परिचित थे। उन्होंने रजब अली की नये सिरे से तालीम शुरू करवायी। अल्लादिया ख़ाँ कोल्हापुर के सर्वाधिक प्रतिष्ठित गायक थे। उनकी तैयारी ग़ज़ब की थी। वे रात ग्यारह बजे से लेकर सुबह चार बजे तक रियाज़ किया करते थे। उनकी गायकी सुनने, जानने और समझने के लिए रजब अली ने उनके घर के

ठीक सामने एक कमरा किराये पर लिया। ठीक ग्यारह बजे वे अपने कमरे में पहुँच जाते और सुबह चार बजे तक अल्लादिया ख़ाँ को रियाज़ करते हुए ध्यानपूर्वक सुनते। धीरे-धीरे उन्होंने उनकी गायकी के सभी अंग अच्छी तरह समझ लिये। इधर हैदरबख़्श सारंगी पर संगत करते हुए अल्लादिया ख़ाँ की गायकी से अच्छी तरह परिचित हो चुके थे। उन्होंने रजब अली ख़ाँ को अल्लादिया ख़ाँ की ख़ूबियाँ अच्छी तरह सिखायीं। रजब अली रियाज़ करने में बहुत मज़बूत थे। वे चीज़ों को हूबहू आत्मसात् कर लेते थे। उन्होंने लगातार रियाज़ करते हुए अल्लादिया ख़ाँ की गायकी को अच्छी तरह सीख लिया। नवाब बाला साहब गायकवाड़ रजब अली को सुन चुके थे, वे उनकी गायकी से प्रसन्न रहते थे। एक बार कोल्हापुर में अल्लादिया ख़ाँ साहब का प्रोग्राम आयोजित किया गया। बाला साहब गायकवाड़ ने वहाँ अनुरोध किया कि एक नया गवैया है, पहले उसे सुन लिया जाये बाद में उस्ताद की प्रस्तुति हो। इस प्रकार रजब अली को पहले गायन का मौक़ा मिल गया। रजब अली पूरी तैयारी के साथ उस प्रोग्राम में गये थे। उन्होंने शुरू में ही अल्लादिया ख़ाँ साहब की गायकी वहाँ प्रस्तुत कर दी। लोग वाह-वाह कह उठे। बाद में अल्लादिया ख़ाँ का गायन हुआ, जो ठीक तरह से जम नहीं पाया। वहाँ अल्लादिया ख़ाँ की पहली बार बहुत किरकिरी हुई। इस प्रकार कोल्हापुर में जगह-जगह इनकी प्रतिस्पर्धा शुरू हो गयी। रजब अली तो अभी युवा थे इसलिए थोड़ी-बहुत खामियों के बाद भी उनकी बहुत तारीफ़ होती। उधर अल्लादिया ख़ाँ बड़े उस्ताद, नामी कलाकार उनके बराबर रजब अली को रखते हुए लोग दोनों गायकों की समीक्षा करते। अल्लादिया ख़ाँ को यह अच्छा न लगता परन्तु वे भी गुण के बड़े कद्रदान थे। अक्सर तो मुक्त कण्ठ से रजब अली की प्रशंसा करते। अपने बेटे मंजी ख़ाँ को उन्होंने कहा था कि बेटे और किसी की गायकी सुनो न सुनो लेकिन रजब अली ख़ाँ को तुम ज़रूर सुनना। उधर रजब अली भले ही अल्लादिया ख़ाँ से प्रतिस्पर्धा रखते थे परन्तु उनकी गायकी के कायल थे। यत्र-तत्र वे उनकी तारीफ़ करना न भूलते थे।

लखनऊ के एक संगीत समारोह में रजब अली और अल्लादिया ख़ाँ के सुपुत्र मंजी ख़ाँ गाने वाले थे। लोगों को मालूम था कि रजब अली एवं अल्लादिया के परिवार में अनबन है। उकसाने वाले अपनी हरक़तों से

बाज़ न आते थे। इस कार्यक्रम में किसी ने मंजी ख़ाँ को चढ़ा दिया कि उन्हें रजब अली ख़ाँ के बाद गाना चाहिये। वे अड़ गये कि उन्हें रजब अली के बाद गवाया जाये। आयोजकों को बड़ी परेशानी हुई। रजब अली को मंजी ख़ाँ की ज़िद सुनकर बहुत गुस्सा आया। उन्होंने मंजी से कहा, 'बरखुरदार, पहले साथ बैठकर तो गा लो।' मंजी रजब अली से लगभग चौदह वर्ष छोटे थे। आयोजकों ने उन्हें उम्र का तकाज़ा देकर रजब अली से पहले अपनी प्रस्तुति देने का अनुरोध किया। मुश्किल से वे माने और कुढ़ते हुए स्टेज पर गाने के लिए आये। गुणी तो वे थे ही, इसमें कोई शक नहीं। उनके गाने के पश्चात् रजब अली ने उन्हें गले लगाकर बधाई दी और कहा, 'सचमुच, आज तुमने अपने अब्बा की तस्वीर हूबहू उतारकर रख दी। मैं बहुत प्रसन्न हुआ।' इसके पश्चात् रजब अली ने गाना प्रारम्भ किया। वे पूरी तरह तैयार गायक थे। उन्होंने मंच पर तानों की झड़ी लगा दी। अलंकारों और तिहाइयों की बरसात होने लगी। पूरा हॉल उनकी चमत्कारपूर्ण गायकी सुनकर मन्त्रमुग्ध था। मंजी ख़ाँ से नहीं रहा गया। वे मंच पर गये और रजब अली से लिपटकर कहने लगे, 'अब्बा ने जैसा आपके विषय में बताया था, उससे बहुत ज़्यादा आपमें मैंने पाया। अगर मैं आपको न सुन पाता तो ज़िन्दगी में बहुत बड़ी कमी रह जाती। आपको सुनना ही मेरे लिए बहुत बड़ी उपलब्धि है।'

एक-दूसरे के गुणों की तारीफ़ करते हुए भी अल्लादिया ख़ाँ और रजब अली के सम्बन्ध मधुर नहीं हुए। उनमें आपसी तनातनी बनी ही रहती थी। अल्लादिया ख़ाँ महाराज कोल्हापुर के मुँहलगे थे। उन्हें जब भी अवसर मिलता वे महाराज से रजब अली की बुराई करते रहते। महाराज बहुत गुणग्राही थे और रजब अली से बहुत प्रेम करते थे। वे सदा उनका भला ही चाहते थे। अल्लादिया ख़ाँ तो नामी उस्ताद थे। उन्होंने दुनिया देखी थी और बहुत अनुभवी आदमी थे। रजब अली को अभी दुनिया देखनी थी। विभिन्न राजदरबारों का अनुभव प्राप्त करना था। एक दिन महाराज ने सोचा कि क्यों न रजब अली को देशाटन का अवसर प्रदान किया जाये, जिससे उनकी अनुपस्थिति में अल्लादिया मन लगाकर दरबार की सेवा कर सकेंगे। उन्होंने रजब अली को अपने मित्र राजाओं के नाम पत्र लिखकर दिये और उनके देशाटन का पूरा प्रबन्ध करवा

दिया। रजब अली इस योजना से बहुत ख़ुश हुए। वे भी देश के विभिन्न दरबारों में जाकर अपनी कला का प्रदर्शन करना चाहते थे। रजब अली पहलवान तबीयत के आदमी। गुस्सैल, मुँहफट और अत्यन्त स्वाभिमानी। कभी-कभी तो वे यह भी भूल जाते कि वे सामने वाले के यहाँ अतिथि बनकर आये हैं। जो मुँह में आता कुछ भी कहने में उन्हें कोई संकोच न होता। रजब अली महाराज का पत्र लेकर रामपुर स्टेट पहुँचे। वहाँ के नवाब हामिद अली ख़ाँ स्वयं संगीत मर्मज्ञ थे। उनसे मिलने के पहले दरबारी संगीतज्ञ उस्ताद वजीर ख़ाँ से मिलना होता था। एक स्थानीय गायक ने रजब अली को उस्ताद वजीर ख़ाँ से मिलवाया। वह गायक तो उस्ताद के सामने ज़मीन पर बैठ गया। रजब अली पास में रखी चाँदी मढ़ी हुई कुर्सी पर विराजमान होकर वजीर ख़ाँ का हुक्का गुड़गुड़ाने लगे। अपना परिचय देते हुए उन्होंने कहा, 'मैं गायक होने के साथ एक बीनकार हूँ। मैंने उस्ताद बन्दे अली ख़ाँ से सीखा है।'

वजीर ख़ाँ ने मज़ाक़ उड़ाते हुए कहा, 'वो भोंड़ा, बीन बजाने वाले उस्ताद।'

रजब अली ने तुरन्त जवाब दिया, 'आपकी रामपुरी ताशबीन की बजाय वह ज़्यादा मिठासयुक्त है।'

वजीर ख़ाँ को सुनकर अच्छा नहीं लगा परन्तु रजब अली अपने महाराज का पत्र लेकर आये थे इसलिए अगले दिन नवाब के गाने की महफ़िल में रजब अली को बुला लिया गया।

दूसरे दिन दरबार में नवाब का गाना प्रारम्भ हुआ। नवाब हामिद अली ख़ाँ ध्रुपद-धमार के अच्छे जानकार थे। स्वर उनका थोड़ा दबा हुआ था। गाना ख़त्म होने के पश्चात् उन्होंने अलग-अलग सबसे अपने गायन के विषय में पूछा। सारे दरबारी श्रोता तारीफ़ों के पुल बाँध रहे थे। रजब अली की बारी आने पर उन्होंने नवाब के दरबार की तारीफ़ करते हुए कहा, 'इतनी तादाद में गायक, वादक मैंने और किसी दरबार में नहीं देखे।' नवाब का मन नहीं माना उन्होंने अपने गायन के विषय में फिर पूछा। अबकी रजब ने कह ही दिया, 'नवाब साहब, आपका स्वर सधा हुआ नहीं है। साधारण गवैयों के बच्चे भी आपसे अच्छा गा लेते हैं।'

रजब अली का जवाब सुनते हुए दरबार में सन्नाटा छा गया। नवाब भीतर

से तिलमिला उठे। उन्होंने रजब से कहा, 'मियाँ, अपने महाराज का पत्र न लाये होते तो मैं तुम्हें गोली मार देता। आज ही हमारी रियासत छोड़कर तुम अन्यत्र चले जाओ। कल तुम्हें यहाँ देखकर मैं अपना क्रोध बर्दाश्त न कर पाऊँगा।'

रजब अली एक बार भोपाल दरबार में आमन्त्रित हुए। देवास महाराज के निर्देश पर आप वहाँ गये थे। हॉल में सामने दो कुर्सियाँ रखी हुई थीं, जिनमें एक सिंहासननुमा थी। रजब अली ने सोचा यह मेरे लिए है, वे उसी पर बैठ गये। नवाब दरवाज़े तक आये, जब उन्होंने अपनी कुर्सी ख़ाली न देखी तो कार्यक्रम कल आयोजित किया जाये, कहकर जाने लगे। रजब अली को यह अपना अपमान लगा। उन्होंने तुरन्त अपनी प्रतिक्रिया व्यक्त की, 'ये नवाब गाना क्या ख़ाक समझेंगे?'

नवाब ने उनका जुमला सुन लिया और ग़ुस्से में बोले, 'देवास नरेश ने भेजा है तुम्हें इसलिए छोड़ता हूँ वरना तुम्हें यहीं गोली मार देता।'

रजब अली चुप कहाँ रहने वाले थे। बोले, 'मैं भी यही सोचता हूँ। मुझे भी देवास महाराज का लिहाज़ है। वरना यहाँ कभी थूकने नहीं आता।' और बिना प्रोग्राम दिये रजब अली वहाँ से लौट आये।

विभिन्न रियासतों का भ्रमण करते हुए रजब अली ख़ाँ देवास में आकर रह रहे थे। रजब अली ख़ाँ की शादी जावरा के पुलिस इंस्पेक्टर शाहमीर ख़ाँ की बड़ी बेटी सायरा बाई से हुई। सायरा बाई प्राय: बीमार रहती थीं। संगीत के प्रति भी उनका विशेष लगाव न था। कुछ वर्षों पश्चात् वे अपनी लम्बी बीमारी के बाद नि:सन्तान ही इस दुनिया से विदा हुईं। इस दुर्घटना से रजब अली का जीवन कुछ अव्यवस्थित हुआ। कालान्तर में मथुरा बाई नामक एक महिला, जो उनके यहाँ प्राय: आती रहती थी, उन्हें उन्होंने अपनी देखभाल के लिए रख लिया। जिनसे राजन ख़ाँ नामक एक पुत्र रजब अली को प्राप्त हुआ। राजन ख़ाँ को वे राजा भैया कहकर पुकारते थे और उससे बहुत प्यार करते थे। राजन के गले में उन्होंने गायन के कोई गुण नहीं देखे इसलिए उन्होंने उसे कुछ नहीं सिखाया। उनका कहना था कोई ज़रूरी नहीं कि संगीतकार का बेटा संगीतकार ही बने। अल्ला जिसे जो बनाये, उसकी मर्ज़ी। बाद में लोगों के कहने पर उन्होंने राजन के काँधों पर अपनी बीन टिका दी थी। परन्तु राजन उस विरासत

को सम्भाल नहीं पाये और अल्पायु में ही उनकी मृत्यु हो गयी।

रजब अली बचपन से सभाओं में अपने कार्यक्रम प्रस्तुत करने लगे थे। दस साल की उम्र में आपने नेपाल जाकर वहाँ जलतरंग वादक का एक कार्यक्रम दिया था। जहाँ कहीं भी आप रहे, आपके चाहने वालों की संख्या बहुत बड़ी रही। उन दिनों लोग अपने घरों में संगीत कार्यक्रम आयोजित किया करते थे। रजब अली को उनके चाहने वाले आये दिन अपनी घरेलू संगीत गोष्ठियों में आमन्त्रित किया करते थे। उन्हें इस प्रकार की खुली महफ़िलों में गाना अच्छा भी लगता था। कोल्हापुर नरेश ने उन्हें देशाटन का अवसर प्रदान किया। उनके पत्र लेकर वे विभिन्न रियासतों के दरबार में गये और वहाँ आपने अपनी लोकप्रियता के परचम लहराये।

मैसूर दक्षिण भारत की एक बड़ी रियासत। यहाँ के दरबार में एक से बढ़कर एक कलाकार शरण पाते थे। रजब अली ने मैसूर दरबार में अपना बीन वादन का कार्यक्रम प्रस्तुत किया। उनके उस्ताद बन्दे अली ख़ाँ साहब की शैली को 'इन्दौरी बीन' के नाम से जाना जाता था। मैसूर राज्य में इन्दौरी बीन ने धूम मचा दी। वहाँ के महाराज रजब अली से बहुत प्रभावित हुए और उन्होंने उन्हें 'संगीत रत्न भूषण' की उपाधि से विभूषित किया। बम्बई में म्यूज़िकल आर्ट सोसायटी द्वारा आपका कार्यक्रम आयोजित किया गया। वहाँ आपने बीनकारी और गायकी दोनों का सफल प्रदर्शन किया। सोसायटी के पदाधिकारी आपसे इतने ज़्यादा प्रभावित हुए कि सबने मिलकर आपको वहाँ 'संगीत सम्राट' की उपाधि प्रदान कर सम्मानित किया। बम्बई के इस कार्यक्रम से आपकी ख्याति वहाँ बहुत फैली। देश में आकाशवाणी की नयी-नयी शुरुआत हुई थी। देश के बड़े नगरों में आकाशवाणी केन्द्र खुलते जा रहे थे। बाद में आकाशवाणी बम्बई ने आपको सादर आमन्त्रित कर आपकी रिकॉर्डिंग की। हालाँकि रजब अली ख़ाँ साहब खुली महफ़िलों में ही गाना-बजाना पसन्द करते थे। बन्द कमरे में रिकॉर्डिंग कराना उन्हें अच्छा नहीं लगता था। वे इसके लिए तरह-तरह के बहाने बनाते परन्तु बम्बई आकाशवाणी के केन्द्र निर्देशक बुखारी साहब भी जीवट के आदमी थे। उन्होंने रजब अली ख़ाँ साहब के पूरे नाज़-नखरे उठाकर उनकी अपने यहाँ रिकॉर्डिंग की। लखनऊ म्यूज़िक कॉन्फ्रेंस में रजब अली और मंजी ख़ाँ (अल्लादिया

ख़ाँ के बेटे) तमाम आपसी मतभेदों के बाद एक-दूसरे का दिल जीत चुके थे। इलाहाबाद का एक संगीत सम्मेलन रजब अली के लिए बहुत अविस्मरणीय रहा। वहाँ कलाकारों के ठहरने की व्यवस्था बड़े-बड़े तम्बू लगाकर की गयी थी। सम्मेलन में उस्ताद बिस्मिल्ला ख़ाँ, फ़ैयाज़ ख़ाँ, नसरुद्दीन ख़ाँ, मुश्ताक हुसैन ख़ाँ, अहमदजान थिरकवा, रहीमुद्दीन ख़ाँ डागर जैसे नामी कलाकार पधारे हुए थे। रात में खाना खाने के बाद लोग टहलने निकले और रजब अली ख़ाँ के कैम्प के सामने खड़े हो गये। रहीमुद्दीन ख़ाँ डागर रजब अली से एक राग के विषय में साधारण बातचीत करने लगे। रजब अली ने सबसे अनुरोध किया, कृपया भीतर पधारें यह राग मैं गाकर बताता हूँ। थोड़ी देर में रजब अली ने गाना प्रारम्भ किया। सभी बड़े कलाकार भीतर आ गये। थिरकवा साहब ने तबला सम्भाल लिया। पण्डित कृष्णशंकर तानपूरे पर आ गये। रजब अली बड़ी तन्मयतापूर्वक गाते रहे। सारे गायक-वादकों ने ख़ूब वाह-वाह की। यह महफ़िल दो घण्टे से ज़्यादा समय तक चली। सभी उपस्थित कलाकार रजब अली की तारीफ़ करते हुए उनके कैम्प से बाहर आये। ठण्ड के दिन थे। रजब अली बिना गरम कपड़े पहने एक-एक को उनके कैम्प तक छोड़ने गये। लौटकर आये तो उनका गला बैठ गया था। सुबह के कार्यक्रम में उनका गाना था। उनके शिष्य पण्डित कृष्णशंकर और कृष्णराव मुजुमदार ने चिन्ता व्यक्त की। वे हँसकर कहने लगे, 'प्रोग्राम तो हो गया। जिन्हें सुनाना था, उन्हें तो मैंने अभी सुना दिया। अब सुबह के कार्यक्रम की मुझे कोई फिक्र नहीं है।'

अगले ही वर्ष कलकत्ते में बड़े गुलाम अली ख़ाँ ने एक संगीत समारोह में रजब अली को बुलवाया। रजब अली पूरी तैयारी के साथ कलकत्ते गये। वहाँ उनका कार्यक्रम इतना जमा कि लोग मुक्त कण्ठ से आपकी प्रशंसा करते रहे। बड़े गुलाम अली ख़ाँ तो इतने प्रभावित हुए कि जेब में जितने रुपये पड़े थे, तकरीबन एक हज़ार, वे पूरे रुपये उन्होंने रजब अली के सुपुर्द कर दिये और देर तक उनकी तारीफ़ करते रहे। झाँसी की कॉन्फ्रेंस में पण्डित ओंकारनाथ ठाकुर के सम्मुख आपको गाने का अवसर मिला। कार्यक्रम समाप्ति के पश्चात् हॉल तालियों से गूँज उठा। पण्डित ओंकारनाथ ठाकुर ने भावविह्वल होकर कहा, 'ख़ाँ साहब, गाना तो बस आपका ही है।' कुछ ही दिनों पश्चात् रजब अली को इलाहाबाद में फिर

ओंकारनाथ ठाकुर और फ़ैयाज़ ख़ाँ के सामने गाने का मौक़ा मिला। दोनों बड़े गायक अपनी प्रचलित गायकी में अपना प्रोग्राम दे चुके थे। जब रजब अली का अवसर आया, तब इन्होंने एक कठिन और अप्रचलित राग गाया। अन्त में तानों की बौछार करते हुए आपने वहाँ उपस्थित सभी श्रोताओं को अचम्भित कर दिया। ओंकारनाथ और फ़ैयाज़ ख़ाँ ने एक स्वर में तारीफ़ करते हुए कहा कि ख़ाँ साहब, आप पूरी तरह तैयार गायक हैं। आपका कोई सानी नहीं।

देवास, इन्दौर और उज्जैन में आये दिन आपके कार्यक्रम आयोजित होते रहते थे। यहाँ के लोग उन्हें अपने घर का गायक मानते थे इसलिए जब चाहा तब बुला लिया। वैसे भी घरेलू गोष्ठियों में खुलकर गाना उन्हें अच्छा लगता था। शहर में गणेश उत्सव की धूम रहती। हर मोहल्ले के लड़के आपस में चन्दा करके गणेश पण्डाल सजाते। सबकी इच्छा रहती कि रजब अली एक दिन उनके पण्डाल में पधारकर अपना गाना गायें। लड़के आदरपूर्वक उन्हें बुलाने जाते। वे बिना किसी झिझक के गणेश उत्सव के पण्डालों में जाकर अपनी प्रस्तुति देते। संकोचपूर्वक आयोजक उन्हें कुछ राशि भी प्रदान करते, वे वहीं उस राशि को गणेश जी के चरणों में अर्पित कर देते और कहा करते, 'तुम्हारे सभापति गणेश जी मुझे ज़रूरत से ज़्यादा देते रहते हैं।'

एक बार बाहर से कोई आयोजक सात–आठ सौ रुपये प्रदान करके रजब अली को अपने यहाँ ले जाना चाहते थे। उन्होंने मना कर दिया। वे बाहर ही निकले होंगे कि पड़ोस की एक ग़रीब बुढ़िया अपनी बेटी की शादी के लिए उनसे पाँच सौ रुपये की मदद लेने आयी। उन्होंने झट राजा भैया को आयोजकों को बुला लाने के लिए दौड़ाया। जब आयोजक पुनः आ गये तब उन्होंने उनसे कहा, 'इन माताजी को वो पारिश्रमिक प्रदान कर दें, जो आप मुझे देना चाहते हैं। मैं आपके कार्यक्रम में अवश्य गाऊँगा।'

इस प्रकार वे प्राय: ग़रीब लोगों की मदद करते रहते थे। खाने और खिलाने के बेहद शौक़ीन। किसी कॉन्फ्रेंस में अच्छा पारिश्रमिक मिल जाये तो पूरे मुहल्ले को भोजन के लिए न्योत देते थे। देवास के श्री विक्रमसिंह पवार को कोल्हापुर नरेश बनाया जाना निश्चित हुआ। विक्रमसिंह इस उत्सव में रजब अली को 'राज गवैये' के रूप में ले जाना चाहते थे। उन्होंने रजब अली को अच्छी राजसी ठाट वाली पोशाक

बनवाने के लिए एक हज़ार रुपये भिजवाये। रजब अली पहनने-ओढ़ने के मामले में सबसे लापरवाह। उन्होंने पोशाक नहीं सिलवाई और हज़ार रुपये मौज़-मस्ती में उड़ा दिये। मित्रों, परिचितों को पता चला तो उन्होंने अपने पैसों से ख़ाँ साहब के लिए शानदार पोशाक की व्यवस्था की, जिसे वे फ़ुज़ूल ख़र्च मानते रहे। अपने इस फक्कड़ीपन के कारण आगे रजब अली ख़ाँ ने बहुत दुख उठाये। उन्हें विभिन्न कार्यक्रमों से अच्छा पारिश्रमिक मिलता था। थोड़ा भविष्य के लिए बचाकर रखते तो कभी दुखी न रहते परन्तु अपने औघड़पन के कारण उन्होंने बहुत पैसे यों ही उड़ाये। एक इत्र बेचने वाला उनके पास आया। उससे हिना दिखाने के लिए उन्होंने कहा। उसे लगा कि ये क्या इत्र ख़रीदेंगे। उसने बेमन से हिना दिखाया। रजब अली ने नाक-भौं सिकोड़ी। इत्र वाले ने कहा, 'जब इत्र नहीं ख़रीदना था तो आपने परेशान क्यों किया?'

रजब अली को ताव आ गया। उन्होंने उसका सारा इत्र ख़रीदकर उसके सामने अपने जूतों पर और घर की दीवारों पर छिड़कवा दिया।

शाम हो जाती तो देशी ठर्रे से वे अपना गला तर किया करते।

बम्बई के श्री बी.आर. देवधर, जो वहाँ 'देवधर स्कूल ऑफ़ इण्डियन म्यूज़िक' के संस्थापक और संचालक थे, रजब अली ख़ाँ से बहुत प्रभावित थे। पण्डित कुमार गन्धर्व ने आपके स्कूल में रहकर ही संगीत शिक्षा ग्रहण की थी। आप बहुत गुणी व्यक्ति थे। देश भर के नामी संगीतकारों से आपके सम्पर्क-सम्बन्ध थे। विभिन्न पत्र-पत्रिकाओं में आपके संगीत विषयक लेख प्रकाशित होते रहते थे। आपका स्कूल तो बम्बई में संगीत शिक्षा के लिए बहुत महत्त्वपूर्ण केन्द्र के रूप में जाना जाता था। बम्बई में कोई भी संगीत कलाकार आये तो देवधर उसे अपने स्कूल में ज़रूर आमन्त्रित करते थे। आपके स्कूल में होने वाले संगीत कार्यक्रमों का एक स्तर होता था, जहाँ श्रोताओं के रूप में स्कूल के विद्यार्थी तो होते ही साथ ही शहर के सभी कलावन्त इन कार्यक्रमों में शरीक़ होते थे। वैसे तो नागपुर की एक संगीत सभा में देवधर जी की रजब अली से मुलाक़ात हो चुकी थी। नागपुर में बाबूराव देशमुख के निवास स्थल पर रजब अली से देवधर जी की घण्टों संगीत चर्चा होती रही। वहाँ रजब अली ने एक संस्कृत श्लोक अपने स्वर में गाकर प्रोफ़ेसर देवधर को बहुत प्रभावित किया था। अगली बार बम्बई

आकाशवाणी में रिकॉर्डिंग के लिए रजब अली बम्बई आये तब देवधर मोहब्बत ख़ाँ साहब के निवास पर, जहाँ रजब अली ठहरे हुए थे, मिलने पहुँच गये। वहाँ बहुत देर तक उनसे देवधर जी की बातचीत होती रही। बाद में इसी बातचीत के आधार पर देवधर जी ने 'संगीत कला विहार' नामक पत्रिका में रजब अली ख़ाँ साहब पर एक लम्बा लेख लिखा।

देवधर उन्हें अपने स्कूल में आमन्त्रित करना चाहते थे। वे अपने स्कूल के विद्यार्थियों को रजब अली से मिलवाना चाहते थे। उनके मन में बहुत इच्छा थी कि रजब अली का एक कार्यक्रम उनके स्कूल में ज़रूर होना चाहिये। कुछ दिनों पश्चात् उन्हें वह अवसर मिल ही गया, जिसकी उन्हें वर्षों से प्रतीक्षा थी। २३ जनवरी, १९४९ को उन्होंने अपने संगीत विद्यालय में एक भव्य संगीत समारोह का आयोजन किया, जिसमें रजब अली ख़ाँ साहब ने पधारने की स्वीकृति प्रदान की। इस कार्यक्रम में उस्ताद फ़ैयाज़ ख़ाँ, अल्ताफ हुसैन ख़ाँ, सिन्दे ख़ाँ, विलायत हुसैन ख़ाँ, असमत हुसैन ख़ाँ, लताफ़त हुसैन ख़ाँ, बाबूराव गोखले, बालकृष्ण बुवा काबिलेश्वरी, इस्माइल ख़ाँ, मंजीत ख़ाँ, और युवा पीढ़ी के कई कलाकार शिरकत कर रहे थे। चार तानपूरों की संगत में यहाँ रजब अली ख़ाँ का गायन प्रारम्भ हुआ। साथ में न सारंगी, न हारमोनियम। रजब अली का गायन शुरू से ही परवान चढ़ने लगा। आपने खेम कल्याण, शिव कल्याण और चार-पाँच कठिन एवं अप्रचलित रागों में अपना गायन प्रस्तुत किया। तीन घण्टे तक लगातार आपका गायन चलता रहा। श्रोता वाह-वाह करते न थकते थे। विशेषता ये रही कि तीन घण्टे तक लम्बे गायन के बीच उन्होंने तानपूरे वाले को 'आ' करने तक की इज़ाज़त नहीं दी। तानों के प्रस्तुतीकरण में रजब अली ख़ाँ को महारत हासिल थी। कार्यक्रम के पश्चात् सभी उपस्थित जनों ने आपकी तारीफ़ों के पुल बाँध दिये। वह रात बम्बई वालों के लिए अविस्मरणीय रात रही। प्रो. देवधर तो इस कार्यक्रम को अपने स्कूल के लिए बहुत बड़ी उपलब्धि मानते रहे। इस कार्यक्रम के पश्चात् तो प्रो. देवधर और रजब अली में एक अटूट रिश्ता कायम हो गया।

'सुर सिंगार संसद' द्वारा आयोजित कार्यक्रम में भाग लेने के लिए रजब अली जब बम्बई आये, तब भी देवधर जी से उनकी आत्मीय मुलाक़ात हुई थी। बम्बई के ही एक कार्यक्रम में सुप्रसिद्ध गायिका लता मंगेशकर

जी उपस्थित थीं। उन्होंने ख़ाँ साहब का कार्यक्रम सुनकर उन्हें पक्का सेला और एक हज़ार रुपये प्रदान कर सम्मानित किया था।

नयी दिल्ली के कॉन्स्टीट्यूशनल क्लब में चार दिवसीय संगीत सम्मेलन का आयोजन किया गया था। इसमें भारत के महामहिम राष्ट्रपति मुख्य अतिथि के रूप में आमन्त्रित थे। कार्यक्रम के पश्चात् महामहिम ने देश के ख्यातनाम संगीतकारों को मानपत्र और शॉल भेंट कर सम्मानित किया। यहाँ महामहिम द्वारा उस्ताद रजब अली ख़ाँ को भी सम्मानित किया गया। राष्ट्रपति द्वारा सम्मानित होने के पश्चात् आपके लिए सम्मानों, अलंकरणों और अभिनन्दनों की बाढ़-सी आ गयी। देवास, इन्दौर, उज्जैन सहित मालवांचल के सभी छोटे-बड़े शहरों में संगीत समारोह आयोजित कर आपको सम्मानित किया गया।

इतना अधिक मान-सम्मान और विभिन्न समारोहों में पारिश्रमिक मिलते रहने के बावजूद आपको बुढ़ापे में बहुत अधिक आर्थिक तंगी झेलनी पड़ी। गुज़र-बसर मुश्किल हो गयी थी। आपके शिष्य अमीर ख़ाँ और कृष्णराव मुजुमदार समय-समय पर उनकी आर्थिक मदद करते रहते थे परन्तु वह पर्याप्त न थी। कृष्णराव मुजुमदार पहले देवास में फिर इन्दौर में परिवार सहित रहने लगे थे, वे रजब अली के लिए बहुत चिन्तित रहते थे, और कहा करते थे, 'काश! उस्ताद जी ने अपने बुढ़ापे के लिए कुछ बचाकर रखा होता तो आज ये दिन न देखने पड़ते।'

रजब अली ने अपने जीवन में बहुत पैसे कमाये परन्तु अपने औघड़पन के कारण वे कुछ बचाकर नहीं रख सके। रियासतों का विलय हो चुका था। कहीं से कोई नियमित आर्थिक सहयोग की सम्भावना नहीं थी। ऐसे समय में जब देवास नगर निगम द्वारा उनका नागरिक अभिनन्दन किया गया तब उनके प्रिय शिष्य कृष्णराव मुजुमदार, जो कार्यक्रम के संचालक थे, उन्होंने मुख्य अतिथि महाराज देवास से रजब अली ख़ाँ साहब को नियमित आर्थिक सहयोग प्रदान करने का अनुरोध किया था। रजब अली ने वर्षों देवास राजघराने में गाया था। देवास का नाम दुनिया भर में रोशन कर दिया था। महाराज देवास उनका यह उपकार भूले नहीं थे। उन्हें प्रिव्हीपर्स के रूप में जो रकम मिल रही थी, उसमें से नियमित डेढ़ सौ रुपये प्रतिमाह रजब अली को प्रदान किये जाने की उन्होंने वहाँ घोषणा कर दी। रजब अली की आँखों में आँसू आ गये और वे बोले, 'आज

कृष्णराव ने मुझे सही मायने में गुरुदक्षिणा प्रदान कर दी।'

ख़ाँ साहब में अक्खड़पन ग़ज़ब का था। अल्लादिया ख़ाँ जब इन्दौर आये तब उन्होंने रजब अली को देवास सन्देश भिजवाया कि सारे गिले-शिकवे भुलाकर यहाँ आकर मिल जायें। रजब अली मिलने नहीं गये। उन्होंने भी सन्देश भिजवा दिया, 'पुरानी दुश्मनी मैं यों नहीं भुला सकता। अब कयामत के रोज मुलाक़ात होगी, तब अल्लाताला हमारी-तुम्हारी दुश्मनी का फ़ैसला करेंगे।'

रजब अली अपने जीवन में सर्वधर्म समभाव की मिसाल थे। मुस्लिम परिवार में पैदा हुए परन्तु हिन्दू देवी-देवताओं में पूरा भरोसा रखते थे। नमाज भी पढ़ते और मन्दिरों में जाकर भजन भी गाते थे। देवास में बाबा शीलनाथ के आप परम अनुयायी रहे। वे हमेशा उनके आश्रम में जाते रहते थे। दैवीय शक्तियों में उन्हें पूरा विश्वास था। बाबा के पास रहते हुए आपने योग और तन्त्र की साधना की। ओंकार साधना भी आपने यहीं रहकर की। देवास में गणेश उत्सवों में भाग लेते हुए आपको बहुत ख़ुशी होती थी। देश के इतने बड़े गायक, मोहल्ले के छोटे-छोटे गणेश उत्सव पण्डालों में बिना संकोच अपनी प्रस्तुतियाँ देते रहते थे। यदि कोई पारिश्रमिक का लिफ़ाफ़ा पकड़ा दे तो वे उसे गणेश जी के चरणों में अर्पित कर देना अपना कर्तव्य मानते थे। बाबा शीलनाथ के सान्निध्य में रहकर आपने सर्वधर्म समभाव को भलीभाँति अपने जीवन में उतार लिया था। आश्रम में आपने विभिन्न सन्तों के पद सुने, जिन्हें सुनकर आप बहुत प्रभावित थे। वे यह भी कहा करते थे कि सच्चे धर्म की व्याख्या तो इन सीधे-सादे पदों में व्यक्त की गयी है।

देवास स्थित झण्डेश्वर महादेव के मन्दिर में आपने शिवोत्सव मनाने की परम्परा आरम्भ की। प्रथम वर्ष ही कार्यक्रम का उद्घाटन उस्ताद रजब अली ख़ाँ के उद्बोधन और गायन से हुआ। आपने यहाँ मालकौंस, सोहनी, बसन्त आदि रागों को गाते हुए भगवान शंकर के चरणों में अपनी भावांजलि अर्पित की। इस प्रकार रजब अली ख़ाँ का व्यक्तित्व सर्वधर्म समभाव प्रतीक के रूप में उभरकर आता है। उनमें किसी भी प्रकार से अभिजातपन नहीं था। वे देश के ख्यातिनाम कलाकार थे परन्तु अपने आप को एक साधारण आदमी मानते रहे। बड़े-बड़े मंचों पर अपनी प्रस्तुति देते हुए उन्हें उतना सुख न मिलता था, जितना उन्हें प्रेमीजनों की

घरेलू गोष्ठियों में गाते हुए मिलता था। वहाँ वे ज़्यादा संलग्नता और सहजता महसूस करते थे। देवास, इन्दौर और उज्जैन की घरेलू गोष्ठियों के कई संस्मरण आज भी बुज़ुर्ग लोगों से सुनने को मिल जाते हैं। देवास में मेजर शिवप्रसाद रजब अली ख़ाँ के अनन्य भक्त थे। रजब अली अक्सर उनके घर उन्हें सिखाने के लिए जाया करते थे। एक दिन उनकी उपस्थिति में बाबू ख़ाँ (बीनकार), जो रजब अली के मौसेरे भाई थे परन्तु दोनों में झड़पें होती रहती थीं, वहाँ आ पहुँचे। मेजर साहब ने दोनों की बराबर तारीफ़ की। अब फ़ैसला कैसे हो कि कौन बड़ा उस्ताद? पहले बाबू ख़ाँ ने बीन बजायी तत्पश्चात् रजब अली ख़ाँ का गायन हुआ, जिसमें बीन अंग प्रधान था। बाबू ख़ाँ रजब अली को सुनकर झूम उठे और खड़े होकर कहने लगे, 'रजब सरीखा तानबाज़ दूसरा कोई नहीं है।'

इन्दौर में एक शर्मा वकील रजब अली ख़ाँ साहब से गायन की शिक्षा ले रहे थे साथ ही वे और भी कई उस्तादों से शिक्षा ग्रहण कर रहे थे। उनके निवास पर प्रायः संगीत सभाएँ होती रहती थीं। वकील साहब की आदत थी कि वे जब कोई चीज़ गाते तो गाने के पश्चात् यह ज़रूर बताते कि यह चीज़ उन्होंने फलाने उस्ताद से पायी है। एक रात उनके घर महफ़िल जमीं। उस दिन वकील साहब ने आध घण्टे तक मुलतानी में नोम् तोम् का आलाप सुनाया फिर बताया कि यह उन्होंने नासिरुद्दीन ख़ाँ साहब से सीखा है। रजब अली को अपने सामने अपने ही शिष्य से यह सुनते हुए अच्छा नहीं लगा। उन्होंने गाना शुरू किया और राग मियाँ मल्हार को गहराई से गाया। संयोग देखिये कि उस रात ख़ूब बारिश हुई। उपस्थित श्रोता वाह-वाह कर उठे।

रजब अली ख़ाँ के लिए देवास में किंवदन्ती मशहूर थी कि उनके सामने जब कोई गाने वाला आता है, तो उसका आधा बल रजब अली के भीतर आ जाता है। जैसे बाली के सामने आते ही हर योद्धा का आधा बल उसमें आ जाता था। एक बार एक नामी गायक ने अपना गाना सुनाने के लिए रजब अली को अपने यहाँ दावत पर आमन्त्रित किया। गाना शुरू होने के पहले ही ख़ाँ साहब ने उस गवैये से पूछ लिया, 'एक राग में कितनी बन्दिशों की तालीम आपके पास है?' वह गायक भौचक रह गया। फिर ख़ाँ साहब को गाना सुनाने की उसकी हिम्मत नहीं पड़ी।

उज्जैन की एक घरेलू महफ़िल में रजब अली ख़ाँ साहब का गायन चल

रहा था। ख़ाँ साहब ने उस दिन कुछ चढ़ा ली थी। तबले पर प्रसिद्ध तबला वादक मास्टर रामनारायण जी संगत कर रहे थे। वे भी आज भंग चढ़ाकर आये थे। महफ़िल अपने शबाब पर थी। श्रोता झूम रहे थे। अचानक सम पर आते ही ख़ाँ साहब का पारा गरम हो गया। मास्टर रामनारायण ने चुटकी ली, 'ख़ाँ साहब, आप लाल में हैं तो मैं भी हरी में हूँ।'

रामनारायण जी का जवाब सुनकर ख़ाँ साहब मुस्कुराने लगे और महफ़िल परवान चढ़ने लगी।

उस्ताद रजब अली ख़ाँ के वालिद मुग़ल ख़ाँ पर ग्वालियर घराने का प्रभाव रहा। संगीत की प्रारम्भिक शिक्षा उन्होंने अपने अब्बा हुजूर से ही ली इसलिए उनकी गायकी पर ग्वालियर घराने की छाप स्वाभाविक रूप से दिखायी देती है। वे ज़्यादा आलापचारी नहीं करते थे। ज़्यादातर सपाट तानों से भरा हुआ उनका गाना होता था। यह ग्वालियर घराने की शैली है, जो रजब अली के गायन में भी दिखायी देती है। अपने अब्बा हुज़ूर के पश्चात् आपने उस्ताद बन्दे अली ख़ाँ की शागिर्दी क़बूल की। बन्दे अली ख़ाँ किराना घराने की परम्परा से हैं इसलिए यहाँ से रजब अली के गायन पर किराने घराने का असर आया। बाद में रजब अली कोल्हापुर चले गये, जहाँ अल्लादिया ख़ाँ से उन्हें टक्कर लेनी थी। इसके लिए उनकी विशेषताएँ सीखना, जानना उनके लिए ज़रूरी हो गया। सीधे उनसे सीखने का प्रश्न ही नहीं उठता था। वे तो रजब अली को सारंगिये का बेटा मान बैठे थे। तब रजब अली ने अल्लादिया ख़ाँ के घर के ठीक सामने किराये के मकान में रहते हुए उनका रियाज़ वर्षों तक ध्यानपूर्वक सुना और उनकी शैली को भलीभाँति सीखकर अपनाया। अल्लादिया ख़ाँ जयपुर घराने से थे, इस प्रकार रजब अली की गायन शैली पर जयपुर घराने का प्रभाव आया। अब हम कह सकते हैं कि रजब अली किसी एक घराने के न होकर ग्वालियर, किराना और जयपुर घराने से अन्त:सम्बन्ध रखते हैं। रजब अली ने अपने समकालीन गायकों से हटकर अपनी एक निजी शैली विकसित की। शुरू में ही गुणीजन उनकी गायकी को क्लिष्ट और पेचीदा गायकी कहने लगे थे। उन्होंने अपने गायन में अप्रचलित और क्लिष्ट रागों को ही चुना। उनका कहना था, ऐसा करने से उन्हें लम्बी उड़ान भरने की सुविधा रहती है। वे राग को

अपने ढंग से गाते थे। प्रचलित रागों के अनुसरण में लोग तुलना करने लगते हैं। यहाँ रजब अली के गायन को ही मानक माना जाता है। लोग कहते कि फलाना राग तो बस रजब अली गाते हैं। इस प्रकार गायकी में उनकी विशिष्ट पहचान बढ़ती चली गयी। वे मध्य एवं तारसप्तक पर विशेष ज़ोर देते थे, यह भी उनके गायन की अपनी विशेषता रही। वे तीन प्रकार की आवाज़ निकालकर गायकी को प्रस्तुत करने में माहिर थे, जो अपने आप में एक चमत्कार था। वे प्राय: वैचित्र्यपूर्ण तिहाइयों का प्रयोग करते हुए आड़े चौताल जैसे कई क्लिष्ट तालों में सहजता से आ जाते थे। खण्ड मेरु की तानों का उन्हें ज़बरदस्त अभ्यास था। वे बोलबाट, बहलावे और लयकारी के प्रयोगों में विस्मय पैदा कर देते थे। इस प्रकार उनको सुनना अपने आप में एक अद्‌भुत अनुभव हुआ करता था।

रजब अली ख़ाँ तानों के लिए बहुत मशहूर हैं। उनकी तानें हमेशा राग के अनुकूल और अत्यन्त विलक्षण हुआ करती थीं। हर घराने में रागों का स्वरूप भिन्न है मगर तिरोभाव, विवादी स्वर प्रयोग, पड़ोस के रागों की छाया को दिखाना रजब अली के गायन की अपनी विशेषता है। रागदारी में उन्हें परिपक्वता हासिल थी। राग भैरव तोड़ी, शंकरा बसन्त, बागेश्वरी, दरबारी, मालकौंस, पटमंजरी, हुसैनी कानड़ा, कामोद—ये सभी राग वे अधिकारपूर्वक गाते थे। मिश्रित रागों में निश्चित स्वरों से किसी भी राग को उठा लेने में उन्हें कमाल हासिल था। वे प्रयोगधर्मी कलाकार थे परन्तु उनके प्रयोग शास्त्रसम्मत हैं। मध्य, मध्य द्रुत और अति द्रुत लय में तैयारी के साथ दावेदार फिरल दिखाना उनके ही बस की बात थी। जलजले, तहरीर, बहलावे और तेज फिरत के साथ मींड और सूतकारी का काम उन्हें ख़ूब आता था। स्वर का लगाव, और चीज़ों को अच्छी तरह सजाकर प्रस्तुत करना उनकी गायकी की ख़ास बातें हैं। उनकी लयकारी पेचीदा थी। वे ताल की हर मात्रा पर आघात करते चलते थे और आड़ा चौताल लेकर, आड़ कुआड़ का काम दिखाते थे। त्रिताल, जलद, एक ताल और द्रुत आड़ा चौताल में भी सामान्य बने रहते थे। मुखड़ा पकड़कर कहीं से भी सम पर आ जाना उनकी गायकी में एक चमत्कार से कम न था। उन्हें सुनते हुए, उनके प्रयोगों को समझकर लोग दाँतों तले उँगलियाँ दबा लेते थे। ऐसे में सहज ही मुँह से वाह निकल पड़ता था।

उन्हें तानों का बादशाह कहा जाता है। वे बिजली सी तेज़ तानें प्रस्तुत करने में माहिर थे। अक्सर अपने गायन में वे तानों की बौछार लगा देते थे। स्वर एवं लय की विविधता उनकी तानों का आकर्षण था। उन्होंने मेरुखण्ड में अलंकारों का अभ्यास किया था। तान कहते हुए राग अलंकार से दूसरे में जाना, दूसरे से तीसरे में जाना व सपाट कहते हुए सम पर आ जाना, यह उनका अपना तरीक़ा था। तान गाते समय बिजली की तरह उनकी आवाज़ दौड़ती थी। तरह-तरह की तानों की गुंफन, तिहाइयाँ, मींड, सूत आदि के विलक्षण प्रयोग उनकी गायकी में सुनने को मिलते हैं। वैसे तो एक स्थापित गवैये में, जितनी विशेषताएँ होनी चाहिए सब उनमें थीं परन्तु अपनी तानों के लिए देश भर में उनकी विशिष्ट पहचान थी। तभी तो वे 'तान सम्राट' कहे जाते थे।

उस्ताद रजब अली ख़ाँ साहब का राग प्रस्तुतीकरण मध्य लय से ही प्रारम्भ होता था। मध्य लय की बन्दिश को अति द्रुत लय तक ले जाना, उनकी आदत में शुमार था। एक बार मेजर शिवप्रसाद के यहाँ घरेलू महफ़िल में आपने राग मियाँ मल्हार की बन्दिश 'बरसन लागी' को इतनी द्रुत लय में गाया कि उसमें तराने के चरमोत्कर्ष का असर दिखायी देने लगा। उसी लय में आपने बोलालाप और बहलावे किये। तिरोभाव और समीपवर्ती रागों की छाया दिखाने में उनका अपना कौशल था, वह उन्होंने कर दिखाया तथा बाद में तानों की झड़ी लगा दी। रजब अली ख़ाँ ने कई तराने भी गाये हैं। राग भूप, मालकौंस, बसन्त, बागेश्वरी, शंकराभरन में गाये आपके तराने बड़े मशहूर हैं। देवास हाईस्कूल के स्नेह सम्मेलन में आपने मालकौंस का तराना सुनाया था, जिसका जिक्र आज भी देवास के पुराने लोग करते रहते हैं।

उस्ताद रजब अली ने बाबा शीलनाथ महाराज की संगत में रहते हुए ओंकार की कठिन साधना की थी, जिससे आपकी कण्ठध्वनि बहुत साफ़ और माधुर्यपूर्ण हो गयी थी। मेरुखण्ड की साधना के पश्चात् उसमें विस्तार आया। वे अतितार षड्ज को बड़ी सहजता से गा लेते थे। आवश्यकतानुसार वे अपनी आवाज़ को मोटी, मझोली और बारीक बनाने में कुशल थे। वे अपनी कला से ऊपर जाते थे आवाज़ को फाड़कर नहीं। एक तरह से वे अपने गले को बीन बना लेते थे। राग शंकरा में एक आरोही तान को उन्होंने बहुत पतली आवाज़ में गाया था।

उस्ताद रजब अली ख़ाँ ने अपनी गायकी में आकार में आलाप लेने की बजाय बोलालाप का अधिक प्रयोग किया है। यहाँ वे मुखड़े के शब्दों तक सीमित न रहकर स्थायी के शब्दों को विविध भावों के साथ प्रस्तुत करते हैं। प्राय: आलापचारी में स्वरों की क्रमानुसार बढ़त होती है परन्तु ख़ाँ साहब ऐसा न करते हुए दोनों सप्तकों में आलापचारी करते हैं। अकसर तो तारसप्तक तक पहुँचने में उन्हें कोई विलम्ब न होता। वे अपने गायन में 'बहलावे' का प्रयोग बहुलता से किया करते, इसलिए उनके गाने में विविधता दिखायी देती है। एक बार उन्होंने राग बागेश्वरी की बन्दिश : 'ऋतु बसन्त तुम अपने उमंग सों' में धैवत के साथ पंचम को जोड़कर अद्‌भुत प्रभाव पैदा कर दिया था। मींड, सूत और गिटकारी के प्रयोगों के साथ उन्होंने अपनी गायकी को यादगार बनाया।

उनका स्वर बहुत सधा हुआ था। बीन साधना की परम्परा के कारण उनके गायन में खड़े स्वरों का प्रयोग बहुत कम है। उनके स्वर कोमल हैं, उनमें एक प्रकार का लोच है। कण, स्वर, मींड एवं गमक आदि का समुचित प्रयोग उनकी गायकी की विशेषता है। वे राग प्रस्तुतीकरण के समय प्रचलित बालबिन्दुओं का इस्तेमाल नहीं करते। वे उत्तरांग प्रधान रागों को पूर्वांग से उठाते हैं। जैसे शंकरा एक उत्तरांग प्रधान राग है। इसमें उनकी एक बन्दिश है—'अरे पिया मोरे आ रे' यह मन्द सप्तक के पंचम से उठती है। मिश्रित रागों में निश्चित स्वरों के प्रयोग न करते हुए वे किन्हीं भी स्वरों से राग उठा लेते थे। जैसे राग बसन्ती केदार को गाते हुए उन्होंने प्रत्येक स्वर से बसन्त और केदार को गाया है। रागों के प्रचलित स्वरूप और शास्त्रीयता से हटकर उन्होंने कुछ प्रयोग किये, जो कहीं स्वीकार हुए और कहीं लीक से हटने के कारण उनकी आलोचना भी हुई। रागदारी को लेकर उनके विषय में अलग-अलग लोगों के भिन्न मत हैं। हाँ, तानों को लेकर ज़रूर वे निर्विवाद हैं और सब लोग उन्हें एक मत से तानों का धनी मानते हैं। अपने गायन को लेकर उनकी तैयारी इतनी ज़बरदस्त है कि लोग उन्हें सुनते हुए सिर्फ़ अभिभूत हो सकते हैं, उस पर कोई टिप्पणी नहीं कर सकते। अपने समकालीनों में वे अलग और अनूठे दिखायी देते हैं। उनमें पपीहे की पुकार और शेर की दहाड़ एक साथ दिखायी देती है। इस प्रकार हम कह सकते हैं कि उनकी स्वर सीमा बहुत विस्तृत है। उनके गायन की सबसे बड़ी विशेषता थी, उनकी वैचित्र्यपूर्ण

कल्पना की उड़ान। वे खुले क्षितिज में उड़ने वाले व्यक्ति हैं, सीमाओं में बँधने वाले व्यक्ति नहीं। यहाँ उनकी स्वतन्त्रता और प्रयोगधर्मिता को कोई अशास्त्रोक्त भी नहीं ठहरा सकता। वे किसी घराने से नहीं बँधे परन्तु कई घरानों की झलक, उनकी गायकी में स्पष्ट देखी जा सकती है। प्रमुख बात है, सौन्दर्य और मिठास। ये दोनों तत्त्व उनकी गायकी में अच्छी तरह समाहित हैं।

मुद्राओं की नाटकीयता उनकी गायकी में कहीं नहीं है। द्रुत लय और तानों के प्रस्तुतीकरण में मुद्रा दोष की पूरी सम्भावना रहती है, परन्तु यहाँ उन्होंने अपने आप को ख़ूब सम्भाला है। उन्होंने जो भी कमाल किया अपने गले से किया। मुख मुद्रा बनाकर, बिगाड़कर उन्होंने दर्शकों पर प्रभाव डालने की कभी कोशिश नहीं की। बाबा शीलनाथ जी की संगत में रहते हुए वे रूहानी संगीत की महत्ता को अच्छी तरह जान चुके थे। संगीत तो ईश्वर की आराधना है, इसमें किसी प्रकार का बनावटीपन क्यों ?

प्राय: दरबारी गायक अपने आश्रयदाता, संगतकार और उपस्थित श्रोताओं पर अतिरिक्त प्रभाव डालने के लिए शरीर की विभिन्न मुद्राओं का सहारा लेते हैं। कोई हाथ चलाता है तो कोई मुँह बनाता है, जबकि अच्छा संगीत स्वयं प्रभावशाली होता है उसमें किसी अन्य प्रभाव को मिलाने की ज़रूरत नहीं होती। गुणीजन इस प्रकार की कोशिश को मुद्रा दोष कहते हैं। रजब अली की गायकी मुद्रा दोष से मुक्त है। उनके शिष्यों में उस्ताद अमीर ख़ाँ साहब ने उनकी इस शैली का पूरी तरह अनुसरण किया है।

अपनी द्रुत लय वाली गायकी और बिजली जैसी तानों के लिए प्रसिद्ध रजब अली को शान्त रस बहुत प्रिय था। करुणा, प्रेम, दया, ममता जैसे भाव उनके हृदय को आन्दोलित करते थे। रजब अली ख़ाँ मुख्य रूप से ख़याल गायक हैं। ख़याल के विषय में यही कहा जाता है कि वह शान्त रस का संचार करता है। रजब अली के अनुसार, ख़याल गायन का मतलब है स्वरानन्द में स्वयं डूब जाना और श्रोताओं को भी उसमें डुबो देना। अपनी ख़याल गायकी द्वारा जहाँ एक ओर वे शान्त रस की सर्जना करते हैं। वहीं अपने भजनों में वे शान्त रस के साथ करुणा का भी पर्याप्त प्रभाव पैदा करते हैं। आदमी ईश्वर के सम्मुख दीन-हीन है। दुखी है। वह ईश्वर की कृपा चाहता है। यहाँ दैन्य भाव प्रमुख है। ख़ाँ साहब अपने

भजनों में इस दैन्य भाव का प्रतिपादन करते हैं। ईश्वर दाता है। करुणावान है, हम सेवक हैं। हम याचक हैं। रजब अली ख़ाँ ने सन्तों की वाणी को भजनों के रूप में ख़ूब गाया है। उनके इस अवदान के लिए भी बाबा शीलनाथ जी को याद किया जाना चाहिये। शृंगार रस के संचार हेतु उन्होंने ठुमरियों का चुनाव किया। मुख्य रूप से वे ख़याल गायक हैं परन्तु उनकी ठुमरियाँ सुनते ही बनती हैं। घरेलू महफ़िलों में उन्होंने होली गीत भी गाये हैं। इस प्रकार रजब अली की गायकी विविध प्रकार की है परन्तु वे शान्त रस के उपासक हैं। करुणा उनके हृदय का प्रधान भाव है। शृंगार और उल्लास की भी उनमें कमी नहीं है, इसके लिए उनकी गायी ठुमरियाँ और होली गीत सुने जा सकते हैं। स्टेज पर तो वे वही गाते थे, जिसमें उनकी पहचान थी अर्थात् विशुद्ध ख़याल। हाँ, घरेलू महफ़िलों, गणेश उत्सवों, स्कूलों-कॉलेजों और सम्मान समारोहों आदि में उनकी गायकी का रंग देखते ही बनता था। वहाँ वे खुलकर खाते थे। उन्हें किसी प्रकार का घमण्ड छू नहीं गया था। हालाँकि स्वाभिमानी ग़ज़ब के थे परन्तु प्रेमवश किसी अन्य परिचित के घर भी चले जाते और वहीं महफ़िल जम जाती। अपने शिष्यों के यहाँ तो आये दिन जाते ही रहते थे। उनके शिष्यों की फ़ेहरिस्त लम्बी है। उनकी संगीत शिक्षा का आधार मेरुखण्ड की गायकी है। उस्ताद अमीर ख़ाँ और कृष्णराव मुजुमदार उनके पट्ट शिष्य हुए जिन्होंने मेरुखण्ड गायकी के हुनर रजब अली से ख़ूब मन लगाकर सीखा। हालाँकि अमीर ख़ाँ साहब ने विधिवत् उनसे गण्डा नहीं बँधवाया और रजब अली ख़ाँ की तरफ़ से भी ऐसा कोई आग्रह नहीं रहा। परन्तु अमीर ख़ाँ साहब उन्हें अपना उस्ताद मानते हुए उनका बहुत आदर करते थे। कृष्णराव मुजुमदार देवास में ही रहते थे और अपनी इंजीनियरिंग की शिक्षा पूरी करके यहीं सहायक अभियन्ता के रूप में पदस्थ हुए। वे रजब अली ख़ाँ साहब को बहुत मानते थे और उनके गण्डाबँध शिष्य हुए। उस्ताद रजब अली ख़ाँ का शिष्य होना उन दिनों बहुत बड़ी बात थी। एक तो आसानी से वे किसी को शिष्य बनाते नहीं थे। पहले वे उसकी परीक्षा लेते थे कि आगन्तुक उनका शिष्य होने लायक है या नहीं? अकसर तो वे ऐसा कुछ कह देते कि सामने वाला उसे बर्दाश्त न कर पाता और बिदक जाता, यह उसके धैर्य की परीक्षा होती। फिर संगीत के प्रति सामने वालों को कितना समर्पण है? कहीं वह शौकिया सीखने तो नहीं आया? जिनमें संगीत साधना को जीवन भर

साधने की लगन रहती, उन्हें ही वे अपना शिष्य बनाया करते। दूसरे, वे ख़ुद भी तुनकमिज़ाज थे। मूडी आदमी थे। जब मर्ज़ी है, तब सिखाते थे। मूड नहीं है तो हफ़्तों शिष्यों से संगीत की कोई बात ही न करते। वे अपने आप में इतने मस्त रहते थे कि उनके शिष्यों की उनकी मस्ती में खलल डालने की हिम्मत न होती थी। गुस्सैल ग़ज़ब के। बात-बात पर उनका सामने वाले पर हाथ छूट जाता था। गाली-गलौज़ तो करते ही थे। ऊपर से उनकी गायकी बहुत मुश्किल और पेचीदा थी, उसे सीखना किसी साधारण शिष्य के वश की बात न थी। इसके उपरान्त कुछ लोग हिम्मत जुटाकर उनके साथ लगे ही रहे, उन्होंने अपने जीवन में बहुत कुछ हासिल किया और संगीत के क्षेत्र में काफ़ी नाम कमाया। उनके शिष्यों में दो प्रकार के शिष्य हैं, एक तो वे जो उनसे गायन सीख रहे थे और दूसरे वे जो उनसे सारंगी की तालीम प्राप्त कर रहे थे। गायन सीखने वाले उनके प्रमुख शिष्यों के नाम इस प्रकार हैं—कृष्णराव मुजुमदार, अमानत ख़ाँ, पण्डित गणपतराव देवासकर, कृष्णशंकर शुक्ल, मेजर शिवप्रसाद, शंकर राव सरनाइक, राजाभाऊ देव, नरेन्द्र पण्डित, योगन्द्र एवं महाराज किशन कौल आदि।

अपने बेटे राजन ख़ाँ, जिसे प्यार से रजब अली ख़ाँ राजा भैया कहा करते थे, उसे उन्होंने अपना शिष्य नहीं बनाया। शिष्य बनने की प्रारम्भिक परीक्षा में ही राजा भैया उत्तीर्ण नहीं हो पाये। राजा भैया सोचते थे, उनके अब्बा हुजूर हैं, उन्हें तो अवश्य सिखायेंगे ही। परन्तु रजब अली ने उन्हें अपना शागिर्द नहीं बनाया तो नहीं बनाया। उनके अनुसार राजन ख़ाँ के गले में वो बात नहीं जो चाहिये। जबकि राजन ख़ाँ की याददाश्त ग़ज़ब थी। उन्हें कई राग-रागिनियाँ अच्छी तरह याद थीं। ख़ाँ साहब की तानों और हिसाबों के रहस्य भी वे जानते थे। परन्तु रजब अली ख़ाँ ने उन्हें अपना शिष्य क़बूल नहीं किया। मेजर शिवप्रसाद एवं कुछ अन्य शिष्यों के आग्रह पर उन्होंने उन्हें कुछ दिनों तक बीनकारी की शिक्षा दी थी। बाद में उनकी शिक्षा आगे नहीं बढ़ी। हालाँकि वे राजा भैया को बहुत चाहते थे। इस प्रकार वे बिलकुल उपयुक्त व्यक्ति को ही अपना शिष्य बनाते थे।

सारंगी सीखने वाले उनके प्रमुख शिष्यों के नाम इस प्रकार हैं—ठाकुर प्रताप सिंह, मुहम्मद अहमद ख़ाँ, यासीन ख़ाँ, हबीब ख़ाँ, शादी ख़ाँ और

अल्लादिया ख़ाँ (जाबरा इन्दौर वाले) आदि।

वैसे तो पूरे देश में रजब अली ख़ाँ के नाम की तूती बोलती थी। बढ़ती उमर के साथ उन्होंने देवास के बाहर जाना लगभग बन्द कर दिया था। उन्हें सुनकर देश के कई प्रान्तों में लोग प्रभावित हुए और उनसे सीखने की इच्छा रखते थे परन्तु न वे देवास आ सकते थे और न ही रजब अली का बाहर जाना हो पाता था। लोग उनकी रिकॉर्डिंग सुनकर उनकी शैली को सीख रहे थे, उनकी गायकी को अपने स्तर पर आत्मसात् कर रहे थे।

मालवांचल में संगीत को जानने-समझने वालों में कोई भी ऐसा नहीं था, जो उनसे उस समय प्रभावित न रहा हो। पूरे क्षेत्र में एक स्वर से लोग उन्हें 'संगीत शिरोमणि' कह रहे थे। अमीर ख़ाँ साहब इन्दौर में अपने कमरे में रजब अली ख़ाँ साहब की तस्वीर लगाकर उसके सामने रियाज़ किया करते थे। समय-समय पर उनका देवास जाना भी होता रहता था। रजब अली भी उनकी बहुत तारीफ़ किया करते थे। देवास में रहते हुए कुमार गन्धर्व भी उनके प्रभाव से अछूते नहीं थे। कुमार गन्धर्व हमेशा मुक्त कण्ठ से रजब अली की प्रशंसा किया करते थे। ख़ाँ साहब की कई तानों का प्रभाव कुमार जी की गायकी में देखा जा सकता है। गोकुलोत्सव महाराज ख़ाँ साहब की तारीफ़ करते हुए नहीं थकते। कृष्णराव मुजुमदार तो रजब अली को अपना भगवान ही मानते थे। वे उनके प्रति पूरी तरह समर्पित व्यक्तित्व थे। उन्होंने ख़ाँ साहब की एक-एक चीज़ बहुत बारीकी से सीखी और उसमें अपने प्रयोग भी किये।

बम्बई में एक बार दीनानाथ मंगेशकर ने रजब अली का गाना सुनने के पश्चात् उनसे निवेदन किया था कि वे उनकी बेटी लता मंगेशकर को अपना शिष्य बना लें। रजब अली का जवाब था, 'मैं बम्बई में आकर रह नहीं सकता। कभी-कभार आता रहता हूँ, उससे काम नहीं चलेगा। हाँ, मेरा भतीजा अमानत ख़ाँ यहाँ रहता है, वह आपकी बेटी को मेरी गायकी सिखा सकता है।'

बाद में अमानत ख़ाँ ने ही लता मंगेशकर को संगीत की तालीम दी। वे जहाँ कहीं भी प्रोग्राम देने जाते लोग उनके शिष्य बनने का अनुरोध लेकर हाजिर हो जाते। वे सबसे यही कहते, 'प्यासा कुएँ के पास जाता है। कुआँ कभी प्यासे के पास नहीं जाता।' जिसे भी उनका शिष्य बनना हो,

उसे देवास में आकर रहना होगा। लोग उनकी यह शर्त जानते हुए भी उनसे गण्डा बँधवाने के लिए तत्पर दिखायी देते। वे कहते, आप कभी-कभी यहाँ आकर सिखा दिया करिये। उतना ही हमारे लिए पर्याप्त होगा। बम्बई में केनेडी पुल के पास रहने वाली एक प्रसिद्ध गायिका तो ख़ाँ साहब से गण्डा बँधवाने के लिए पीछे ही पड़ गयी। रजब अली ने लाख समझाया कि इसके लिए तुम्हें देवास चलकर रहना पड़ेगा। यहाँ आकर मैं तुम्हारी शिक्षा पूरी नहीं कर सकता। वह उनकी मानने को तैयार नहीं हुई। उसने कहा, आप गण्डा बाँधकर मुझे अपना शिष्य बना लीजिये। बीच-बीच में बम्बई आकर आप मुझे सिखा दीजियेगा। उसकी ज़िद के सामने रजब अली की एक न चली। गण्डा बँधवाई के समय उसने पन्द्रह सौ रुपये आपकी नज़र किये। पन्द्रह सौ रुपये की रकम उस समय बहुत ज़्यादा होती थी। ख़ाँ साहब ने रुपये जेब में रखे और देवास आ गये। संयोग ऐसा रहा कि साल भर तक उनका बम्बई जाना नहीं हो पाया। वे भूल चुके थे कि बम्बई में किसी गायिका को गण्डा बाँधकर आये हैं। उन्हें तो याद तब आया, जब उस गायिका ने इन्हें बाकायदा वकील से १५०० रुपये वापस करने का नोटिस भिजवाया। ख़ाँ साहब के हाथ-पाँव फूल गये। वे कभी भी कोर्ट-कचहरी के चक्कर में न फँसे थे। इस समस्या से उन्हें पण्डित विष्णु नारायण भातखण्डे ने उबारा जो पूर्व में पेशे से वकील थे, बाद में संगीत के प्रथम आधुनिक शास्त्रकार के रूप में प्रसिद्ध हुए। उन्होंने कोर्ट में यह सिद्ध कर दिया कि गण्डा बँधाई के समय दी जाने वाली रकम गुरुदक्षिणा कहलाती है, जो किसी भी सूरत में वापस नहीं की जा सकती। अपीलार्थी को संगीत सीखने के लिए पूर्व में ही देवास में रहने की शर्त बता दी गयी थी। इस स्थिति में अपीलार्थी का कोई क्लेम नहीं बनता। विद्वान् न्यायाधीश पण्डित विष्णु नारायण जी के तर्कों से सहमत हुए और रजब अली ख़ाँ को इस केस से मुक्ति मिली। तब से वे और सतर्क हो गये थे और आसानी से किसी को गण्डा न बाँधते थे। उनसे संगीत सीखने के लिए शिष्य को कमर कस के आना होता था। उनकी तुनकमिज़ाजी जगजाहिर थी। उनका मूड भी उनके पुराने शिष्य अच्छी तरह जानते थे। कभी तो हफ़्तों संगीत की बात ही न करें और कभी संगीत सिखाते हुए रात-दिन एक कर दें। उनकी कला का इतना ज़बरदस्त प्रभाव था कि तमाम मुश्किलें उठाते रहने की बातें जानते हुए लोग उन्हीं से सीखना चाहते थे। लोग आते और उनकी शर्तों पर

उनके शिष्य बनते। इस प्रकार गायन एवं वादन, दोनों क्षेत्रों में, आपके शिष्यों की संख्या कम नहीं है। उनके जितने शिष्य हुए सब मँजे हुए और तैयार कलाकार होकर निकले। मालवांचल में उनका प्रभाव सर्वत्र था। हर छोटा-बड़ा कलाकार उनका नाम बहुत आदर से लेता था। उनके समकालीन यहाँ के सभी कलाकारों पर उनका प्रभाव देखा जा सकता है। देश में चोटी के कलाकारों में उनकी गिनती होती थी। पचासी वर्ष की उम्र में भी आपके स्वरों में कोई कमी नहीं आयी। वही द्रुत लय का गायन बिजली-सी कौंध वाली उनकी तेज-तर्रार तानें उनके गले से अन्त-अन्त तक निकलती रहीं।

बीड़ी पीते थे और शराब भी पीते थे। डाक्टर ने बुढ़ापे में मना किया कि ख़ाँ साहब, ये दोनों चीज़ें छोड़ दें, आपके स्वास्थ्य के लिए ठीक नहीं हैं। वे हँसते हुए कहते, 'जिन चीज़ों का साथ जीवन भर रहा, उन्हें जीवन के अन्त में भला कैसे छोड़ दें? डाक्टर, हमने भरपूर जीवन जी लिया। अब ज़्यादा जीने की इच्छा नहीं है। अब तो मैं मौत का स्वागत करना चाहता हूँ।'

और सचमुच उन्होंने मौत का स्वागत किया। शायद उन्हें अपनी मौत का पूर्वाभास हो गया था। वे जुमेरात (गुरुवार) को पैदा हुए और यही गुरुवार का दिन उनके लिए इस दुनिया से जाने का तय हुआ। उन्होंने उस दिन घर की सारी खिड़कियाँ और द्वार खुलवा दिये। मानो मौत का स्वागत कर रहे हैं। लोगों से पूछा, 'कौन-सा दिन है?' किसी ने कहा, 'आज आठ जनवरी है।' उन्होंने फिर पूछा, 'दिन कौन-सा है?' जुमे की रात (गुरुवार)।' जवाब मिला। जब उन्हें निश्चित हो गया कि आज गुरुवार है, तब उनके मुँह से अन्तिम वाक्य निकला, 'अब जाने का वक़्त हो गया है। कहा-सुना सब माफ़ करना।'

इतना कहकर उन्होंने सदा के लिए अपनी आँखें मूँद लीं।

इस प्रकार ८ जनवरी, १९५९ को संगीत जगत् का एक देदीप्यमान नक्षत्र बुझ गया। पूरे देश में शोक की लहर दौड़ गयी। इन्दौर, उज्जैन और देवास के सभी चाहने वालों ने आने में देर न की। उनके जनाजे में बहुत भीड़ थी। पूरा देवास शहर शोकसन्तप्त था। जिस किसी ने भी सुना कि देवास की शान रजब अली ख़ाँ अब नहीं रहे, उसकी आँखें नम हो गयीं

और क़दम उनके जनाजे के साथ हो लिए। अन्तिम समय में भी वे बाबा शीलनाथ को नहीं भूले थे। उन्होंने अपनी मज़ार बाबा शीलनाथ महाराज की धूनी के पास ही बनाये जाने की इच्छा अपने साथी नगर पालिका अध्यक्ष कन्हैया सिंह ठाकुर को पहले से ही बता दी थी। उनकी इच्छानुसार उन्हें माताजी की टेकरी पर बाबा शील महाराज की धूनी के निकट ही दफ़नाया गया।

देश भर में शोक सभाएँ आयोजित हुईं। सभी आकाशवाणी केन्द्रों ने उन्हें श्रद्धांजलि अर्पित की। इन्दौर आकाशवाणी केन्द्र ने अपने प्रसारण में कहा कि रजब अली ख़ाँ जैसा गायक शताब्दियों में पैदा होता है। सचमुच—

हज़ारों साल नर्गिस अपनी बे-नूरी पे रोती है
बड़ी मुश्किल से होता है चमन में दीदा-वर पैदा।

जोगिया मोरे घर आये, घर–घर अलख जगाये

उस्ताद अमीर ख़ाँ

इन्दौर अपने इतिहास और संस्कृति की पहचान के लिए प्रसिद्ध है। रानी अहिल्याबाई की नगरी। होल्कर राजाओं का गौरवशाली इतिहास एवं साहित्य। संगीत और खेलों में कीर्तिमान स्थापित करने की यहाँ एक दीर्घ परम्परा है। खान नदी के किनारे बसा हुआ यह शहर भौगोलिक दृष्टि से भी बहुत सुन्दर है। चारों ओर घने ऊँचे वृक्ष। चौड़े रास्ते। सुन्दर चौराहे और पूरे शहर में खाने-पीने की अनगिनत छोटी-बड़ी दुकानें। यों तो सभी शहरों में खाने-पीने की दुकानें होती हैं फिर इन्दौर में इनकी विशेषता क्या? विशेषता है इसलिए तो इन्दौर का नाम आते ही इनका ज़िक्र किया जाता है। अमूमन यहाँ लोग घर में नाश्ता करना पसन्द नहीं करते। सुबह-सुबह किसी छोटी-सी नाश्ते की दुकान में भी अच्छी-खासी भीड़ यहाँ सहज देखी जा सकती है। नाश्ता भी क्या, पोहा-जलेबी! आप कहेंगे इसमें क्या ख़ास बात है? जनाब ख़ास बात है! खायेंगे तो जानेंगे। इसी प्रकार कोई भी घरेलू उत्सव हो। किसी भी अवसर पर भोज दिया जा रहा हो, ग़रीब से ग़रीब परिवार में भी दाल-बाटी, दाल-बाफले एवं चूरमा अवश्य बनाया जायेगा। इस प्रकार खान-पान, खेलकूद, गाना-बजाना और प्रसन्न रहना इस शहर की जीवन शैली शुरू से रही है। शायद इसी जीवन शैली से प्रभावित होकर वर्षों पहले

अकोला के उस्ताद शाहमीर ख़ाँ इन्दौर में आ बसे। शहर ने बाँहें फैलाकर उनका स्वागत किया। वे दिन थे, जब तवायफ़ों का बड़ा सम्मान था। हालाँकि समाज में एक वर्ग उन्हें हिकारत की नज़र से देखता था। परन्तु इस बात से कौन इनकार करेगा कि साहित्य, संगीत और तहज़ीब के उन दिनों यही स्कूल हुआ करते थे। उच्च स्तर की शायरी, प्रसिद्ध संगीत और बोलचाल, अदब आदि का परिचय लोगों को यहीं से मिलता था। ऐसा ही एक मोहल्ला था इन्दौर में बम्बई बाज़ार। यहीं आकर उस्ताद शाहमीर ख़ाँ ने अपना आशियाना बनाया। बेटे अमीर ख़ाँ का जन्म तो अकोला में (सन् १९१२) हुआ था। वहाँ उनके मामू प्रसिद्ध तबलिए मोती ख़ाँ रहते थे। अबोध उम्र से ही उनके कानों में पिता की सारंगी के स्वर और मामू के तबले के बोल अपना घर बना चुके थे। अब उन कानों को और कुछ न सुहाता था। पालने में ही सही स्वर और ताल से उनका परिचय हो चुका था। कोई डेढ़ साल के रहे होंगे, जब उनके वालिद उन्हें लेकर इन्दौर आ गये। इन्दौर की आबोहवा परिवार को बहुत रास आयी। इन्दौर के पास ही एक और शहर है, देवास। नाम से ही स्पष्ट है कि देवताओं का निवास स्थल। ऊँची टेकरी पर माता का मन्दिर इस शहर की पहचान है। यहाँ के नागरिकों से मिलेंगे तो सचमुच आपको लगेगा कि यहाँ देवता बसते हैं। उस ज़माने के एक देवतुल्य पुरुष का नाम लूँ—उस्ताद रजब अली ख़ाँ। जी हाँ, रजब अली ख़ाँ। साक्षात् बीन के अवतार। मानो वे स्वयं बीन हों और रब उनके भीतर से गाता हो। ख़याल भी ख़ूब गाते थे और जल तरंग भी बजाते थे। परन्तु बीनकार के रूप में उन्हें बहुत ख्याति मिली। रूढ़िवादी लोग किस ज़माने में नहीं होते! तब भी थे जो उन्हें बीनकार कहते हुए अपना मुँह बिचकाते थे। जबकि बीन बजाते हुए ही वे पूरे देश में 'संगीत रत्न भूषण' की उपाधि से सम्मानित हुए। ऐसे रजब अली ख़ाँ साहब से शाहमीर ख़ाँ साहब की गाढ़ी दोस्ती हुई। दोनों परिवारों में उन दिनों ख़ूब पटी। अक्सर तो रजब अली ख़ाँ शाहमीर ख़ाँ के घर इन्दौर आ जाते और घण्टों संगीत की महफ़िल सजती। यहीं खाते, पीते, रहते। प्राय: शाहमीर ख़ाँ भी रजब अली ख़ाँ के घर अमीर को लेकर पहुँच जाते। दोनों परिवार संगीत के रस-रंग में ख़ूब पगे हुए थे। बालक अमीर पर इसका गहरा असर होने लगा। वे कभी अब्बा को भौचक देखते तो कभी रजब अली ख़ाँ साहब को गाते हुए देखकर, देखते ही रह जाते।

दिन बीतते जा रहे थे। शाहमीर ख़ाँ साहब इन्दौर की संगीत महफ़िलों में एक जाना-पहचाना नाम हो चुके थे। बम्बई बाज़ार में उनकी सारंगी सिर चढ़कर बोलती थी। विघ्न सन्तोषी यह कहते न अघाते थे कि अरे वही बम्बई बाज़ार वाला सारंगिया। परन्तु शाहमीर ख़ाँ साहब किसी की परवाह किये बिना अमीर को संगीत का सबसे बड़ा अमीर बना देना चाहते थे। शाहमीर ख़ाँ के पास कई शिष्य उनसे सितार और सारंगी सीखने आते थे। इनमें एक रामनाथ श्रीवास्तव प्रसिद्ध हुए थे। वे बचपन में शाहमीर ख़ाँ के पास नियमित सितार सीखने आते थे, साथ में अमीर भी उन दिनों सारंगी पर हाथ आजमा रहे थे। ग़लत बजाने पर अब्बा हुजूर ने पास में रखा हुआ एक टीन का डिब्बा अमीर की गरदन पर दे मारा और ख़ूब लानत-मलानत की। बस यही क्षण था जब अमीर ने सारंगी का साथ छोड़कर गायक बनने का पक्का इरादा कर लिया। अब्बा हुजूर जो अमीर के एकमात्र उस्ताद थे, उनसे यह बात छिपी न रह सकी, उन्हें प्रसन्नता हुई कि अब मेरे बेटे को कोई सारंगिया तो नहीं कहेगा।

गायक बनने का निर्णय अमीर ने ले तो लिया परन्तु गायक बनना इतना सरल है क्या? यह बात उस्ताद शाहमीर ख़ाँ भी जानते थे। यों तो शाहमीर ख़ाँ के घर में उन दिनों इन्दौर के सभी नामी-गिरामी संगीतज्ञ तशरीफ़ लाते थे। लतीफ़ ख़ाँ, मुन्नू ख़ाँ, जहाँगीर ख़ाँ, वहीद ख़ाँ, मुगलू ख़ाँ, बुन्दू ख़ाँ और बाबू ख़ाँ जैसे संगीतकारों का शाहमीर ख़ाँ के यहाँ प्राय: जमघट लगा रहता था। सब एक से एक बढ़कर। कोई भी इन नामी-गिरामी कलाकारों को सुन ले तो प्रभावित हुए बिना न रहे। अमीर का बाल्यकाल, हर नयी चीज़ को देखकर चौंकने के दिन। वे अपने ही घर में इन नामी कलाकारों को देख रहे थे, सुन रहे थे। वे सबसे प्रभावित हुए परन्तु उस्ताद उन्होंने अपने अब्बाज़ान शाहमीर ख़ाँ को ही बनाया। उन्होंने एक दिन नि:संकोच अपने अब्बा से कहा, 'मुझे आपसे और सिर्फ़ आपसे ही संगीत सीखना है।'

अब्बा अमीर की बात सुनकर ख़ुश हुए परन्तु वे भलीभाँति जानते थे कि संगीत में महारत हासिल करना बहुत कठिन बात है। उन्होंने अमीर को पहला पाठ पढ़ाया—मज़बूत शरीर अर्थात् मज़बूत गला। इसके लिए ज़रूरी है, सुबह ब्रह्म मुहूर्त में यानी चार बजे हर हालत में उठना, नियमित व्यायाम। ख़ूब घूमना-फिरना, मतलब पैदल चलने की आदत। पहले

शरीर को अच्छा बनाओ, गला अपने आप मज़बूत होता चला जायेगा। अमीर ने अपने पिता की बात का अक्षरश: पालन किया। वे सुबह उठने लगे। सबसे पहले उन्होंने अपने आलस्य पर विजय पायी। इस प्रकार अमीर ने संगीत शिक्षा की पहली सीढ़ी पर बहुत मज़बूती के साथ अपने क़दम रखे। पिता ने देखा कि अब बेटा तैयार हो गया है तब उन्होंने गले का रियाज़ कराना प्रारम्भ किया।

सबसे पहले उस्ताद शाहमीर ख़ाँ ने अपने बेटे को मेरुखण्ड के पलटों का रियाज़ करने को कहा। यह एक कठिन पद्धति है। अमीर ने पूरे मन से मेरुखण्ड के पलटों का अभ्यास प्रारम्भ कर दिया। आगे चलकर यही शैली उनके गायन की विशेषता बनी। वे मेरुखण्ड शैली के विषय में अधिक से अधिक जानना चाहते थे। एक बार इन्दौर में गफूर ख़ाँ की बजरिया नामक स्थान पर संगीत का एक बड़ा कार्यक्रम हुआ। ध्रुपद शैली के महान गायक उस्ताद नसीरुद्दीन ख़ाँ साहब उन दिनों इन्दौर में तत्कालीन महाराज तुकोजी राव होल्कर के कृपापात्र थे। राज दरबार में उनका बड़ा मान-सम्मान था। कार्यक्रम में उनका गायन प्रस्तुत हुआ। अमीर अपने अभिन्न मित्र रामनाथ श्रीवास्तव के साथ उस कार्यक्रम में श्रोता के रूप में उपस्थित हुए। निश्चित है कि वे उस्ताद नसीरुद्दीन ख़ाँ डागर के गायन से बहुत प्रभावित हुए। कार्यक्रम समाप्ति के पश्चात् मंच के पीछे, जहाँ उस्ताद लोग बैठे हुए थे, वहाँ उन्होंने उस्ताद की बगल में मेरुखण्ड नामक एक ग्रन्थ रखा हुआ देखा। जिज्ञासावश अमीर उस ग्रन्थ के पन्ने पलटने लगे। नसीरुद्दीन ख़ाँ साहब को यह हरकत पसन्द नहीं आयी। उन्होंने अमीर के हाथों से वह ग्रन्थ छीनते हुए कहा, 'यह ग्रन्थ बच्चों के पढ़ने के लिए नहीं है।'

अमीर को यह बात तीर की तरह लगी। हृदय भीतर तक छिद गया। वे तड़फड़ा गये और उसी क्षण उन्होंने मन ही मन संकल्प लिया कि एक दिन वे भी उस्ताद की तरह महान् गायक बनकर दिखायेंगे। यह बात उन्होंने अपने प्रिय मित्र रामनाथ श्रीवास्तव के अलावा किसी को नहीं बतायी। रामनाथ उनके दिल को भलीभाँति समझ सकते थे। उन्होंने इलाज़ ढूँढ़ने में कोई देर नहीं की। बहुत प्रयासों के पश्चात् उन्होंने मेरुखण्ड नामक वह ग्रन्थ प्राप्त किया और एक दिन अमीर ख़ाँ को सप्रेम भेंट दे दिया। अमीर ख़ाँ की ख़ुशी का पारावार न था। उन्होंने

रामनाथ का बार-बार शुक्रिया अदा किया। वे अपना पूरा ध्यान इन दिनों मेरुखण्ड शैली की गायकी पर केन्द्रित कर रहे थे। इसके लिए उन्होंने बम्बई बाज़ार के पेशेवर संगीतज्ञों से भी सीखने और जानने में कोई परहेज़ नहीं किया।

उन दिनों इन्दौर में ध्रुपद गायकी की लोकप्रियता सिर चढ़कर बोलती थी। तत्कालीन महाराज तुकोजी राव होल्कर (तृतीय) नसीरुद्दीन ख़ाँ डागर की ध्रुपद गायकी के बड़े प्रशंसक थे। इन्दौर में कई लोग उन दिनों ध्रुपद गायकी ही सीख रहे थे। एक प्रसिद्ध ध्रुपद गायक अपने परिवार के कुछ बच्चों को ध्रुपद का अभ्यास करा रहे थे। सहसा अमीर ख़ाँ भी वहाँ आ पहुँचे। अमीर को वहाँ देखकर उस्ताद ने अपने बच्चों को अभ्यास कराना बन्द करा दिया। अमीर ख़ाँ को समझते देर नहीं लगी कि ये मुझे इस योग्य नहीं समझते कि मेरे सामने बच्चों को कोई उच्च स्तरीय संगीत शिक्षा दी जाये। एक तो मैं सारंगिये का बेटा, दूसरे बम्बई बाज़ार के संगीतकारों के साथ मेरा उठना-बैठना, यह सब इन्हें नागवार गुज़र रहा है। वे चुपचाप वहाँ से चले आये।

उन दिनों सारंगी वादकों और बीनकारों को उस तरह का सम्मान न प्राप्त होता था, जैसा अन्य संगीतकारों को मिलता था। अमीर ख़ाँ इस रूढ़ि को समाप्त करने का संकल्प लेकर आगे बढ़े। सारंगी का ज्ञान उन्हें पिता से विरासत में मिला था। वे सारंगी बहुत अच्छी तरह बजा लेते थे। वे स्पष्ट देख रहे थे सारंगी वादकों और बीनकारों को संगीतकारों के बीच सम्मानजनक स्थान प्राप्त नहीं है। किराना घराने के दो गुणी उस्ताद; अब्दुल करीम ख़ाँ और उत्साद वहीद ख़ाँ मूलतः सारंगी के कलाकार थे। सारंगी बजाने में इनका कोई सानी नहीं था परन्तु निराश होकर इन्होंने गायन की ओर रुख़ किया। कालान्तर में गायन के क्षेत्र में इन्होंने बहुत ख्याति पायी, परन्तु इनके सारंगी ज्ञान को उपेक्षित कर दिया गया। इधर अमीर ख़ाँ के वालिद शाहमीर ख़ाँ की सारंगी वादक के रूप में पहचान थी। हालाँकि वे गायन में भी अत्यन्त कुशल थे। वहीं शाहमीर के अभिन्न मित्र रजब अली ख़ाँ बीनकार के रूप में चर्चित थे। वे भी जलतरंग बहुत अच्छी बजा रहे थे। ख़याल गायकी में भी उनकी प्रतिभा कम न थी। एक सारंगी वादक, दूसरा बीनकार इनसे संगीत सीखने वाला आगे चलकर क्या बनेगा? इस पर किसी को कोई भरोसा नहीं था। अमीर बचपन से

बहुत ज़िद्दी थे। जो ठान लिया सो ठान लिया। उन्हें संगीत जगत् में व्याप्त उस रूढ़ि को पूरी तरह ध्वस्त करना था, जिसके कारण सारंगी वादकों और बीनकारों को वह सम्मान प्राप्त न था, जिसके वे हक़दार थे। वे यह साबित कर देना चाहते थे कि एक सारंगी वादक से संगीत शिक्षा लेते हुए भी कोई महान् गायक बन सकता है। इन्दौर में उन दिनों एक से बढ़कर एक गायक मौजूद थे, संगीतकार मौजूद थे। वे चाहते तो किसी के भी गण्डाबँध शिष्य होकर अपनी शिक्षा आगे बढ़ा सकते थे, परन्तु उन्होंने ऐसा नहीं किया। सबको सुना। उनकी अच्छाइयाँ ग्रहण कीं। सबसे सदा विनीत भाव से मिले। किन्तु गण्डाबँध शिष्य हुए तो सिर्फ़ अपने अब्बाज़ान के।

हर पिता की इच्छा होती है कि उसका बेटा तालीमयाफ़्ता हो। ख़ूब पढ़े-लिखे और जीवन में एक मुकाम हासिल करे। उन्हें बाकायदा स्कूल में दाख़िल कराया गया। उन्हें बँधे-बँधाये पाठ्यक्रम में पढ़ते हुए परीक्षाएँ पास करते रहना कभी रास नहीं आया। हालाँकि उनके अब्बा संगीत में ज़्यादा रियाज़ न कराते हुए उन्हें विविध विषयों में ज्ञान प्राप्त करने का पूरा मौक़ा दे रहे थे। वे चाहते थे कि अमीर स्कूली शिक्षा में भी कीर्तिमान स्थापित करें। अमीर तो अधिक से अधिक रियाज़ करना चाहते थे। उनके लिए तो अब कण्ठ संगीत में पारंगत होना ही जीवन का एकमात्र उद्देश्य रह गया था। इधर अब्बा उन्हें समझा रहे थे, 'सन्तुलित रियाज़ करो एक घण्टे सुबह, एक घण्टे दोपहर और एक घण्टे शाम या रात में। बस।' इतने रियाज़ से अमीर की आत्मा तृप्त न होती। एक दिन उन्होंने अपने अब्बा से पूछ ही लिया, 'अनेक कलाकार तो आठ-दस घण्टे रोज़ रियाज़ करते हैं। आप हमें सिर्फ़ तीन-चार घण्टे ही रियाज़ करने के लिए कहते हैं?'

अब्बा ने बड़े प्रेम से अमीर को समझाया, 'बेटा, जीवन के हर क्षेत्र में सन्तुलन बहुत ज़रूरी। अति सब जगह वर्जित है। इस बात को अच्छी तरह समझ लो। कम उम्र में ज़रूरत से ज़्यादा रियाज़ करने से गला ख़राब हो जाता है। गले के साथ ज़बरदस्ती करने से स्वर की शुद्धता समाप्त हो जाती है। फिर यह भूल आगे सुधारी नहीं जा सकती। इसलिए ज़रूरत भर रियाज़ करो। परन्तु पूरी तरह मन लगाकर करो। महत्त्वपूर्ण घण्टों बैठकर रियाज़ करना नहीं है। महत्त्वपूर्ण है तुम्हारी एकाग्रता। जितना डूबकर रियाज़ करोगे, उतना पाओगे। घण्टों ऊपर ही ऊपर तैरते

रहने से क्या फायदा? डूबो, जितना हो सके गहरे डुबकी लगाओ। मोती गहरे पानी में ही मिलते हैं। फिर जीवन में और बहुत कुछ सीखने के लिए है। शिक्षा कोई भी, कैसी भी कभी बेकार नहीं जाती। अक्सर तो दूसरे क्षेत्रों की शिक्षा भी अपने उद्देश्य में सहायक होती है।'

अमीर को बात समझते देर नहीं लगी। अब रियाज़ के अलावा जो समय बचता उसमें उन्होंने उर्दू, फ़ारसी और हिन्दी की श्रेष्ठ पुस्तकें पढ़ना प्रारम्भ कर दिया। उन्होंने अपने एक परिचित से विधिवत् संस्कृत का भी ज्ञान प्राप्त किया। इस प्रकार उन्हें साहित्य की मिठास का चस्का लग गया। वे ढूँढ़–ढूँढ़कर सन्तों की वाणी, सूफ़ियों के ग्रन्थ और रहस्यवादियों की किताबें पढ़ने लगे। आगे चलकर उनकी गायकी में साहित्य और संगीत का सुगम संयोग एक विशेषता के रूप में उभरकर आया। इस प्रकार स्कूली शिक्षा विधिवत् उन्होंने प्राप्त नहीं की, परन्तु भाषा और साहित्य में जीवन भर उनकी दिलचस्पी बनी रही।

उस्ताद रजब अली ख़ाँ साहब के प्रति अमीर के मन में गहरी आस्था थी। बचपन से वे उनका बहुत सम्मान करते थे। अकसर तो रजब अली ख़ाँ इन्दौर आ जाते और शाहमीर ख़ाँ के बम्बई बाज़ार वाले घर में संगीत की महफ़िलें आबाद होती रहतीं। अमीर ख़ाँ भी प्राय: देवास में रजब अली ख़ाँ के घर जाया करते और घण्टों वहाँ बैठकर उनसे ख़याल गायकी की बारीकियाँ सीखा करते। अब तो वे अपने कमरे में बाकायदे उस्ताद रजब अली ख़ाँ साहब की तस्वीर लगाकर उसके सामने रियाज़ करते थे। अमीर ख़ाँ के पिता शाहमीर भी चाहते थे कि अमीर रजब अली ख़ाँ की पेचीदा और क्लिष्ट गायकी को अपनायें। हालाँकि मेरुखण्ड के पलटों का अभ्यास करते हुए शाहमीर ख़ाँ ने अपने बेटे के गले को इतना लचीला बना दिया था कि उस गले से अब कैसा भी पेचीदा गायन सुगमतापूर्वक गाया जा सकता था। रजब अली ख़ाँ साहब के प्रति अमीर ख़ाँ का गहन भक्ति भाव देखते हुए एक बार उनसे किसी ने पूछ ही लिया, 'रजब अली ख़ाँ तो बीनकार हैं। उनमें ऐसी क्या बात है कि आप उनकी तारीफ़ करते नहीं थकते?'

अमीर ख़ाँ ने दोनों हाथ कान पर रखते हुए कहा, 'उस्ताद की द्रुत और तनैती की तैयारी बेमिसाल है। काश, उनकी तनैती का कुछ अंश भी मुझे मिल जाये तो मैं अपने आप को सौभाग्यशाली समझूँगा।'

अमीर ख़ाँ ने अपनी संगीत शिक्षा के लिए सिर्फ़ अपने अब्बा को एकमात्र उस्ताद बनाया। उनके अब्बा शाहमीर ख़ाँ को भले ही लोग एक सारंगी वादक के रूप में जानते थे लेकिन उनके व्यक्तित्व के विविध पहलू सिर्फ़ अमीर ख़ाँ ही अच्छी तरह पहचान पाये। अमीर ख़ाँ उनके विषय में कहते थे कि मेरे अब्बा ने मुझे संगीत तो सिखाया ही उसके अलावा उन्होंने मुझे सही मायने में ज़िन्दगी जीने का सलीका सिखाया। साहित्य से प्रेम करना उन्होंने मुझे सिखाया। एक अच्छे कलाकार के लिए निरोगी काया कितनी ज़रूरी है, यह पाठ मेरे अब्बा हुज़ूर ने मुझे सबसे पहले पढ़ाया। और सबसे बड़ी बात उन्होंने मुझे संकीर्णता के दायरे में कभी नहीं बाँधा। सभी उस्तादों को ख़ूब सुनो, ख़ूब गुनो और जहाँ जो चीज़ अच्छी लगे, उसे तुरन्त अपनाने में कोई परहेज़ न करो। इस प्रकार मेरे अब्बाज़ान ने मुझे उड़ने के लिए संगीत का भरा-पूरा आकाश दिया।

रजब अली ख़ाँ का गायन सुनते हुए अमीर मन्त्रमुग्ध हो जाते थे। जटिल रागों में सुगमता और स्वाभाविकता, उनकी विशेषता थी। रजब अली ख़ाँ अपनी गायकी में तानों का अद्‌भुत प्रयोग करते थे—इसे बड़े धैर्य से सुनते हुए, समझते हुए अमीर ख़ाँ ने अपनी गायकी में आत्मसात् किया। वे रजब अली ख़ाँ को गुरुतुल्य मानते थे और समय-समय पर उन्हें गुप्त रूप से गुरु-दक्षिणा प्रदान किया करते थे। उन दिनों रजब अली ख़ाँ की आर्थिक स्थिति अच्छी नहीं थी। घर में हमेशा पैसों की तंगी बनी रहती, जो आगन्तुकों से हमेशा छिपायी जाती थी। रजब अली ख़ाँ बहुत स्वाभिमानी व्यक्ति थे, सीधे-सीधे उन्हें कुछ देना उनके स्वाभिमान के ख़िलाफ़ होता इसलिए अकसर अमीर ख़ाँ उनके तकिये के नीचे कुछ रुपये छिपा दिया करते थे। रुपये मिलने पर वे ख़ाँ साहब को यही कहते—कोई आपका शिष्य, आपकी गायकी का दीवाना चुपचाप छोड़ गया होगा। ख़ाँ साहब सब जानते-समझते थे। इस प्रकार दोनों एक-दूसरे की मर्यादा बचाये रखते थे।

रजब अली ख़ाँ भी अमीर ख़ाँ को बहुत चाहते थे। वे उन्हें अपने जानिब जटिल से जटिल चीज़ें सिखा रहे थे। मेरुखण्ड गायकी में अमीर ख़ाँ का अच्छा अभ्यास था इसलिए रागों और तानों में कितनी भी जटिलता हो उन्हें आत्मसात् करने में उन्हें विलम्ब न होता था। रजब अली ख़ाँ ने ग़रीबी के जिल्लत भरे दिन देखे थे, इसलिए वे चाहते थे कि अमीर जल्द

से जल्द एक व्यावसायिक गायक के रूप में संगीत जगत् में स्थापित हो जाये, इसके लिए वे समय-समय पर अमीर ख़ाँ को परामर्श देते रहते थे।

अमीर ख़ाँ के वालिद ने अमीर को मेरुखण्ड के पलटों का ख़ूब अभ्यास कराया था, जिसके कारण उनका गला अब हर प्रकार की गायकी अपना सकता था। इस जहान सें जाते-जाते वे अपने बेटे अमीर ख़ाँ को एक आख़िरी और महत्त्वपूर्ण नसीहत और देते गये, 'बेटा, इस दुनिया में एक से बढ़कर एक कलाकार हैं, गायक हैं। वे बड़े इसलिए हैं कि उनकी अपनी शैली है। तुम्हें सुनना है, सबसे सीखना है, परन्तु बड़ा बनने के लिए तुम्हें अपनी सिर्फ़ अपनी शैली विकसित करनी होगी, तभी तुम सही मायने में मेरा नाम रोशन करोगे।'

अमीर ने अब्बा के इन्तकाल के बाद उनकी यह बात हमेशा के लिए गाँठ में बाँध ली। बम्बई आना-जाना उनका पहले भी था। अब वे ज़्यादातर बम्बई और दिल्ली रहने लगे। बम्बई में अमीर ख़ाँ रजब अली ख़ाँ के भतीजे अमानत ख़ाँ के साथ एक ही मकान में रहने लगे। दोनों में बड़ी दोस्ती थी। अमानत रजब अली की बिलकुल कॉर्बन कॉपी जैसा था। वैसी ही उसकी बिजली के समान तेज़ और द्रुतगति देखकर आश्चर्य होता था। अमीर उसके साथ रियाज कर रहे थे लेकिन उन्हें अब अपनी शैली विकसित करनी थी। उन्होंने तेज़ गति वाली द्रुत लय न अपनाकर अपने लिए रससिद्ध गायकी विकसित की। वे चमत्कार में विश्वास न करते थे। वे सिर्फ़ कानों में अपना रस न घोलकर उस रसधार को हृदय तक पहुँचाने में विश्वास रखते थे। अमानत अपने ख़याल गायन में मध्य लय से शुरू करके, द्रुत और तेज़ द्रुत तक पहुँचते हुए एक चमत्कार पैदा कर देता था। उसके गायन में लयकारी की प्रधानता थी। वह प्राय: क्लिष्ट लयकारियाँ अपनाते हुए, आड़ा चौताल जैसी कठिन तालों के साथ अद्‌भुत प्रभाव पैदा कर देता था। अमीर ख़ाँ ने अपने गायन में स्वाभाविक गम्भीरता कायम रखी। वे शुरू से ही स्वरों में स्टाइल लाते थे। उनका मुखड़ा बहुत स्वाभाविक होता था। उन्होंने अपनी ख़याल गायकी में बोलबाट को ज़्यादा स्थान नहीं दिया, वरन् सरगम का प्रयोग खुलकर किया। इस प्रकार उनका अपना स्टाइल, जैसा कि उनके अब्बाज़ान चाहते थे, चल निकला।

रजब अली ख़ाँ साहब से अमीर ख़ाँ ने ख़ूब सीखा। वे उन्हें गुरुतुल्य ही

मानते रहे, परन्तु उनका अनुसरण उन्होंने कभी नहीं किया। दोनों को अच्छी तरह सुनने वाले यह भलीभाँति समझ सकते हैं कि दोनों की गायकी किस प्रकार अलग-अलग है। सब लोग जानते हैं कि रजब अली ख़ाँ स्वर, लय और बन्दिशों के संयोग द्वारा राग में अपनी विविधता का प्रदर्शन करते हुए सीधे तानों पर आ जाते थे। तानों में तो उन्हें कमाल हासिल था। जबकि अमीर ख़ाँ रुबाई के बाद गम्भीर आलाप द्वारा राग को बढ़त प्रदान करते हुए पर्याप्त समय के पश्चात् तानों का प्रयोग करते थे। हालाँकि रजब अली ख़ाँ साहब से और-और सीख लेने की ललक उनमें बनी ही रहती थी। रजब अली भी उनकी स्वतन्त्र बनती जा रही पहचान से सन्तुष्ट थे।

रजब अली ख़ाँ की प्रसिद्ध बन्दिश—'बरसन लागी री बदरिया सावन की...' अमीर ख़ाँ बहुत चाव से गाते थे। दिल्ली में उन्हें जब पता लगा कि देवास में चचाजान इन दिनों बहुत बीमार चल रहे हैं, तब वे बम्बई का एक ज़रूरी प्रोग्राम छोड़कर देवास आ गये थे। पूछे जाने पर उन्होंने लोगों को बताया था कि उनके पास एक शायर की रुबाई है, जो मुझे लेनी है। मौत का कोई भरोसा नहीं कब चचाजान हमसे विदा हो जायें, इसलिए मैं अपने सब काम छोड़कर उनके पास देवास आ गया। कुछ दिनों पश्चात् इन्दौर में अमीर के घर पर उनका गायन सुनकर रजब अली ख़ाँ ने अत्यन्त भावुक मन से कहा था, 'अमीर, अब मरने का कोई गम न रहेगा। तुम तैयार हो गये हो। अब हम चैन से अल्लाह के घर जायेंगे।' और सचमुच कुछ दिनों पश्चात् वे इस फानी दुनिया से विदा हो गये।

शाहमीर ख़ाँ और रजब अली ख़ाँ दोनों ही अमीर ख़ाँ के भविष्य को लेकर चिन्तित रहते थे। दोनों ही यह चाहते थे कि जल्द से जल्द अमीर संगीत के व्यावसायिक जगत् में स्थापित हो जायें। वे चाहते थे कि अमीर को स्तरीय संगीत सम्मेलनों में बुलाया जाये और उन्हें वहाँ उचित पारिश्रमिक भी मिलने लगे। इसके लिए वे दोनों प्रयास भी करते थे एवं अमीर को उचित सलाह भी देते थे।

गुणी कलाकारों के सम्मुख गाये बिना अपनी पहचान नहीं बन सकती, इसके लिए ज़रूरी है कि अच्छे संगीत सम्मेलनों तक अपनी पहुँच होनी चाहिये। इस दिशा में अमीर ख़ाँ का पहला अनुभव बहुत ख़राब रहा। मिर्ज़ापुर में एक बड़े संगीत सम्मेलन का आयोजन हुआ, जिसमें पण्डित ओंकारनाथ ठाकुर और उस्ताद फ़ैयाज़ ख़ाँ जैसे दिग्गज कलाकार

आमन्त्रित किये गये थे। रायगढ़ नरेश की अनुशंसा पर अमीर ख़ाँ को इस कार्यक्रम में आमन्त्रित किया गया। अमीर ख़ाँ युवा थे और पहली बार इतने नामी कलाकारों के बीच उन्हें अपनी कला का प्रदर्शन करना था। भीतर से उनका आत्मविश्वास डोल रहा था। वे बहुत नर्वस थे परन्तु अपनी बारी आने के पश्चात वे हिम्मत करके स्टेज पर गये। अभी उन्होंने आलाप ही लिया था कि श्रोताओं ने उन्हें हूट करना शुरू कर दिया। वे बहुत कोशिश करके भी वहाँ श्रोताओं को लुभा नहीं पाये। गुणीजनों ने, नामी उस्तादों ने उन्हें प्रोत्साहित करने के लिए उन्हें ठुमरी पेश करने के लिए कहा। वे सिर्फ़ श्रोताओं को ख़ुश करने के लिए अपने स्तर से नीचे नहीं आना चाहते थे। भले ही आज उनका ख़याल गायन नहीं जम पाया परन्तु उन्होंने दृढ़तापूर्वक ठुमरी गाने के लिए वहाँ इनकार कर दिया। बाद में भी उन्होंने किसी कार्यक्रम में मंच से ठुमरी गायन नहीं किया। हालाँकि घरेलू महफ़िलों में वे ठुमरियाँ गाते थे। लोगों को यह देखकर आश्चर्य होता कि उन्हें कव्वालियों में भी ख़ासी दिलचस्पी है। वे लोगों से कहते, यह मेरा व्यक्तिगत रुझान है। मुझे संगीत में सीमाएँ बिलकुल पसन्द नहीं हैं परन्तु मेरी अपनी शैली नितान्त मौलिक है।

अमीर ख़ाँ की वास्तविक पहचान उनके रेडियो प्रसारणों से हुई। उन्हें देश भर के रेडियो स्टेशनों से गाने का मौक़ा मिला। जगह-जगह उनका गायन सबसे पहले लोगों ने रेडियो के माध्यम से सुना और उनकी गायकी के कायल हुए। सुप्रसिद्ध सितार वादक पण्डित रविशंकर दिल्ली आकाशवाणी से प्रसारित होने वाले उनके कार्यक्रमों का प्रसारण सुनकर प्रभावित हुए। पण्डित अमरनाथ, जो लाहौर में रहते थे, सर्वप्रथम उनका रेडियो प्रसारण सुनकर ही प्रभावित हुए। इसी प्रकार श्री रवीन्द्र बिष्ट सिर्फ़ रेडियो पर अमीर ख़ाँ साहब का प्रसारण सुनकर मुग्ध हो गये थे और जीवन भर उनके प्रशंसक रहे। अमीर ख़ाँ को मियाँ की सारंग बन्दिश बहुत प्रिय थी, जिसे रेडियो पर सुनते हुए देश भर के सभी नामी कलाकार उनसे अत्यधिक प्रभावित हुए थे।

रेडियो प्रसारण का परोक्ष फ़ायदा यह हुआ कि संगीत जगत् में उनकी पहचान स्थापित होने लगी। धीरे-धीरे उन्हें बड़े संगीत कार्यक्रमों में बुलाया जाने लगा था। कभी-कभी लोकप्रियता आदमी के विकास में बाधा भी सिद्ध होती है, अमीर ख़ाँ इस ख़तरे को भलीभाँति जानते थे।

उन्होंने सीखने और निरन्तर सीखते रहने की अपनी आदत को हमेशा बरकरार रखा। अपने बम्बई प्रवास के दौरान वहाँ उनका परिचय उस्ताद अमान अली ख़ाँ साहब से हुआ। बम्बई के बम्बई बाज़ार क्षेत्र में रहने के कारण आप बम्बई बाज़ार वाले कहलाने लगे थे। बम्बई बाज़ार वाली गायन शैली का अमीर पर बचपन से प्रभाव था इसलिए उस्ताद अमान अली साहब से आपकी ख़ूब जमने लगी। वे उनका गायन बहुत ध्यान से सुनते थे। पहली और सबसे बड़ी बात अमीर ख़ाँ ने उनसे यह सीखी कि हर बड़े और कुशल गायक की मुद्रा सीधी, स्थिर और शान्त होनी चाहिये। वे ध्यान से देखते तो अमान अली में उन्हें कभी कोई मुद्रा दोष दिखायी नहीं देता। यह गुण उन्होंने भलीभाँति सीखा। शान्त और स्थिर मुद्रा में बैठना, आगे चलकर अमीर ख़ाँ की यह बात बड़ी विशेषता बनकर उभरी। अमान अली ख़ाँ साहब की गायकी में सरगम प्रस्तुत करने की अपनी विशेषता है। मुख्यतः यह कर्नाटक शैली का प्रभाव है। उत्तर भारत की पारम्परिक शैली और कर्नाटक शैली का प्रभाव मिलाकर अमान अली ख़ाँ ने अपनी ख़याल गायकी में एक चमत्कार पैदा किया। अमीर ख़ाँ इस चमत्कार से अछूते नहीं रहे। उन्होंने प्रयास करके यह शैली अपनायी परन्तु अपनी मौलिकता के साथ। यहाँ उन्हें यह भी लगा कि अमान अली ख़ाँ के साथ वे अपने पिता की शैली को ही आगे बढ़ा रहे हैं। अमान अली ख़ाँ साहब अनजाने ही शाहमीर ख़ाँ की तरह मेरुखण्ड शैली को विशेष महत्त्व देते थे। उनकी शैली में बम्बई बाज़ार वालों की गायन शैली का प्रभाव स्पष्ट देखा जा सकता था। ये दोनों बातें अमीर ख़ाँ को अपने पिता की संगत में रहते हुए बचपन से मिली थीं। इस प्रकार पिता की शैली का यहाँ विस्तार देखते हुए वे अमान अली ख़ाँ से प्रभावित हुए और उनके साथ रहकर अपनी गायकी को और माँजने लगे। परन्तु वे उनके गण्डाबँध शिष्य कभी नहीं हुए।

अमान अली साहब अपनी गायकी में विलम्बित और मध्य विलम्बित लय को कायम रखते थे जबकि अमीर ख़ाँ अपनी शैली में मध्य लय को विशेष महत्त्व देते थे। उनके अनुसार इससे शब्द, लय और स्वर में अन्त तक पारस्परिक सम्बन्ध बना रहता है। उन्होंने अपनी ख़याल गायकी को करुण और शान्त रस की अभिव्यक्ति का माध्यम बनाया। इस प्रकार उन्होंने अपनी मौलिकता को बचाये रखते हुए अमान ख़ाँ साहब की शैली का सीधे अनुसरण नहीं किया। यह फ़र्क़ इन दोनों कलाकारों की

उपलब्ध बन्दिशें सुनते हुए बहुत स्पष्ट हो जाता है। प्राय: लयकारी का परिणाम उसकी गतिशीलता में देखा जाता है। अमान अली ख़ाँ की लयकारी वाला पक्ष अमीर ख़ाँ ने नहीं अपनाया। बल्कि उनका पक्ष शान्त रस उत्पन्न करने वाला है। उनकी लयकारी में किसी प्रकार की उत्तेजना दिखायी नहीं देती। इस प्रकार अमीर ख़ाँ अपनी गायकी में निरन्तर निखार पैदा करते जा रहे थे।

रेडियो की दुनिया में उनका सिक्का चल निकला था। जिस शहर में जाते, आकाशवाणी वाले उनकी रिकॉर्डिंग के लिए बेताब रहते। आकाशवाणी के दिल्ली केन्द्र ने तो पन्द्रह मिनट वाले कई कार्यक्रम अमीर ख़ाँ के धारावाहिक रूप से प्रसारित किये। इससे आम आदमी से लेकर ख़ास आदमी तक सभी अमीर ख़ाँ को भलीभाँति जानने लगे थे। देश भर में संगीत कार्यक्रमों के आयोजक अब अमीर ख़ाँ की गायकी से परिचित थे। बम्बई और कलकत्ता आकाशवाणी केन्द्रों द्वारा भी अमीर ख़ाँ की रिकॉर्डिंग अकसर सुनवाई जाती थी। जैसा कि अमीर ख़ाँ का स्वभाव था कि उन्होंने कभी किसी से समझौता नहीं किया। जहाँ जो कुछ गाया अपनी शर्तों पर। मंचीय कार्यक्रमों में कोई लाख फ़रमाइश करे कि ठुमरी गाइये, उन्हें नहीं गानी तो बस नहीं गानी। इसी प्रकार किसी भी कार्यक्रम में यदि कोई राग उनके पहले गाया जा चुका है, तो वे उसे कभी न दोहराते थे। वे हमेशा वही राग गाते, जो उनके पूर्व मंच पर नहीं गाया गया होता। वे अपनी मौलिकता और विशेषता के प्रति सदा सतर्क रहते थे। उन्हीं दिनों आकाशवाणी बोर्ड द्वारा ऑडिशन प्रणाली लागू की गयी। जिसके अन्तर्गत आकाशवाणी में गायन के पूर्व सभी कलाकारों को बोर्ड के सम्मुख एक परीक्षा देनी होती थी। यह प्रणाली वरिष्ठ और कनिष्ठ सभी कलाकारों के लिए अनिवार्य की गयी। अमीर ख़ाँ ने इसका विरोध किया और विलायत हुसेन ख़ाँ, गजानन राव जोशी, हीराबाई बड़ोदेकर आदि के साथ मिलाकर आकाशवाणी कार्यक्रमों का बहिष्कार कर दिया। इसका संगीत जगत् में गर्मजोशी से स्वागत हुआ। बाद में आकाशवाणी को अपनी यह नीति वापस लेनी पड़ी।

देश का बँटवारा होने के बाद पाकिस्तान में अलग से पाकिस्तानी संगीत की रूपरेखा बनाने का सरकारी प्रयास किया जाने लगा। यहाँ भारत में अमीर ख़ाँ ने सबसे पहले इस मूर्खता पर टिप्पणी की, 'भाई, ऐसा तो

कभी नहीं हुआ कि चार स्वर भारत में रह गये हों और तीन पाकिस्तान में चले गये हों। कला का बँटवारा ज़मीन-जायदाद की तरह कभी नहीं हो सकता।'

पाकिस्तान में जब पुरानी बन्दिशों में से देवी-देवताओं के नाम हटा देने के लिए दबाव बना तो, वहाँ के कलाकारों ने भी अमीर ख़ाँ के स्वर में स्वर मिलाकर इसका ज़बरदस्त विरोध किया।

देश का बँटवारा, उस समय सभी कलाकारों के लिए एक दुर्भाग्यपूर्ण घटना रही। कुछ लोग यहाँ रह गये। कुछ लोग वहाँ चले गये। परन्तु कला कभी नहीं बँटी। आज भी भारत और पाकिस्तान के कलाकार पुरानी बन्दिशों को उनके मौलिक रूप में ही गाते-बजाते हैं। इससे यह साबित होता है कि कला हमेशा जीतती है और सियासतदार पराजित होते हैं।

अमीर ख़ाँ की ख्याति अब दिन दूनी और रात चौगुनी गति से फैलती जा रही थी। वे देश भर के हर बड़े कार्यक्रम में बुलाये जाने लगे थे। उन्होंने स्वयं अपने आप से एक दिन पूछा, 'अमीर, क्या तुम अब सचमुच उस्ताद बन गये?'

भीतर से उत्तर आया, 'नहीं, बिलकुल नहीं।'

अमीर ख़ाँ यह भलीभाँति जानते थे कि किसी भी क्षेत्र में सीखने की प्रक्रिया जीवन भर समाप्त नहीं होती। और संगीत का क्षेत्र तो अपने रियाज़ से आकाश नापने जैसा है। उन्होंने दिल्ली में उस्ताद अब्दुल वहीद ख़ाँ का नाम सुन रखा था। वे उनसे सीखने दिल्ली चले गये। बम्बई में अमान अली ख़ाँ से अमीर इसलिए प्रभावित हुए कि अमान अली ख़ाँ मेरुखण्ड पद्धति के प्रशंसक थे और बम्बई बाज़ार वालों की गायन शैली के पक्षधर थे। ये दोनों बातें अमीर ख़ाँ को बचपन में अपने पिता से सीखने को मिली थीं। इन बातों को आगे बढ़ाया आपने अमान अली ख़ाँ की संगत में। दिल्ली में अब्दुल वहीद ख़ाँ पहले सारंगी वादक थे, बाद में गायक। उन्होंने संगीत की शिक्षा अपने चाचा प्रसिद्ध सारंगी वादक हैदर अली ख़ाँ साहब से प्राप्त की थी और हैदर अली ख़ाँ साहब ने प्रसिद्ध बीनकार बन्दे अली ख़ाँ साहब से तालीम ली थी। इस प्रकार ये तीनों कलाकार किराना घराने के प्रतिनिधि कलाकार माने जाते थे। अमीर ख़ाँ भी सारंगी और बीन की परम्परा से आये थे। उनके पिता प्रसिद्ध

सारंगी नवाज और प्रथम गुरु रजब अली ख़ाँ नामी बीनकार थे। इस प्रकार सारंगी और बीन के स्वर अमीर ख़ाँ को शुरू से प्रभावित करते आये थे। अब्दुल वहीद ख़ाँ भी सारंगी और बीन की परम्परा से आये थे और किराना घराने के प्रसिद्ध गायक थे। आपके पास घरानेदार चीज़ों का नायाब ख़ज़ाना था। अमीर ख़ाँ आपके पास नियमित सीखने लगे। वे जल्द से जल्द आपके पास सुरक्षित नायाब चीज़ों को सीख लेना चाहते थे। इसके लिए आपने अपने उस्ताद की बहुत सेवा की। उस्ताद वहीद ख़ाँ से सीधे सम्पर्क करना इतना आसान न था। वे दिल्ली की एक प्रसिद्ध गायिका मुन्नीबाई को संगीत सिखाते थे। अमीर ख़ाँ ने सबसे पहले मुन्नीबाई से सम्पर्क किया। वे उसकी कला से बहुत प्रभावित हुए और नियमित उसके पास जाने लगे। धीरे-धीरे यह परिचय प्यार में बदल गया। मुन्नीबाई ने ही अमीर ख़ाँ को वहीद ख़ाँ से मिलवाया और उन्हें संगीत शिक्षा प्रदान करने का अनुरोध किया। वहीद ख़ाँ ने भी अमीर ख़ाँ की निष्ठा और समर्पण देखते हुए उन्हें किराना घराने की कई महत्त्वपूर्ण और दुर्लभ चीज़ें सिखायीं। यहाँ भी अमीर ख़ाँ ने अनुसरण न करते हुए अपनी निजी शैली पर कोई प्रभाव ग्रहण नहीं किया। वरन् वहीद ख़ाँ से प्राप्त चीज़ों को नये प्रयोगों के साथ आत्मसात् किया। उन दिनों यह अफ़वाह ज़रूर थी कि अमीर ख़ाँ वहीद अली ख़ाँ के गण्डाबँध शिष्य हो गये हैं परन्तु यह सिर्फ़ अफ़वाह थी। अमीर ख़ाँ ने वहीद अली की संगत में रहते हुए ख़ूब सीखा और अपनी शैली में पर्याप्त परिष्कार किया। हाँ, इस बीच मुन्नीबाई से उनका प्रेम परवान चढ़ने लगा और एक दिन दोनों ने विवाह कर लिया।

उस्ताद वहीद ख़ाँ की शैली में विलम्बित ख़याल के अन्तर्गत क्रमानुसार राग की बढ़त एक विशेषता है। इस प्रकार वे बढ़त के द्वारा एक ही राग को काफ़ी लम्बे समय तक गाते थे। वे अधिकांश बड़े ख़याल को विलम्बित झूमरा ताल में गाते थे, जो ज़्यादा लोकप्रिय नहीं था। परन्तु अमीर ख़ाँ ने उनकी गायकी के इस अंश पर विशेष रूप से ध्यान दिया। उन्होंने अपनी गायकी में झूमरा ताल को अपनाकर उसे ख़ूब लोकप्रिय बनाया। अमीर ख़ाँ ने वहीद ख़ाँ की घरानेदार गायकी से प्रभावित होकर कई प्रयोग किये। उन्होंने आदेश देकर अपने लिए पाँच तारों वाला विशेष तानपूरा बनवाया था, जिससे उसका एक अतिरिक्त तार शुद्ध निषाद में मिलाया जा सके। इस प्रकार अमीर ख़ाँ ने अपनी गायकी में उस्ताद

वहीद ख़ाँ की बहुत सारी विशेषताओं को समाहित किया। इस सबके बावजूद न कभी अमीर ख़ाँ वहीद ख़ाँ साहब के गण्डाबँध शिष्य हुए और न ही वहीद अली ख़ाँ साहब ने इसके लिए उन पर कोई दबाव डाला। हालाँकि दोनों के सम्बन्ध अत्यन्त मधुर और गुरु-शिष्य तुल्य ही रहे।

उस्ताद वहीद ख़ाँ की शिष्या मुन्नीबाई से अमीर ख़ाँ की तीसरी शादी थी। इनसे ही आपको प्रथम पुत्ररत्न की प्राप्ति हुई, जिसका नाम अकरम ख़ाँ रखा गया। अकरम ख़ाँ ने अपने पारिवारिक संगीत ज्ञान को न अपनाकर आधुनिक इंजीनियरिंग की शिक्षा प्राप्त की। इसी प्रकार अपनी चौथी पत्नी रईसा बेगम से आपको दूसरे पुत्र की प्राप्ति हुई जो बाद में हिन्दी फ़िल्मों और टी.वी. सीरियलों में शाहबाज़ ख़ाँ के नाम से प्रसिद्ध हुए।

बहुत घुमन्तू लोगों के लिए यह कहा जाता है कि इनके पाँव में भँवरी है। इन अर्थों में सचमुच अमीर ख़ाँ के पाँव में भँवरी रही होगी। वे इन्दौर में प्रायः कम रहते थे। इधर-उधर घूमते रहना उनकी फितरत में था। पिता ने उन्हें घर-परिवार से बाँधने के लिए उनकी शादी इन्दौर के ही एक प्रतिष्ठित परिवार में कर दी थी। पत्नी कुछ दिनों पश्चात् किसी साधारण-सी बीमारी के कारण चल बसी। घर-परिवार वालों ने सोचा कि अमीर एक कलाकार है इसलिए उसका अगला विवाह भी किसी कलाकार परिवार में होना चाहिये। यह सोचकर उनका दूसरा विवाह प्रसिद्ध सितार वादक विलायत ख़ाँ की बहन शरीफन से सम्पन्न कराया गया। यह जोड़ी बहुत अच्छी थी परन्तु दोनों की कला दिशाएँ अलग-अलग थीं। बहुत ज़्यादा दिनों तक दोनों में नहीं पटी। और अन्ततः दोनों में तलाक हो गया। परन्तु अन्त में यह संयोग रहा कि अमीर ख़ाँ साहब का जनाजा कलकत्ते में इन्हीं के घर से उठा। अमीर ख़ाँ की तीसरी पत्नी मुन्नीबाई हुईं जो उस्ताद अब्दुल वहीद ख़ाँ की गुणी शिष्या थीं। इनसे ही अमीर ख़ाँ साहब को अपनी पहली सन्तान प्राप्त हुई। जाने क्यों यह विवाह भी ज़्यादा दिनों तक न टिक सका। अमीर ख़ाँ का चौथा विवाह इन्दौर में ही रईसा बेगम से हुआ, जिससे अमीर ख़ाँ साहब को दूसरी सन्तान प्राप्त हुई।

प्रायः बड़े कलाकारों के जीवन में ऐसा होता है, जिसके कई कारण हैं। पहला और बड़ा कारण यह है कि जो कलाकार जितना बड़ा होता है वह उसी अनुपात में इस दुनिया का नहीं रह जाता। वह बहुत कुछ दूसरी

दुनिया का हो जाता है। इस दुनिया के रस्मो-रिवाज़ और रवायतें उसे पूरी तरह बाँध नहीं पातीं। एक हद तक तो वह कलाकार ख़ुद से भी अनजान-सा हो जाता है। अब ऐसा इनसान जो थोड़ा-सा इस संसार में है शेष किसी रूहानी दुनिया में, उसके साथ एक संसारी महिला का जीवन निर्वाह सचमुच बहुत कठिन हो जाता है।

दूसरी बात ज़्यादा बेचैन करने वाली है। मैंने पहले ही कहा कि ज़्यादा बड़ा कलाकार अपने से ही बहुत अनजान-सा महसूस करने लगता है। उसे समझ में नहीं आता कि उसके अपने ही भीतर ये क्या, कैसे घटने लगा है, इसके कारण बहुत बेचैनी होती है। बहुत कम कलाकार इस आन्तरिक बेचैनी में अपने आप को सम्भाल पाते हैं। अधिकांश न चाहते हुए भी सिगरेट और शराब की शरण में चले जाते हैं। निश्चित है कि वहाँ कभी किसी परेशानी का हल नहीं है, परन्तु यह जानने-समझने में प्राय: बहुत देर हो चुकी होती है, तब तक यह जीवन तो बर्बाद होने की कगार पर पहुँच जाता है।

सचमुच अमीर ख़ाँ एक रूहानी कलाकार थे। जिन लोगों ने भी उन्हें गाते हुए देखा है, वे जानते हैं कि मंच पर बैठते ही गाना शुरू करने के एक-दो मिनट बाद ही वे आँख बन्द करके किसी और दुनिया में चले जाते थे। सामने कौन बैठा है? श्रोताओं पर उनके गायन का कैसा असर हो रहा है? इस सबसे अनजान वे अपनी ही दुनिया में उस समय रम रहे होते हैं। कार्यक्रम समाप्ति के समय आँख खोलकर जब वे श्रोताओं को देखते तब सामने किसी विशिष्ट जन को पाकर कह बैठते, 'अच्छा, आप भी यहाँ आये हुए हैं।'

एक बेचैन कलाकार के रूप में उन्हें भी सिगरेट और शराब की लत ने नहीं छोड़ा। यहाँ वे अपने आप को सम्भाल नहीं पाये। हालाँकि वे बहुत कम बोलने वाले अत्यन्त मृदुभाषी व्यक्ति थे। कभी किसी का उन्होंने दिल नहीं दुखाया। आगे बढ़कर लोगों की मदद करते रहने के उनके कई प्रसंग हैं। इस सबके बावजूद बड़े कलाकारों को इस संसार से बाँधे रखने के लिए उनके आसपास बहुत समझदार लोगों की ज़रूरत होती है। शायद यही कारण है कि बड़े कलाकारों के जीवन में उत्साहपूर्वक लोग आते हैं और साधारण-सी बात पर छिटककर चले जाते हैं। किसी भी बड़े कलाकार को उसकी सम्पूर्णता में आत्मसात् कर पाना, हर परिवार

के बस की बात नहीं है।

ईद–उल–अज़हा के अवसर पर एक बार उन्हें किसी ने बताया कि आज सबसे बड़े बकरे की क़ीमत इतनी आयी है। उन्होंने तुरन्त कहा इसके बराबर की धन–दौलत मुझसे लेकर ग़रीबों में खैरात बाँट दो। उन्हें किसी भी अवसर पर ऐसी कुर्बानी देना क़तई पसन्द न थी। अब इस प्रकार का स्वभाव सहज बुद्धि वालों की समझ में कैसे आ सकता है?

पुणे मेडिकल कॉलेज के छात्रों ने एक बार एक छोटी–सी संस्था बनाकर उन्हें अपने कार्यक्रम में गाने के लिए बुलाया। लोगों का कहना था इस छोटी–सी संस्था के छोटे से कार्यक्रम में इतने बड़े उस्ताद अमीर ख़ाँ भला अपना कार्यक्रम पेश करने आयेंगे? कदापि नहीं। आशा के विपरीत बुख़ार में वे वहाँ गाने के लिए सहर्ष आये। कार्यक्रम के पश्चात् ही उनकी वहाँ तबीयत ज़्यादा ख़राब हो गयी। मेडिकल कॉलेज के विद्यार्थियों की संस्था थी। आनन–फानन विद्यार्थियों ने उनका बहुत अच्छा इलाज़ किया। वे पूर्णतः स्वस्थ हो गये। विद्यार्थियों के बहुत मना करने के बावजूद वहाँ उन्होंने संस्था के लिए एक मोटी रकम दान में दी।

इन्दौर वालों को प्रायः उनसे शिकायत रहती कि इन्दौर में उनके पाँव बहुत कम टिकते हैं। उनका ज़्यादातर समय बम्बई, दिल्ली और कलकत्ते में बीत रहा था। वे जब भी इन्दौर आते तो उनके चाहने वाले उन्हें यहाँ कई दिनों तक रोके रखने की योजनाएँ बनाया करते। इन्दौर में कुछ जगहें ऐसी हैं, जिनसे अमीर ख़ाँ साहब का भावनात्मक लगाव है। वहाँ यदि कोई कार्यक्रम आयोजित किया जाता तो वे वहाँ होने वाले कार्यक्रम के लिए कभी न नहीं कर पाते। ऐसी ही कुछ जगहें हैं— भूतेश्वर महादेव का मन्दिर और जूनी इन्दौर का प्रसिद्ध शनि मन्दिर। यहाँ जब भी संगीत के कार्यक्रम आयोजित होते और अमीर ख़ाँ को बुलाया जाता, तब वे अपनी तमाम व्यस्तताओं के बाद भी यहाँ ज़रूर आते और अपना कार्यक्रम प्रस्तुत करते। अमीर ख़ाँ किसी कर्मकाण्ड और शरियत से बँधे हुए व्यक्ति नहीं थे। वे आपसी प्रेम, सहयोग एवं सौहार्द को मानव का सबसे बड़ा धर्म मानते थे। उन्हें इतना दृढ़ विश्वास था कि कोई अज्ञात शक्ति ज़रूर है, जो सारी कायनात के केन्द्र में है, उसे ख़ुदा कहें या किसी भी नाम से याद कर लें वह एक और एक मात्र है, उसमें किसी प्रकार का विभेद नहीं है इसलिए अमीर ख़ाँ सभी धर्मों के प्रति आदर का

भाव रखते थे। सभी धार्मिक स्थलों में गाते हुए उन्हें बहुत सुकून मिलता था। इन्दौर में रहते हुए भूतेश्वर महादेव और शनि मन्दिर में प्राय: उनके कार्यक्रम होते रहते थे। मन्दिरों की पवित्रता और शान्त वातावरण में अमीर ख़ाँ की गम्भीर गायकी स्वयं उनके और श्रोताओं के लिए पूजा-अर्चना से कम न होती थी। ऐसे अवसरों पर साक्षात् नाद ब्रह्म की उपासना होते हुए वहाँ अनुभव की जा सकती थी।

काशी के प्रसिद्ध लक्ष्मी नारायण मन्दिर के एक कार्यक्रम में उन्हें आमन्त्रित किया गया। वे उस्ताहपूर्वक वहाँ गये। कार्यक्रम बहुत उच्च स्तरीय था। देश भर के नामी कलाकार वहाँ आमन्त्रित थे। उस्ताद बिस्मिल्ला ख़ाँ, ईश्वरलाल मिश्र, किशन महाराज, लच्छू महाराज और बनारस हिन्दू विश्वविद्यालय का पूरा संगीत विभाग अपने छात्रों के साथ उस सभा में उपस्थित था। अमीर ख़ाँ ने वहाँ बहुत श्रद्धा और भक्तिपूर्वक राग मल्हार गाया। कमाल देखिये थोड़ी देर बाद जाने कहाँ से काले-काले बादल उमड़ते-घुमड़ते आये और झमाझम बरसात होने लगी। श्रोता पानी में भीग रहे थे और अमीर ख़ाँ साहब की स्वर लहरियों में भी। उस रात उन्होंने राग कलावती और जोग में भी अपनी स्वरचित रचनाएँ डूबकर सुनायीं। लोग बार-बार यही कह रहे थे कि अमीर ख़ाँ ने राग मल्हार क्या गाया कि बादल दौड़कर आये और ख़ूब बरसे। सभा में उपस्थित सभी कलाकारों और काशी के गण्यमान्य नागरिकों ने उस रात उनकी ख़ूब प्रशंसा की। वे शान्त, गम्भीर और मौन सब कुछ सुनते रहे क्योंकि वे तो अपने 'सर्वशक्तिमान' को स्वरांजलि अर्पित कर रहे थे।

पूरे देश में जहाँ कहीं भी संगीत के बड़े कार्यक्रम आयोजित होते, वहाँ अमीर ख़ाँ की उपस्थिति अनिवार्य मानी जाती। उनकी विशेष ख़याल गायकी के लोग दीवाने थे। उनका बड़ा बेटा अकरम अपनी इंजीनियरिंग की शिक्षा पूरी करके कनाडा में पदस्थ हो चुका था। वह अकसर अपने अब्बा से अमेरिका आने का आग्रह किया करता। अमीर भी उसे बहुत चाहते थे। अमेरिका जाने के पहले पेरिस और लन्दन में अमीर ख़ाँ साहब के कार्यक्रम बहुत सराहे गये। इस प्रकार देश की सीमाओं के बाहर उनकी गायकी धूम मचाने लगी थी। विदेशी श्रोता उनको सुनते हुए एक अजीब तरह का सुकून महसूस करते थे। इस बीच काबुल और अफ़गानिस्तान में भी उनके कार्यक्रम आयोजित हुए। अफ़गानिस्तान के

तत्कालीन शासक ज़हीर शाह ने उनका कार्यक्रम सुना और उनकी कला की दिल खोलकर सराहना की। उन्हीं कार्यक्रमों में एक बार खान अब्दुल गफ़्फ़ार ख़ाँ 'सीमान्त गाँधी' भी उपस्थित हुए, जिन्होंने उनके गायन को पसन्द किया।

अब तक पाश्चात्य दुनिया में अमीर ख़ाँ का नाम लोग भलीभाँति जानने लगे थे। कनाडा की राजधानी मॉट्रियल में आपका कार्यक्रम आयोजित हुआ, जिसने वहाँ लोकप्रियता के नये कीर्तिमान स्थापित किये। उस कार्यक्रम से प्रभावित होकर राजधानी के रेडियो स्टेशन ने उनकी एक घण्टे की रिकॉर्डिंग की, जिसे वहाँ के रेडियो ने अपने श्रोताओं को बार-बार सुनवाया। अमरीकी समाज और सरकार अमीर ख़ाँ की कला से और लाभ उठाना चाहती थी। न्यूयॉर्क विश्वविद्यालय के संगीत शिक्षा विभाग ने आपको अपने यहाँ विजटिंग प्रोफ़ेसर पद पर रहने की पेशकश की। इसे स्वीकार करते हुए वे न्यूयॉर्क चले गये। विजिटिंग प्रोफ़ेसर के अपने कार्यकाल में अमीर ख़ाँ ने वहाँ की बड़ी-बड़ी शैक्षणिक संस्थाओं में अपने कार्यक्रम प्रस्तुत किये। शास्त्रीय संगीत की कम समझ, भाषा की दिक़्क़त और एक अलग सांस्कृतिक परिवेश के उपरान्त अमेरिका के विद्यार्थियों, प्राध्यापकों, राजनीतिज्ञों और गण्यमान्य नागरिकों ने अमीर ख़ाँ के गायन को ख़ूब सुना और सराहा। भारतीय दूतावास एवं विभिन्न शहरों में अप्रवासीय भारतीयों की संस्थाओं ने समय-समय पर आपके कई कार्यक्रम वहाँ आयोजित करवाये। इस प्रकार फ्रांस, ब्रिटेन, अफ़गानिस्तान और अमेरिका में अमीर ख़ाँ के नाम की धूम मची हुई थी। विशेष रूप से आपकी शान्त और गम्भीर गायकी वहाँ के बेचैन जनजीवन में एक शीतल बयार की तरह स्वागतेय रही।

भारतीय फ़िल्मों ने जहाँ एक ओर सुगम संगीत को आमजन में लोकप्रिय बनाया वहीं फ़िल्म संगीत के माध्यम से शास्त्रीय संगीत को भी सामान्य जन तक पहुँचाया है। इस प्रकार शास्त्रीय रागों पर आधारित रचनाएँ भी फ़िल्मी संगीत के माध्यम से आम भारतीय समाज में ख़ासी लोकप्रिय हुईं। उस दौर में शास्त्रीय संगीत के बड़े कलाकार प्रायः फ़िल्म संगीत से परहेज़ कर रहे थे। अमीर ख़ाँ तो स्टेज पर ठुमरी, दादरा भी गाना पसन्द नहीं करते थे। परन्तु फ़िल्म संगीत की लोकप्रियता को सब लोग जानते-समझते थे और उससे अछूते भी न थे। रेडियो पर ज़्यादा समय तक

बजने वाला यह संगीत जन–जन में ख़ासा लोकप्रिय था। समाज में आम और ख़ास सभी लोग इसे चाव से सुनते और फ़ुर्सत के क्षणों में गुनगुनाते रहते। कौन नहीं चाहता कि उसकी कला को समाज का हर वर्ग पसन्द करे? इसके लिए ज़रूरी था कि आप अपनी कला की ऊँचाई बरकरार रखते हुए यथासम्भव फ़िल्मों में भी इसका प्रदर्शन करें। अमीर ख़ाँ ने इस बात को समझा और इसके महत्त्व को हृदय से स्वीकार किया। उन्होंने फ़िल्मों के लिए गाया परन्तु हर जगह अपनी शर्तों पर अपनी ऊँचाई को कायम रखते हुए। हालाँकि किसी भी निर्माता, निर्देशक के लिए अपनी फ़िल्म में गाने के लिए उन्हें राजी कर पाना, निश्चित ही एक कठिन काम था। बावजूद कई निर्माता, निर्देशक और संगीतकारों ने प्रयास किया और सफलता पायी।

अमीर ख़ाँ साहब ज़्यादातर कलकत्ते में रहने लगे थे। शुरू–शुरू में फ़िल्म निर्माण का प्रमुख केन्द्र कलकत्ता ही था। यहाँ कई फ़िल्म कम्पनियाँ फ़िल्म निर्माण का कार्य कर रही थीं। ईस्टर्न सरकिट प्रा.लि. द्वारा एक बांग्ला फ़िल्म 'क्षुधित पाषाण' बनायी जा रही थी। कम्पनी वाले शास्त्रीय संगीत की महत्ता जानते–समझते थे इसलिए उन्होंने अपनी फ़िल्म में बतौर संगीतकार प्रसिद्ध सरोद वादक अली अकबर ख़ाँ साहब को साइन किया। गायन के लिए अमीर ख़ाँ से सम्पर्क किया। अली अकबर के साथ काम करने में उन्हें कोई एतराज़ नहीं हुआ। अली अकबर साहब ने अमीर ख़ाँ और निखिल बैनर्जी के साथ एक टीम बनायी फिर इस फ़िल्म में एक से बढ़कर एक संगीत रचनाएँ प्रस्तुत कीं। अमीर ख़ाँ साहब की आवाज़ में इसमें तीन रचनाएँ प्रस्तुत की गयीं, जो ख़ूब लोकप्रिय हुईं। हिन्दी फ़िल्म जगत् में उन दिनों नौशाद बहुत गुणी संगीतकार थे। शास्त्रीय संगीत की ओर उनका विशेष झुकाव था। वे अपनी हर फ़िल्म की धुनें प्राय: शास्त्रीय रागों पर आधारित बनाया करते थे। उन्हीं दिनों 'प्रकाश पिक्चर्स' नामक कम्पनी ने मध्य युग के प्रसिद्ध गायक बैजनाथ (बैजू) के जीवन पर फ़िल्म बनाने की योजना बनायी। फ़िल्म का नामकरण हुआ 'बैजू बावरा' और संगीतकार नौशाद को चुना गया। इस फ़िल्म के अन्तिम दृश्य में बैजू बावरा और तानसेन की जुगलबन्दी फ़िल्माये जाने की बात थी। नौशाद जी के सामने अब हिन्दुस्तानी संगीत के दो महान् दिग्गजों की जुगलबन्दी रिकॉर्ड करने की समस्या थी।

नौशाद ने अपने समय के दो दिग्गजों को इस कार्य के लिए तैयार किया। अमीर ख़ाँ को तानसेन के लिए और पण्डित डी.वी. पलुस्कर को बैजू बावरा के लिए। शुरू में पण्डित डी.वी. पलुस्कर तैयार नहीं हुए। दरअसल, वे तानसेन के रूप में गाना चाहते थे। यह समस्या जब अमीर ख़ाँ के सामने लायी गयी तो वे मुस्कुराये और उन्होंने पण्डित डी.वी. पलुस्कर को समझाया, 'बन्धुवर, इस जुगलबन्दी में फ़िल्म के अनुसार तानसेन हार रहा है। आप मुझसे गायन में हारें, मुझे यह अच्छा नहीं लगेगा?'

पलुस्कर जी को बात समझ में आ गयी और उन्होंने ख़ुशी-ख़ुशी बैजू बावरा वाले हिस्से को गाना स्वीकार कर लिया। इस फ़िल्म में अमीर ख़ाँ साहब की चार प्रस्तुतियाँ हैं। ये चारों आज भी अत्यन्त लोकप्रिय हैं।

'बैजू बावरा' फ़िल्म रिलीज़ होने के बाद पूरे देश में हर आम और ख़ास आदमी अमीर ख़ाँ की गायकी का प्रशंसक हो चुका था। फ़िल्म का अन्तिम जुगलबन्दी वाला सीन, यादगार सीन था। थियेटर से लोग इस सीन को याद करते हुए निकलते, जबकि फ़िल्म में बैजू बावरा जीत रहा है परन्तु तानसेन की गायकी भी कम नहीं है, ऐसा कहते हुए दर्शक-श्रोता मन्त्रमुग्ध होकर इसकी चर्चा करते हुए न अघाते। इस फ़िल्म ने सफलता के कीर्तिमान स्थापित किये, इसके साथ ही नौशाद को फ़िल्म के संगीत संयोजन के लिए बहुत मान-सम्मान मिला, जिसमें अमीर ख़ाँ एवं डी.वी. पलुस्कर जी के योगदान को उन्होंने सब जगह हर्षपूर्वक स्वीकार किया। इस प्रकार लोगों ने ये माना कि इस समय भारतीय संगीत के दो महान् दिग्गज ये ही हैं।

'बैजू बावरा' के अलावा आपने कई हिन्दी और मराठी फ़िल्मों के लिए गाया। इनमें प्रमुख हैं—फ़िल्म 'झनक-झनक पायल बाजे' का शीर्षक गीत आपने राग अडाना में द्रुत ख़याल की शैली में गाया। फ़िल्म 'शबाब' में आपने एक भजन गाया, जिसके बोल हैं, 'दया करो गिरधर गोपाल'। इसी प्रकार फ़िल्म 'गूँज उठी शहनाई' में 'रागमाला' उस्ताद अमीर ख़ाँ और उस्ताद बिस्मिल्ला ख़ाँ की शहनाई के साथ प्रस्तुत की गयी, यह गायन एवं वादन का अद्‌भुत उदाहरण है। इसके अलावा आपने दो धार्मिक फ़िल्में—'जय श्रीकृष्ण' और 'राधा पिय प्यारी' में भी बहुत मधुर गीत गाये। ग़ालिब जन्म शताब्दी के अवसर पर भारत सरकार के

'सूचना एवं प्रसारण विभाग' द्वारा एक वृत्तचित्र बनाया गया, इसमें अमीर ख़ाँ साहब ने ग़ालिब की एक ग़ज़ल गायी—'रहिए अब ऐसी जगह चलकर, जहाँ कोई न हो।'

बहुत आग्रह और मान-मनौवल के बाद वे फ़िल्मों के लिए गा दिया करते थे परन्तु वह उनका क्षेत्र न था। फ़िल्मी गीतों में समय सीमा और दूसरे तरह की बन्दिशें उन्हें पसन्द न थीं। वे तो निर्द्वन्द्व और निर्विकार गायकी के लिए बने थे। शान्ति और गम्भीरता, उनकी गायकी की सबसे बड़ी विशेषता है। शास्त्रीय मंचों पर भी लोग अपने लटके-झटके दिखाकर मंच लूट लेने की प्रवृत्ति से बाज़ नहीं आते। लोग द्रुत गति में जाकर श्रोताओं को प्रभावित करते हैं। तबले पर संगतकार से भिड़न्त प्रस्तुत करते हुए लोग चमत्कार पैदा करने की कोशिश करते हैं। अमीर ख़ाँ ने मंच पर ऐसा कुछ कभी नहीं किया। एक तो उनकी गायकी में मुद्रा दोष बिलकुल नहीं था। वे चुपचाप मंच पर आकर बैठते, जैसे पूजा के लिए बैठ गये हों। आलाप लेते ही उनकी आँखें मुँद जातीं। वे भीतर डूबने लगते, जैसे ध्यान की गहराइयों में गोते लगा रहे हों। विशेष बात ये कि उनकी स्वर लहरियों में धीरे-धीरे श्रोता भी डूबने लगते। कुल मिलाकर, बहुत शान्त और गम्भीर वातावरण बन जाता, जैसे किसी आश्रम में गुरु अपने शिष्यों को ध्यान योग सिखा रहा हो।

वे मुस्लिम परिवार में ज़रूर पैदा हुए परन्तु जीवन भर रूढ़िवादी परम्पराओं से मुक्त रहे। उन्होंने हिन्दू देवी-देवताओं की वंदना गायी। इन्दौर में रहते हुए भूतेश्वर महादेव और शनि मन्दिर तो प्रायः जाते ही थे। बचपन में पुष्टिमार्ग से भी आपका भलीभाँति परिचय हो चुका था। ज्ञात हो कि 'पुष्टिमार्ग' कृष्ण भक्ति परम्परा का मार्ग है, जिसमें संगीत का विशेष महत्त्व है। भक्त कवि 'सूरदास' एवं अष्टछाप के सभी सन्त कवि इसी मार्ग के अनुयायी रहे हैं। इन्दौर में पुष्टिमार्ग का एक प्रसिद्ध मन्दिर है, जहाँ अमीर ख़ाँ साहब के अनन्य प्रशंसक और प्रसिद्ध स्वर साधक स्वामी गोकुलोत्सव महाराज रहते हैं। अमीर ख़ाँ इन्दौर प्रवास के दौरान यहाँ जाया करते थे। पुष्टि मार्ग में प्रचलित पारम्परिक बन्दिशों का ज्ञान आपने यहीं से प्राप्त किया। दरअसल, अमीर ख़ाँ को जहाँ से जो सीखने को मिला, उन्होंने उत्साहपूर्वक उसे आत्मसात् किया और उसे अपनी

शैली में मिलाकर एक नया रूप प्रदान किया। कभी-कभी वे हँसकर कहा करते, अपना प्याला हमेशा ख़ाली रखना चाहिये। तभी तो कोई आकर उसे भरेगा। भरे हुए प्याले में भला कोई क्या डालेगा। बम्बई निवास के दौरान भी अमीर ख़ाँ 'पुष्टिमार्ग' के बड़े मन्दिर में प्रायः जाया करते थे। वहाँ उन्होंने महाप्रभु बल्लभाचार्य के सुपुत्र श्री विट्ठलनाथ जी के प्रति एक रचना में अपने श्रद्धासुमन अर्पित किये थे।

अमीर ख़ाँ के व्यक्तित्व में किसी प्रकार का रूढ़िवाद और धार्मिक ढकोसला बिलकुल नहीं था। वे एक सर्वशक्तिमान, रहमान, रहीम को मानते थे, जिसकी लीला यह सारी कायनात है। वही विभिन्न रूपों—देवी, देवता और सद्पुरुषों में प्रकट होता रहता है। उसकी शरण में रहने से हम सदा उसके कृपापात्र होते हैं। अपनी कई स्वरचित बन्दिशों में उन्होंने अपनी आस्थाएँ व्यक्त की हैं। राग अभोगी में उनकी यह बन्दिश देखिये—'लाज रख लीजो मोरी। साहेब सत्तार निराकार, जग के दाता। तू रहीम, राम तू ही। तेरी माया अपरम्पार...' वहीं राग अहीर भैरव में वे गाते हैं—'मोहनी मूरत नटनागर। रोम-रोम चाहे बरनन जाये मोसों। ऐसो श्याम सुन्दर नटनागर, गुन सागर...।'

वे अक्सर कहा करते, हमारे महान् भारतीय संगीत को उस दिन ग्रहण लग गया, जिस दिन उसने दरबारों में प्रवेश किया। उनके अनुसार संगीत एक आराधना है। पूजा है वह। नाद ब्रह्म की उपासना है संगीत। पहले मन्दिरों में ही गाया-बजाया जाता था। सारे धार्मिक पर्व, उत्सव और पूजा विधान संगीत से सराबोर हैं। कालान्तर में कुछ ऐसी परिस्थितियाँ बनीं कि हमारे गायक, नर्तक और वादक दरबार में आकर राजाओं और नवाबों को ख़ुश करने लगे, यहाँ से संगीत का पराभव शुरू हुआ। कवि राजा को ख़ुश करने लगे। गवैये उन्हीं की रचनाएँ गाकर राजाओं को रिझाने लगे। संगीतकारों ने राजाओं को जगाने और सुलाने के लिए बन्दिशें बनायीं। वे पुरानी बन्दिशें आज भी प्रचलित हैं। उन्हें शास्त्रीय शैली का अंग माना जाने लगा। नये कलाकार जो आ रहे हैं, बिना शब्दों का अर्थ जाने उन्हें बेझिझक गाये जा रहे हैं। एक पुरानी बन्दिश में स्त्री की 'रजस्वला' स्थिति का वर्णन है। लोग ख़ुशी-ख़ुशी उसे मंचों पर गाते हैं, जिसे बनाया होगा किसी ने राजा के मन बहलाव के लिए?

अमीर ख़ाँ साहब को साहित्य के पठन-पाठन में गहरी दिलचस्पी थी। वे सन्तों की वाणी और सूफ़ी रचनाएँ मन लगाकर पढ़ते। 'अमीर खुसरो' से तो ख़ासे प्रभावित थे। अमीर खुसरो मध्य युग के प्रारम्भ में एक महत्त्वपूर्ण शख़्सियत हुए। आप महान् सूफ़ी सन्त उस्ताद निज़ामुद्दीन औलिया के शिष्य थे। साहित्य और संगीत के क्षेत्र में अमीर खुसरो का अप्रतिम योगदान है। लोकभाषाओं को मिलाकर इन्होंने हिन्दवी (हिन्दी) को मान्यता प्रदान की और संगीत में इन्हें सितार और तबले का आविष्कारक माना जाता है। ध्रुपद गायकी की जगह अमीर खुसरो ने ख़याल की गायकी को लोकप्रिय बनाया और 'तराना' गायन की अर्थपूर्ण शैली विकसित की। अरबी-फ़ारसी भाषा के भी आप अच्छे जानकार थे। अमीर ख़ाँ ने खुसरो का काव्य और उनकी संगीत रचनाओं का भलीभाँति अध्ययन किया। वे उनके दोनों पक्षों से बेहद प्रभावित थे, जिसका प्रभाव उनके व्यक्तित्व में भी साफ़ दिखायी देता है। अमीर ख़ाँ ने 'सुर-रंग' नाम से काव्य रचनाएँ लिखीं और उन्हें संगीतबद्ध करके सार्वजनिक मंचों पर गाया। राग 'चारुकेशी' में उनकी स्वरचित बन्दिश देखिये—*'लाज रखो अब हमरी गुसैयाँ, ध्यान धरूँ लागूँ तोरे पैयाँ। अब तो मैं तुम्हारे ढिग लागी, सुर-रंग तुम्हारे बल बल जैयाँ।।'*

अमीर ख़ाँ अब हिन्दू सन्त साहित्य के साथ-साथ सूफ़ी साहित्य और अरबी-फ़ारसी की रचनाएँ भी मन लगाकर पढ़ रहे थे। वे जब हर रचना का अर्थ भलीभाँति समझ लेते, तब उसे अपने गायन में सम्मिलित करते। उनका मानना था कि गाये जा रहे शब्दों का अर्थ जाने बिना, उसका भाव समझे बिना, उसको गाना ठीक नहीं है। इससे काव्य और संगीत का सामंजस्य ठीक नहीं हो पाता। इसी प्रकार वे अपने गायन में शब्दों के उच्चारण पर भी बहुत ध्यान देते थे। अमीर खुसरो की तराना शैली पर वे मुग्ध थे। प्राय: प्रचलित तराना गायकी में शब्दों को महत्त्व नहीं दिया जाता। यहाँ तेज़ लय और द्रुत शैली को महत्त्व प्रदान किया जाता है। आम तौर पर गवैये तराना गाते समय निरर्थक शब्दों का प्रयोग करते हुए अपने कण्ठ कौशल का प्रदर्शन करते पाये जाते हैं। कुछ लोग एकाध पंक्ति गायेंगे फिर अन्तरे में पखावज के बोल भर देंगे। इस प्रकार तराना गायकी को लोगों ने शब्द प्रधान न मानते हुए ध्वनि प्रधान मानकर इसमें

अपना कौशल दिखाने का प्रयास किया। अमीर ख़ाँ इससे सहमत नहीं हैं। उन्होंने अमीर खुसरो की परम्परा को आत्मसात् किया, उसे समझा और निष्कर्ष निकाला कि अमीर खुसरो का तराना एक तरह का जाप है। जिस तरह जाप में उन्हीं शब्दों की बार-बार पुनरावृत्ति होती है, इसी प्रकार तराना के बोल सूफ़ी साधना में बीजमन्त्र हैं। अमीर खुसरो ने सूफ़ी मार्ग के अन्तर्गत भक्ति संगीत के पाँच प्रकार स्थापित किये, जिनमें—कौल, कलवाना, नक़्शे-गुल, तराना और ख़याल। इनमें तीन तो मज़ारों तक सीमित रह गये। दो प्रकार—ख़याल और तराना निकलकर आये। इस प्रकार अमीर खुसरो के अनुसार 'तराना' सूफ़ी भक्ति संगीत का एक प्रकार है, जो निरर्थक शब्दों का समुच्चय कैसे हो सकता है? अमीर ख़ाँ ने इस प्रश्न पर गम्भीरतापूर्वक विचार किया। खोजबीन की और पाया कि तराने के बोल बड़े ही अर्थपूर्ण हैं, जिनके सही अर्थ न जानने के कारण आगे अपभ्रंश शब्द प्रचलन में आ गये। जैसे—अला, अलहिला, लिल्ला, अललुम इत्यादि। ये सब शब्द, मूल शब्द अल्लाह से बने हैं। तराने का जन्म तो अर्थपूर्ण शब्दों से हुआ है। जैसे—दर आ तनम, जिसका अर्थ है, तू मेरे तन में आ। इस प्रकार अमीर ख़ाँ को अमीर खुसरो का गम्भीर अध्ययन करते हुए यह स्पष्ट हो चुका था कि तराना के बोल निरर्थक नहीं हैं, जैसा कि आजकल मान लिया गया है। उनको सही अर्थों और सही उच्चारण के साथ समझना होगा, तब तराना गायकी इबादत की तरह प्रतिष्ठित होगी। उन्होंने अपनी तराना गायकी में यही किया इसलिए अमीर ख़ाँ को उनकी विशिष्ट तराना शैली के लिए भी याद किया जाता है।

संगीतकारों की साहित्यकारों से दोस्तियाँ प्रायः कम देखी गयी हैं। अमीर ख़ाँ इसमें अपवाद हैं। उन्हें ख़ुद शेर-ओ-शायरी का शौक़ था और वे शायरों, कवियों और लेखकों से दोस्ताना ताल्लुक रखते थे। उनके शायर दोस्तों में दिल्ली के बिस्मिल सईदी, कलकत्ते के. एन. रसीद ख़ाँ और हिन्दी एवं मराठी लेखक बसन्त पोद्दार से उनकी निकटता जगजाहिर है। बसन्त पोद्दार के साथ उनकी अक्सर बैठकें होती थीं। वे बसन्त पोद्दार को प्यार से बसन्ते कहा करते थे। हिन्दी के ख़्यात कवि एक प्रसिद्ध संस्कृतिकर्मी अशोक वाजपेयी से भी उनकी अच्छी जान-पहचान थी।

अमीर ख़ाँ बचपन से बैठकबाज़ थे। उनकी संगत में हर तरह के लोग रहे। दोस्तों के साथ देर तक गपशप करना उन्हें पसन्द था। इन्दौर में अपने घर के पास 'इण्डिया टी होटल' और 'मुमताज टेलर' के यहाँ उनकी दोस्त-यारों के साथ बैठकें होती थीं। उन्हें पैदल घूमना बहुत पसन्द था। बजाजख़ाना, पीपला बाज़ार, सराफ़ा और शीतला माता बाज़ार के आसपास उन्हें चहलक़दमी करते हुए अकसर देखा जा सकता था। वे देखने में सुदर्शन, अच्छी क़द-काठी वाले, प्रभावशाली व्यक्तित्व के धनी थे। प्रायः शेरवानी पहनते और प्रथम-दृष्ट्या किसी कॉलेज के प्रोफ़ेसर जैसे लगते थे।

गायकी में वे अपने नये-नये प्रयोगों के कारण विशेष रूप से जाने जाते हैं। उन्होंने पारम्परिक ख़याल गायकी में अपनी निजी शैली विकसित की। वे अत्यन्त संक्षिप्त आलाप के साथ बड़े ख़याल में अपनी बन्दिश की शुरुआत करते थे। वे दूसरे घरानेदार गायकों की तरह विस्तृत आलाप नहीं लेते थे। लयकारीयुक्त बोलबाट को उन्होंने अपनी शैली में सम्मिलित नहीं किया। राग विस्तार में उन्होंने मेरुखण्ड पद्धति का खुलकर इस्तेमाल किया। विलम्बित ख़याल में रुबाई के तत्काल बाद उन्होंने कभी भी अन्तरा नहीं गाया। षड्ज स्थिर कर लेने के बाद वे पूरे प्रवाह के साथ अन्तरा गाते हुए पुनः रुबाई पर आ जाते थे। उनका विस्तार पक्ष सदा मन्द्र सप्तक से ऊपर की ओर जाता है और विलम्बित झूमरा की लय शुरू से अन्त तक एक-सी बनी रहती है। इस प्रकार वे अपनी ख़याल गायकी में अपनी विशिष्ट पहचान लेकर आते हैं, जो श्रोताओं का मन मोह लेती है।

इसी प्रकार छोटा ख़याल प्रस्तुत करने की भी उनकी शैली अलग है। बड़ा ख़याल गाते हुए वे भले ही अन्तरे पर ज़्यादा ध्यान न देते या कहीं-कहीं तो अन्तरे को छोड़ ही देते थे। परन्तु छोटा ख़याल गाते हुए वे शुरू में ही रूबाई और अन्तरा प्रस्तुत करते। बाद में वे तानों की झड़ी लगा देते थे। और गायकों की तरह छोटा ख़याल गाते समय वे आलाप, सरगम और तान की क्रमबद्धता पर ज़्यादा ध्यान न देकर प्रायः अपना मिश्रित स्वरूप प्रस्तुत करते थे, जो श्रोताओं को बहुत भाता था।

अमीर ख़ाँ के पूर्व तराना गायकी में शब्दों के महत्त्व पर ध्यान नहीं दिया जाता था। तराना को इसीलिए निर्गीत गायकी के अन्तर्गत लिया जाता है।

इसमें सिर्फ़ लयकारी को महत्त्व दिया जाता था। यह ध्वनि प्रधान गायकी मानी जाती है। अमीर ख़ाँ ने बहुत खोजबीन करने के पश्चात् यह स्थापित किया कि तराना में बार-बार इस्तेमाल किये जाने वाले शब्द वास्तव में सूफ़ी साधना के बीज मन्त्र है। उन्होंने अपनी तराना गायकी में शुद्ध शब्द, शुद्ध उच्चारण के साथ इस्तेमाल किये। उनके अनुसार तराना गायकी एक तरह का जाप है, जिसमें शब्दों की बार-बार पुनरावृत्ति होती है। इस प्रकार उन्होंने अपनी गायकी में शब्दों की महत्ता को स्थापित किया। उनका तराना निर्गीत नहीं है। वरन् वो एक सार्थक गीत के रूप में उभरकर सामने आता है।

माना कि शास्त्रीय संगीत में स्वर का प्राधान्य है, शब्द का नहीं। परन्तु स्वर और शब्द का संयोग, मणि-कांचन संयोग की तरह माना जाता है। शास्त्रीय नृत्यों में लय, ताल और शब्द के साथ मुद्राएँ भी आ गयीं। यहाँ चारों कलाएँ एक साथ हैं। अतः इनका संयोग अद्‌भुत प्रभाव पैदा करता है। रागों के आधार पर चित्रकारी और मूर्तिकला में भी इसके लक्षण देखे जा सकते हैं। कालान्तर में शास्त्रीय संगीत की तरह काव्य में भी कविता के स्वायत्त्व और शब्द के स्वतन्त्र सामर्थ्य पर विचार किया गया। तब कविता सिर्फ़ गायी नहीं, पढ़ी भी जाने लगी। परन्तु, कलाओं के संयोग से उत्पन्न अद्‌भुत प्रभाव को नकारा नहीं जा सकता। अमीर ख़ाँ इस प्रभाव को पूरी तरह समझते थे। यह समझ उनमें उनके पठन-पाठन, साहित्य प्रेम और समर्थ शब्दकारों से उनकी मित्रता का परिणाम है। उन्होंने अपनी गायकी में साहित्य को उसके शुद्ध रूप में भलीभाँति समाहित किया। इसीलिए उनकी गायकी श्रोताओं में अपना विशिष्ट प्रभाव छोड़ती है। उनकी वाणी में उच्चारण दोष नहीं था। वे शब्दों को अच्छी तरह पढ़कर-समझकर, उनके अर्थों को ठीक से जानकर ही उनका अपने लिए इस्तेमाल करते थे।

अब तक पूरे देश में कहीं भी होने वाले संगीत सम्मेलनों के लिए अमीर ख़ाँ एक ज़रूरी नाम हो गया था। बहुत लोगों ने रेडियो पर सुनकर इनकी प्रतिभा को पहचाना। पण्डित अमरनाथ सबसे पहले अमीर ख़ाँ को रेडियो पर सुनकर ही प्रभावित हुए। बाद में लाहौर की एक संगीत सभा में उन्होंने उन्हें रू-ब-रू सुना और उनकी गायकी के दीवाने हो गये। आगे चलकर वे उनके पटु शिष्य हुए। रियासतों के

ज़माने में देश के कई राजे-महाराजे अपने यहाँ संगीत सम्मेलन कराते थे, जिनमें नामी कलाकारों को आमन्त्रित किया जाता था। उन दिनों किशनगढ़, रामपुर, ग्वालियर, मैसूर, अलवर, कांकरोली और नाथद्वारा जैसी प्रसिद्ध रियासतों से आपको आमन्त्रित किया गया, जहाँ आपने अपनी गायकी से सबको प्रभावित किया। आकाशवाणी कार्यक्रमों में तो आपके नाम की धूम मची हुई थी। समय-समय पर आकाशवाणी द्वारा आयोजित संगीत के अखिल भारतीय कार्यक्रमों में अमीर ख़ाँ ने लम्बे समय तक ख़ूब गाया। बम्बई प्रवास के दौरान वहाँ के सभी छोटे-बड़े आयोजनों में आपको सम्मानपूर्वक बुलाया जाता। बम्बई के स्वामी हरिदास संगीत सम्मेलन का बहुत नाम है। वहाँ लगातार कई बार उस्ताद अमीर ख़ाँ ने अपना गायन प्रस्तुत किया। इस समारोह की पूरे देश में बहुत प्रतिष्ठा है। यहाँ देश के सभी बड़े कलाकार अपनी प्रस्तुति देने दूर-दूर से आते हैं। इस मंच से अमीर ख़ाँ को सुनते हुए सभी गुणीजनों ने उनकी भूरि-भूरि प्रशंसा की। महाराष्ट्र सरकार द्वारा आयोजित संगीत उत्सवों में भी हमेशा अमीर ख़ाँ को बुलाया जाता रहा। पुणे की कई संगीत समितियों, संस्थानों ने आपको सादर आमन्त्रित किया। पुणे में सवाई गन्धर्व संगीत महोत्सव में भी उस्ताद अमीर ख़ाँ ने कई बार अपना गायन प्रस्तुत किया। बम्बई की स्थानीय संस्थाएँ, जैसे 'संगीत महफ़िल' आदि में अमीर ख़ाँ की उपस्थिति अनिवार्य होती थी। वे आयोजकों के साथ कोई तालमेल नहीं करते थे। छोटे और स्थानीय कार्यक्रमों में उन्हें आदरपूर्वक बुलाया जाता और वे हर्षपूर्वक वहाँ उपस्थित होते तथा अपना गायन प्रस्तुत करते हुए लोगों को मन्त्रमुग्ध कर देते।

दिल्ली में 'शंकरलाल संगीत महोत्सव' का बड़ा नाम था। लगातार तीन वर्षों तक अमीर ख़ाँ इस कार्यक्रम के अभिन्न अंग बने रहे। उन्हीं दिनों 'संगीत नाटक अकादेमी' द्वारा एक महत्त्वपूर्ण कार्यक्रम आयोजित किया गया, जिसमें अमीर ख़ाँ की केन्द्रीय भूमिका रही।

आज़ादी की पच्चीसवीं सालगिरह के अवसर पर दिल्ली में कई सांस्कृतिक आर्यक्रमों का आयोजन हुआ। इसी दौरान दिल्ली के प्रसिद्ध लाल क़िले के दीवानेआम में एक प्रसिद्ध संगीत समारोह आयोजित किया गया। उस्ताद अमीर ख़ाँ ने सूफ़ी शायर 'सरमद शहीद' की एक

रुबाई—'सरमद ग़म-ए-इश्क़ हर कस रा न दहेम, सोज़-ए-दिल परवाना मगसरा न दहेम' को अपने ख़याल में मुखड़ा बनाकर प्रस्तुत किया, जिसकी ख़ूब सराहना की गयी। इस प्रकार देश की राजधानी दिल्ली में जब-जब किसी बड़े संगीत समारोह का आयोजन हुआ, उसमें उस्ताद अमीर ख़ाँ को ज़रूर याद किया गया। बिहार में कई बार उस्ताद अमीर ख़ाँ को आमन्त्रित किया गया। पटना के गोलघर में आयोजित एक संगीत समारोह में अमीर ख़ाँ की प्रस्तुति अविस्मरणीय रही। धनबाद के लायंस क्लब ने भी आपको कई बार अपने यहाँ आमन्त्रित किया।

अमीर ख़ाँ इन दिनों ज़्यादातर कलकत्ते में रहते थे। वहाँ के सभी संगीत समारोहों में आप छाये रहते थे। 'तानसेन संगीत सम्मेलन' कलकत्ते का प्रमुख संगीत महोत्सव है, जो प्रतिवर्ष वहाँ मनाया जाता है। इस आयोजन में सालोंसाल उस्ताद अमीर ख़ाँ साहब ने अपनी प्रस्तुतियाँ दीं, जिन्हें सुनते हुए लोग अभिभूत हो जाते थे।

उस्ताद अमीर ख़ाँ का अपना शहर इन्दौर उनके मान-सम्मान में किसी से पीछे न था। इन्दौर में एक प्रसिद्ध संस्था है—'अभिनव कला समाज'। इसने समय-समय पर अमीर ख़ाँ साहब को अपने यहाँ आमन्त्रित किया, उनकी गायकी का आनन्द लिया और उन्हें सम्मानित भी किया। 'भूतेश्वर महादेव' मन्दिर में तो उनके कार्यक्रम प्रायः आयोजित होते रहे हैं। आपके सम्मानार्थ एक आयोजन यहाँ तत्कालीन विधानसभा अध्यक्ष बैरिस्टर गुलशेर अहमद के मुख्यातिथ्य में आयोजित किया गया था। इसमें उस्ताद अमीर ख़ाँ ने स्वीकार किया था कि आज मैं जो कुछ भी हूँ वह भगवान भूतेश्वर की कृपा से। पद्मभूषण की उपाधि मिलने के पश्चात् उस्ताद अमीर ख़ाँ के सम्मान में यहाँ कई संस्थाओं ने मिलकर भव्य कार्यक्रम आयोजित किया था।

भले ही अमीर ख़ाँ साहब बम्बई, दिल्ली और कलकत्ते में अधिक समय तक रहे परन्तु उनका बचपन यहीं इन्दौर की गलियों में बीता। इन्दौर-देवास में आपने अपनी प्रारम्भिक संगीत शिक्षा पायी। इन्दौर स्थित भगवान भूतेश्वरनाथ मन्दिर के माहात्म्य को वे जीवन भर नहीं भूले। और सबसे बड़ी बात अपनी विशिष्ट गायकी का उन्होंने नामकरण किया—इन्दौर घराना। जब कोई उनकी गायकी के विषय में पूछता तो वे फ़ख्र से कहते, यह इन्दौर घराने की गायकी है, जिसके संस्थापक वे

स्वयं थे। हालाँकि घरानेदारी को वे संकीर्णता के नज़रिये से कभी न देखते थे। वे घरानों में प्रतिस्पर्धा नहीं, सौहार्द चाहते थे। उनके अनुसार तो शास्त्रीय संगीत में एक ही घराना है, वह है हिन्दुस्तानी घराना। अलग-अलग घराने की हिन्दुस्तानी मौसिकी में अलग-अलग शैलियाँ हैं, जिनमें परस्पर सामंजस्य होना चाहिये। अमीर ख़ाँ ने जीवन भर यही किया। उन्होंने बम्बई बाज़ार शैली से अपनी शुरुआत की। पटियाला घराना की शैली से प्रभावित रहे और अब्दुल वहीद ख़ाँ की संगत के कारण किराना घराने की गायकी का उनके ऊपर बहुत असर रहा। यहाँ तक कि उस समय कई पत्र-पत्रिकाओं में उन्हें किराना घराने का प्रसिद्ध गायक बताया गया, जो कि ग़लत है। अमीर ख़ाँ अपने अब्बा हुज़ूर के अलावा किसी के गण्डाबँध शिष्य नहीं हुए। उन्होंने अपने समय में सभी घरानों के प्रसिद्ध कलाकारों को पूरे मनोयोग से सुना। उनकी विशेषताएँ उन्होंने आत्मसात् कीं और अपनी एक नयी शैली विकसित की, जिसे उन्होंने स्वयं इन्दौर घराने का नाम दिया। इस प्रकार संगीत जगत् में इन्दौर घराने का नाम प्रतिष्ठित हुआ।

किसी भी घरानेदार शैली की मान्यता के कुछ आधार हैं, जिनमें सबसे पहले तो उस शैली का कोई अद्वितीय कलाकार हो, जिसकी कलागत विशेषता को सारे गुणी जन स्वीकार करते हों। इस आधार पर उस्ताद अमीर ख़ाँ उस समय अपनी शैली के इकलौते कलाकार थे जिनकी खूबियों को सारा संगीत जगत् स्वीकार कर चुका था। किसी घराने की स्थापना में दूसरा महत्त्वपूर्ण कारक यह होता है कि उस शैली की अपनी एक पहचान हो, उस शैली की अपनी प्रवृत्तियाँ और कायदे स्पष्ट दिखने चाहिये। इस स्थापना के अन्तर्गत इन्दौर घराने की शैली में विस्तृत बढ़त, मेरुखण्ड पद्धति का समुचित उपयोग, अति विलम्बित लय में झूमरा ताल का प्रयोग, मन्द्र और मध्य सप्तक पर विशेष ज़ोर, सरगम की क्लिष्टता और उसमें कल्पनाशीलता को पूर्ण अवसर देना और रुबाईदार तरानों की प्रस्तुति। इस प्रकार इन विशेषताओं के साथ इन्दौर घराना अपनी मौलिक पहचान स्थापित करता है, जिसके आदर्श हैं इस घराने के संस्थापक स्वयं उस्ताद अमीर ख़ाँ और उनकी गायकी। घराने की स्थापना की तीसरी महत्त्वपूर्ण बात होती है लगभग तीन पीढ़ियों तक गुरु-शिष्य परम्परा के रूप में उस परम्परा का निरन्तर

प्रवाह। अमीर ख़ाँ साहब के दोनों पुत्र अपने पारिवारिक संगीत के रुझान में नहीं आये। कई अपरिहार्य कारणों से उन्होंने अपने जीवन में दूसरे क्षेत्रों का चुनाव किया। बड़ा बेटा अकरम अमेरिका में एक सफल इंजीनियर के रूप में कार्यरत है। और दूसरा बेटा शाहबाज़ (घर का नाम हैदर) एक नामी फ़िल्म स्टार है, जिन्होंने कई फ़िल्मों और टी.वी. धारावाहिकों में काम किया है। उस्ताद अमीर ख़ाँ के दोनों बेटे अपने-अपने क्षेत्र में पूर्णतः सफल और पूरी तरह स्थापित हैं। परन्तु अफ़सोस! उनके परिवार में किसी ने अपनी पारिवारिक विरासत को आगे नहीं बढ़ाया। परन्तु, उस्ताद अमीर ख़ाँ के शिष्यों की एक लम्बी कतार है, जो इन्दौर घराने की गायकी को आगे बढ़ा रहे हैं। इनमें कुछ प्रमुख नाम हैं—पं. अमरनाथ, सिंह बन्धु (तेजपाल सिंह और सुरिन्दर सिंह की जोड़ी), श्रीकान्त बाकरे, कंकणा बैनर्जी, ए. कानन, गजेन्द्र बक्षी, पूर्वी मुखर्जी, प्रेमप्रकाश जौहरी, अजीत सिंह पेंटल, उस्ताद मुनीर ख़ाँ, हृदयनाथ मंगेशकर, प्रभा अत्रे और गोस्वामी गोकुलोत्सव महाराज। इनमें से कुछ लोगों ने विधिवत् गण्डा बँधवाकर उनसे शिक्षा प्राप्त की। शेष लोगों ने उनकी संगत में रहते हुए उनकी शैलीगत विशेषता को आत्मसात् किया। जैसे गोस्वामी गोकुलोत्सव महाराज प्रारम्भ में उस्ताद अमीर ख़ाँ से बहुत प्रभावित रहे। कालान्तर में उन्होंने अपनी स्वतन्त्र पहचान बनायी। इस प्रकार संगीत जगत् में इस समय इन्दौर घराने की दूसरी पीढ़ी सफलतापूर्वक सक्रिय है और तीसरी पीढ़ी तैयार हो रही है। इस आधार पर भी इन्दौर घराना अपनी पहचान स्थापित करने में सफल है। मध्य प्रदेश सरकार का संस्कृति विभाग इन्दौर घराने को मान्यता प्रदान करते हुए प्रतिवर्ष इन्दौर में 'राग अमीर' नाम से एक बड़ा संगीत कार्यक्रम आयोजित करता है, जिसमें अमीर ख़ाँ की शिष्य परम्परा के गायक एवं देश-भर के अन्य महान् गायक उन्हें अपनी स्वरांजलि अर्पित करने के लिए सहर्ष आते हैं।

देश भर की संगीत संस्थाएँ उन्हें अपने-अपने नगर में सम्मानित करते हुए धन्य हुईं। भारत सरकार ने १९६७ में उन्हें 'संगीत नाटक अकादेमी' का सर्वोच्च पुरस्कार देने की घोषणा की। सन् १९७१ में उन्हें भारत सरकार ने 'पद्मभूषण' की उपाधि से सम्मानित किया। उसी समय फ़िल्म्स डिवीजन द्वारा उस्ताद अमीर ख़ाँ पर एक वृत्तचित्र बनाया गया, जिसमें

उनके जीवन की महत्त्वपूर्ण घटनाओं को दिखाया गया। इसमें उनकी प्रारम्भिक संगीत शिक्षा, इन्दौर में उनका रहन–सहन, उनकी मित्रमण्डली और उस्तादों की बातचीत आदि को फ़िल्माया गया है। फ़िल्म डिवीजन ने ख़याल गायकी पर केन्द्रित एक और डॉक्यूमेन्ट्री बनायी है, जिसमें उस्ताद अमीर ख़ाँ साहब आदरपूर्वक उपस्थित हैं। विशेष बात ये है कि इसमें इन्दौर घराने की ख़याल गायकी को एक विशिष्ट शैली के साथ मान्यता प्रदान की गयी है।

उस्ताद अमीर ख़ाँ अब देश के शीर्षस्थ कलाकारों में शुमार हो चुके थे। देश और देश के बाहर आये दिन उनके कार्यक्रम हो रहे थे। उन दिनों वे अमेरिका जाने की तैयारी कर रहे थे। इधर इन्दौर में उनके पौत्र का 'अकीका' (मुसलमानों में एक बाल संस्कार) का आयोजन था, जिसमें उनके परिवार के सब लोग इकट्ठे होने वाले थे। इन्दौर के संगीत प्रेमी इस अवसर पर उनके इन्दौर पधारने की प्रतीक्षा कर रहे थे। परन्तु वो कहते हैं—मौत आयेगी तो इक पल की न फ़ुर्सत देगी...

अभी कुछ दिनों पहले ही तो उन्होंने एक घरेलू महफ़िल में गाया था—'पार करो गुण नाहीं मोमे, हम मूरख तुम चतुर खिवैया' उन्हें क्या पता था कि पार लगाने वाला खिवैया अपनी नाव नज़दीक ले आया है।

एक तरफ़ अमेरिका जाने की तैयारी। दूसरी तरफ़ इन्दौर में अपने पौत्र के 'अकीका' में सम्मिलित होने का उत्साह और तीसरी तरफ़ से...पास आती हुई खिवैया की नाव, जिसका किसी को कोई पता न था। लेकिन वो पास आती जा रही थी और वो बिलकुल पास आ गयी।

रात तेरह फ़रवरी की तारीख़ बदल गयी थी। रात बारह बजे चौदह फ़रवरी हो गयी और ठीक उसी समय उनकी कार, जिसमें वे, पूर्वी मुखर्जी और शम्स उज जमा बैठे हुए थे। सामने से आती हुई एक कार उनकी कार से तेज़ी से टकरायी। और उस्ताद अमीर ख़ाँ साहब अल्लाह का नाम लेते हुए इस जहाँ से रुख़सत हुए। अस्पताल ले जाने के पश्चात् डाक्टरों ने जाँच करके उन्हें मृत घोषित कर दिया। इन्दौर में वे नहीं आ पाये, उनके दिवंगत होने की ख़बर आयी। संयोग ये रहा कि कलकत्ते में उनकी पूर्व बेगम शरीफन, जो उस्ताद विलायत ख़ाँ की बहन थी, के ही घर से अमीर ख़ाँ साहब का जनाजा उठा। प्रसिद्ध कवि

मंगलेश डबराल ने उन पर एक लम्बी कविता लिखी, जिसमें उन्होंने लिखा—

> तुम गाते थे एक चट्टान की सिहरन
> पेड़ों का रुदन बादलों की हँसी
> वियोग की तरह फैली हुई रात में उड़ता अकेलापन
> तुम बार-बार मनाते रहे किसी रूठे हुए प्रेम को
> देह को आत्मा और आत्मा को
> देह की पुकार से भरते हुए।

अरुण आके किरण-रंग फेंक्यो
पण्डित कुमार गन्धर्व

कर्नाटक में एक छोटा-सा गाँव सुलेभावी। लिंगायत सम्प्रदाय में दीक्षित एक परिवार, जिसके प्रमुख सिद्धरमैया गाने-बजाने में निपुण। मूलतः केरल के कोडवू गाँव के रहने वाले। अरसा हुआ कर्नाटक में आकर बस गये। खेती-बाड़ी कुछ ख़ास नहीं। परिवार बड़ा और आय कम। परिवार का मुख्य व्यवसाय पौरोहित्य परन्तु सिद्धरमैया के पिता को यह व्यवसाय रास नहीं आया। उन्होंने जीवन-यापन के लिए जौहरी का काम अपनाया और यही अपने पुत्र सिद्धरमैया को सिखाया। परन्तु परिवार का मुख्य व्यवसाय छूटता कहाँ है। पौरोहित्य का पक्ष है, पूजा-पाठ, भक्ति-आराधना और इसका जन-जन में प्रचार-प्रसार। यह पक्ष सिद्धरमैया ने भलीभाँति अपनाया। संगीत इसका प्रमुख साधन बना, जिसमें उन्होंने निपुणता हासिल की। बाकायदे पंचाक्षरी बुआ के पास जाकर गायन सीखा। अब्दुल करीम ख़ाँ साहब से गायन की बारीकियाँ जानीं और अपनी कला को लगातार परिपक्व किया। वैसे तो सिद्धरमैया जी ने पिता का व्यवसाय अपनाया। अपने गाँव में प्रसिद्ध जौहरी रहे परन्तु गायन विधा के कारण आपको निकट के गाँव-शहरों में गायकी के लिए भी बुलाया जाने लगा। इस प्रकार परिवार पोषण के लिए कुछ आय होने लगी। परिवार बड़ा था—माता-पिता और छह बच्चे। इन सबका पालन-पोषण कठिन था। सिद्धरमैया ने अपने बड़े बेटे को विधिवत् संगीत की

शिक्षा दी। वे उसे एक कुशल और व्यावसायिक गवैया बनाना चाहते थे। बड़ा बेटा शिवरुद्रय्या, उसने फ़ोटो स्टूडियो खोला, और पिता द्वारा प्राप्त संगीत ज्ञान में भी कुशलता हासिल की। पास के गाँवों से कार्यक्रमों में आमन्त्रण मिलने लगे। फ़ोटो स्टूडियो चल निकला। और धारवाड़ रेडियो स्टेशन में भी गाने के अवसर मिले। पिता-पुत्र दोनों मिलकर बड़े परिवार की गाड़ी आगे बढ़ा रहे थे। एक दिन घर पर ही तीसरे बेटे शिवपुत्रय्या, जिसकी उम्र उस समय छह साल के आसपास रही होगी, ने 'सा' का आलाप किया। पिता सुनते रह गये। बड़े भाई शिवरुद्रय्या सुनकर हत्प्रभ। इसे तो किसी ने नहीं सिखाया। इतना सधा हुआ आलाप...ज़रूर यह बेटा जन्मजात गवैया है। पूर्व जन्मों से सीखकर आया है। पिता ने तानपूरे पर बेटे का साथ देते हुए कहा, 'बेटा, गा। खुलकर गा और ख़ूब गा।' बस, शिवपुत्रय्या का गायन शुरू हो गया। उसने अब तक किसी से कुछ सीखा न था। पाठशाला जाने की उम्र और संगीत में ऐसी अगाध दिलचस्पी। पिता समझदार और गुणी। उन्होंने सबसे पहले अपने इस बेटे का सुलेभानी की पाठशाला में दाख़िला दिलाया। बेटा तो जन्मजात गायक। उसका पाठशाला से क्या काम! मन नहीं लगा उसका पाठशाला में। उसके कान सजग और गला सक्रिय। पशु-पक्षियों की आवाज़ें सुनी। हवा की सरसराहट और पत्तों की खड़क को उसने गले में बिठा लिया। झरनों का संगीत, बादलों की गड़गड़ाहट और बिजली की कौंध को उसने आत्मसात् किया। उसके भीतर सोया हुआ गायक अँगड़ाई लेने लगा। उसने जो सुना, जैसा सुना हूबहू वैसा ही गाया। लोग आश्चर्यचकित। यह कैसा चमत्कार?

उन्हीं दिनों परिवार कुलगुरु स्वामी गुरुमठकल बागेबाड़ी के मठ में आये। पूरा परिवार उनके दर्शन करने बागेबाड़ी गया। कुलगुरु के चरण स्पर्श कर सबने आशीर्वाद लिया। पिता सिद्धरमैया ने अपने तीसरे पुत्र शिवपुत्रय्या से कुछ सुनाने के लिए कहा। बेटे ने भावविभोर होकर स्वामी जी के सामने गाया। स्वामी जी प्रसन्न होकर खड़े हो गये। उन्होंने बेटे को अपने वक्षस्थल से लगाया और घोषणा की कि यह बालक कोई साधारण बालक नहीं है। यह गन्धर्व लोक से आया है। अवतारी है। अब आज से इसका नाम कुमार गन्धर्व। ऐसा कहते हुए उन्होंने बेटे को ख़ूब आशीर्वाद दिये।

अब बालक शिवपुत्रय्या कुमार गन्धर्व हो गये। स्वामी जी ने बालक को एक स्वर्ण का सिक्का भी आशीर्वादस्वरूप दिया था, जिसमें एक ओर लिखा था कुमार गन्धर्व। घर आकर कुमार ने उस सिक्के को ध्यान से देखा। असली सोने का चमकदार सिक्का। जिसपर उसका नया नाम कुमार गन्धर्व टँका हुआ था। वह उसे पाकर बहुत प्रसन्न था। जीवन का पहला पारितोषिक। कुल गुरु के आशीष पाकर पूरा परिवार प्रसन्न। दूसरे ही दिन गदग गाँव से बुलावा आया कि हम गाँव वाले कुमार गन्धर्व का सम्मान करना चाहते हैं। गदग गाँव वालों ने बागेबाड़ी में स्वामी गुरु मठकल द्वारा सिद्धरमैया के चिरंजीव शिवपुत्रय्या को कुमार गन्धर्व का नया नाम एवं अपना विशेष आशीष देते हुए देखा था। वे यह सब देखते हुए गद्‌गद् थे। अगले दिन उन्होंने अपने गाँव में कुमार के सम्मान में कार्यक्रम रखा। कुमार परिवार इस कार्यक्रम में सम्मिलित हुआ, जहाँ पहली बार बालक कुमार गन्धर्व का सार्वजनिक अभिनन्दन हुआ और उन्हें सम्मान-पत्र प्रदान किया गया।

कुमार की माँ गुरुशुद्धौवा, बहुत गुणी महिला थीं। संगीत की जानकार। उन दिनों देश-विदेश में उन्हें गाने के लिए बुलाया जाता। वे स्टेज की लोकप्रिय कलाकार थीं। मधुर आवाज़ की धनी परन्तु लैरेंजाइटिस की बीमारी से ग्रसित। सर्दी बिलकुल बर्दाश्त नहीं होती। मौसम बदला और उनका गला ख़राब हुआ। लन्दन में फ़ौजी भाइयों के लिए उनका स्टेज कार्यक्रम था। वे अपने साथ बालक कुमार को ले गयी थीं। पर्दा उठा। गुरुशुद्धौवा जी का गायन शुरू होने वाला था। उन्होंने बहुत कोशिश की परन्तु गले से बोल ही न निकले। वहाँ की सर्दी ने उनका गला ख़राब कर दिया था। दर्शक हूटिंग करने लगे। माँ ने अपनी जगह बालक कुमार को खड़ा कर दिया। कुमार ने ख़ूब गाया। महफ़िल लूट ली। श्रोता वाह-वाह कर उठे। फ़ौजियों ने स्टेज पर ख़ूब पैसे लुटाये। कुमार के लिए यह आश्चर्य की बात थी। स्टेज पर उसके लिए पैसे फेंके जा रहे थे। वह उन्हें बीनने में जुट गया। ख़ूब पैसे बटोरे उस दिन कुमार ने। वह उसके जीवन का पहला स्टेज कार्यक्रम था। माँ प्रसन्न थीं। उसे विश्वास हो गया कि अब वह विरासत सम्भाल लेगा। माँ की जगह अब हर जगह कुमार गायेगा, ऐसा सोचकर माँ गुरुशुद्धौवा ने स्टेज से हमेशा के लिए विदा ली।

इधर पिता सिद्धरमैया और ज्येष्ठ पुत्र शिवरुद्रय्या अपनी गायक मण्डली के साथ गाँव-गाँव जाकर कार्यक्रम प्रस्तुत करते और बड़े परिवार का ख़र्चा उठा रहे थे। कुमार में स्टेज लूट लेने की क्षमता उन्होंने देखी। कुमार किसी भी बड़े गायक की हूबहू नक़ल प्रस्तुत कर देता था। उस्ताद फ़ैयाज़ ख़ाँ, पण्डित ओंकारनाथ ठाकुर, रामकृष्ण बुआ वझे और सवाई गन्धर्व की गायकी कुमार गन्धर्व पूरे आत्मविश्वास के साथ प्रस्तुत करने लगा था। अब्दुल करीम ख़ाँ और सवाई गन्धर्व की गायकी प्रस्तुत करते हुए वह इन गुरु-शिष्य की गायकी का अन्तर भी अपने स्वरों में पूर्णत: स्पष्ट कर देता था, यह कमाल देखते हुए सारे गुणी जन उसे अपना आशीर्वाद देने में न चूकते थे।

परिवार की ज़िम्मेदारियाँ बढ़ती जा रही थीं, इसके साथ ही घर के ख़र्चे भी। पिता सिद्धरमैया और बड़े बेटे शिवरुद्रय्या ने सोचा कि अपने काम को विस्तार देना चाहिये। वे दोनों कुमार गन्धर्व की प्रतिभा से भलीभाँति परिचित हो चुके थे। इस प्रकार 'कुमार गन्धर्व और पार्टी' की स्थापना हुई। अब ये पार्टी दूर-दूर अपने कार्यक्रम प्रस्तुत करने जाने लगी। कुमार के स्टेज प्रोग्राम ख़ासे लोकप्रिय हुए। पार्टी चल निकली। धीरे-धीरे घर की आर्थिक स्थिति सुधरने लगी। उन्हीं दिनों अखिल भारतीय प्रयाग संगीत सम्मेलन में कुमार की मण्डली को अपना कार्यक्रम प्रस्तुत करने के लिए बुलाया गया। कुमार की उम्र उन दिनों ज़्यादा न थी। अभी किशोरावस्था को प्राप्त ही हुए थे परन्तु स्टेज पर उस्तादों की तरह बैठते। वे गाने में नहीं, उस्तादों की बैठकी, उनकी स्टाइल की भी हूबहू नक़ल प्रस्तुत करते। जिस किसी नामी गायक के गाने की फरमाइश की जाती, वे उसी उस्ताद का गाना वैसा ही स्टेज पर प्रस्तुत कर देते। श्रोताओं की तालियाँ लूटते उन्हें देर न लगती। कार्यक्रम में पधारे हुए गुणीजन भी कुमार की प्रतिभा देखते हुए हत्प्रभ थे।

बम्बई के जिन्ना हॉल में संगीत का एक बड़ा आयोजन हुआ। कुमार गन्धर्व और पार्टी को वहाँ भी सादर आमन्त्रित किया गया। देश भर के सभी बड़े कलाकार वहाँ बुलाये गये थे। संगीत के रसिक और जानकार लोग वहाँ उपस्थित थे। कुमार ने वहाँ उस्ताद करीम ख़ाँ साहब का प्रसिद्ध गाना—'जमुना के तीर' गाया। पूरा हॉल तालियों से गूँज उठा। कुमार की ख़ूब सराहना हुई और ढेर सारे पुरस्कारों से वहाँ उन्हें नवाजा

गया। विशेष बात ये थी कि कुमार जिस कलाकार की भी नक़ल प्रस्तुत करते उसके आलापचारी का ढंग, तान पलटों की जाति और उसके आलाप लेने का तरीक़ा बिलकुल वैसा ही होता, जैसा मूल कलाकार की गायकी में होता। लेकिन नक़ल तो नक़ल ही होती है।

इलाहाबाद की संगीत सभा में कुमार का गायन उस्ताद फ़ैयाज़ ख़ाँ और अमर गायक कुन्दन लाल सहगल ने भी सुना था। फ़ैयाज़ ख़ाँ तो प्रसन्न होकर कह उठे थे कि अगर मैं जागीरदार होता तो अपनी पूरी जागीर कुमार के नाम कर देता। कार्यक्रम में प्रसिद्ध गायिका वीणा सहस्त्रबुद्धे के पिता श्रीपाद बोडस भी उपस्थित थे, जिन्होंने कुमार के पिता को समझाया था, 'इसे संगीत की शिक्षा दिलवाओ। इसे आगे बढ़ना है। अभी से नक़ल द्वारा वाहवाही लूटना अच्छा नहीं है। इसे बम्बई में प्रोफ़ेसर देवधर के पास भेज दो। वे इसे सम्भाल लेंगे।' बात आयी-गयी हो गयी। कलकत्ते के एक कार्यक्रम में कुमार ने अब्दुल करीम ख़ाँ साहब के गायन की नक़ल प्रस्तुत की। श्रोताओं में बम्बई के प्रोफ़ेसर देवधर भी उपस्थित थे। वे कुमार की प्रतिभा से प्रभावित हुए। घर-परिवार के लिए उन दिनों कुमार गन्धर्व सोने की खान थे।

'कुमार गन्धर्व और पार्टी' का हर कार्यक्रम सफल हो रहा था। हर बड़े शहर से उन्हें कार्यक्रम के आमन्त्रण मिल रहे थे। पार्टी दूर-दूर तक अपने कार्यक्रम प्रस्तुत करने जाती थी। कुमार को सब जगह लोग पसन्द कर रहे थे और पार्टी को मुँहमाँगा पारिश्रमिक मिल रहा था। घर में पैसों की अच्छी आमद हो रही थी। पुराने अभावों भरे दिन विदा हो गये थे। पिता सिद्धरमैया समझदार थे। संवेदनशील थे। उनके कानों में श्रीपाद बोडस के शब्द गूँजते रहते थे, 'कुमार को संगीत की शिक्षा दिलवाओ। इसे आगे बढ़ना है...' एक दिन उन्होंने कुमार को प्रोफ़ेसर देवधर के यहाँ भेजने का निर्णय ले लिया। कुमार को जब यह बात बतायी गयी तो उन्हें पिता का यह निर्णय पसन्द नहीं आया। वे अपने जीवन से सन्तुष्ट थे। यहाँ मौज़-मस्ती में दिन बीत रहे थे। पार्टी को कार्यक्रमों की कमी न थी। पैसे भी अच्छे मिल रहे थे। कुल मिलाकर जीवन ठीक-ठाक चल रहा था, वे इसमें कोई व्यवधान न चाहते थे। लेकिन पिता सिद्धरमैया यह अच्छी तरह जानते थे कि नक़ल फिर भी नक़ल है, ज़्यादा दिन नहीं चलेगी। कुमार को अपनी स्वतन्त्र पहचान बनानी चाहिये। वे कुमार की

इच्छा के विरुद्ध उन्हें बम्बई ले जाकर प्रोफ़ेसर देवधर के यहाँ छोड़ आये। शुरू-शुरू में तो कुमार का वहाँ बिलकुल मन न लगा। उन्हें घर की याद सताती। बम्बई से भाग जाने का मन होता। उधर देवधर जी भी कुमार को अपने यहाँ रखने के मूड में नहीं थे। वे बम्बई में एक फ़िल्म कम्पनी चलाते थे। फ़िल्म कम्पनी डूब गयी थी। देवधर जी ने जीवन-भर की कमाई उस फ़िल्म कम्पनी में गँवायी। संगीत के अच्छे जानकार थे इसलिए फ़िल्म कम्पनी समाप्त होने के बाद उन्होंने बम्बई में 'देवधर स्कूल ऑफ़ इण्डियन म्यूज़िक' की स्थापना की। इस प्रकार इन दिनों वे बहुत व्यस्त रहते थे। इस स्थिति में वे किसी बालक की कोई ज़िम्मेदारी अपने ऊपर नहीं लेना चाहते थे। कुमार के पिता ने जब उनसे बार-बार आग्रह किया, तब बमुश्किल वे माने और उन्होंने उनके पिता के सामने शर्त रखी कि अब से कुमार तुम्हारी संगीत पार्टी में कोई नक़ल प्रस्तुत करने नहीं जायेगा। मेरी मर्ज़ी जब होगी, तब उसे तुम्हारे घर भेजूँगा, इस सम्बन्ध में तुम्हारा कोई आग्रह नहीं चलेगा। मन मारकर कुमार के पिता ने उनकी सब शर्तें मान लीं, जब उनकी संगीत पार्टी में कुमार की गायकी उनके आर्थिक आय का एक बड़ा स्रोत थी। सिद्धरमैया के कानों में तो श्रीपाद बोडस के शब्द गूँजते रहते थे कि इसे संगीत की शिक्षा दिलवाओ। इसे आगे बढ़ना है। उन्होंने अपनी आर्थिक आय की परवाह न करते हुए कुमार को एक लम्बे अरसे के लिए प्रोफ़ेसर के यहाँ छोड़ दिया। प्रोफ़ेसर देवधर से ज़्यादा उनकी पत्नी श्रीमती देवधर का कुमार के प्रति बहुत स्नेह रहा। वे कुमार का अपने पुत्र की भाँति देखभाल करती थीं। कुमार बहुत चंचल और शैतान था। गायकों को अपने खान-पान में बहुत परहेज़ रखना पड़ता है। कुमार इस विषय में बिलकुल लापरवाह थे। उसे भजिए, पकौड़े बहुत पसन्द थे। घर पर पिता के मना करने के बावजूद खा लेता पेट भर। फिर गला ख़राब और पिता की डाँट परन्तु कुमार को अपना गला काबू में लाना ख़ूब आता था। सब कहते कि तूने उलटा-सीधा खाकर गला ख़राब कर लिया है। अब क्या गायेगा तू? उधर कुमार चुपचाप तानपूरा उठाता और आलाप भरता थोड़ी ही देर में गला बिलकुल साफ़। लोग आश्चर्यचकित। ऐसा अक्सर होता और कुमार के आलाप लेते ही गला ठीक हो जाता। श्रीमती देवधर उसके खाने-पीने और रियाज़ करते रहने पर विशेष ध्यान देतीं। उधर देवधर परेशान कि कुमार को सिखायें तो सिखायें कैसे? उसका सिर्फ़ नक़ल में

मन लगता। उसके इस गुण की कोई आलोचना करता तो वह झट नाराज़ हो जाता। एक बार देवधर जी ने कुमार का परिचय प्रसिद्ध गायिका केसरबाई केरकर से कराते हुए उसके द्वारा बड़े गायकों की गायकी की हूबहू नक़ल करने की बात कही। केसरबाई को अच्छा नहीं लगा। उन्होंने कहा कि नक़ल करने की बात पर क्या तारीफ़ करना? कुमार को बहुत बुरा लगा। उसने वहीं केसरबाई की गायी हुई—'सुखकर आये' बन्दिश गाकर सुनायी और उन्हें लाजवाब कर दिया। कुमार जिसे अपना बहुत बड़ा गुण समझ रहा था, उससे उसकी पहचान स्थापित होने वाली नहीं थी, यह बात प्रो. देवधर अच्छी तरह समझ रहे थे। वे चिन्तित थे आख़िर इसे कैसे सिखायें? यह अपनी मौलिक गायकी का महत्त्व कब समझेगा? यहाँ श्रीमती देवधर ने अपने पति की मदद की। उन्होंने कुमार की शैक्षणिक योग्यता बढ़ाने का भार अपने ऊपर लिया। उन्होंने कुमार को मराठी और हिन्दी का प्रारम्भिक ज्ञान देना प्रारम्भ किया। श्रीमती देवधर उसे घर पर ही मराठी और हिन्दी पढ़ा रही थीं। धीरे-धीरे उसका मन लगने लगा। देवधर उसे कुछ याद करने के लिए कहते कि कुमार इसे जितनी जल्द याद कर लोगे तो तुम्हें चार आने दूँगा। चार आने की बात का असर होता और कुमार उनके द्वारा बतायी गयी बात को मन लगाकर जल्द याद कर लेता। फिर देवधर जी को सुनाते हुए वह अपने चार आने माँगना नहीं भूलता। वादे के अनुसार उसे चार आने मिलते, जिसे लेकर वह चौपाटी जाता और वहाँ अपने पसन्दीदा पकौड़े और पानी-पूरी ज़रूर खाता। इससे गला तो ख़राब होना ही था। घर पर डाँट पड़ती परन्तु वह अपने अभ्यास से जल्द ही अपना गला पूरी तरह ठीक कर लेता। जब उसे अच्छी तरह भाषा का ज्ञान हो गया तो प्रोफ़ेसर देवधर ने भातखण्डे जी की एक किताब देते हुए गम्भीरतापूर्वक पढ़ने को कहा। संगीत की शिक्षा साथ-साथ चल रही थी। देवधर जी हारमोनियम बजाकर उससे नोटेशन ढूँढ़ने के लिए कहते। धीरे-धीरे वह नोटेशन समझने लगा था।

देवधर जी जानते थे कि यह लड़का जन्मजात गायक है। इसे स्वर की अच्छी समझ है। पहचान है। परन्तु सिर्फ़ नक़ल करने में यह अपनी प्रतिभा जाया कर रहा है। उन्हें चिन्ता रहती कि कुमार अपना गाना कब गायेगा? कुछ भी सीखने के लिए एक कठिन साधना से गुज़रना होता है। उसके लिए नियमित दिनचर्या। मन की एकाग्रता और लगातार अभ्यास बहुत

ज़रूरी होता है। कुमार चंचल स्वभाव वाला, नाज़ुक प्रकृति वाला बालक। प्रोफ़ेसर देवधर और उनकी पत्नी ने उसे सँवारा। उसकी दिनचर्या निर्धारित कर उसे कड़ाईपूर्वक पालन करना सिखाया। कुमार को घर की बहुत याद आती थी। उसे काम में मन लगाने के लिए कहा गया। साल में एक-दो महीने के लिए घर भेजने की भी व्यवस्था की गयी। इस प्रकार कड़े अनुशासन के बीच कुमार की शिक्षा विधिवत् चलने लगी।

देवधर जी बड़े प्रेम से कुमार को समझाते, मन्द्र पंचम सहजता से लगता हो तो लगाना। गले के साथ ज़बरदस्ती मत करना। अगर षड्ज के बाद मन्द्र निषाद गले से निकलता हो तो महीने भर तक उसी का अभ्यास करो। फिर धैवत लगाना। एकदम पंचम पर छलाँग कभी मत लगाना। देवधर जी संगीत सीखने के लिए रियाज़ के साथ कलाकार की मानसिक तैयारी के प्रति भी पूरी तरह सजग थे। वे कुमार से कहते, संगीत के सभी ग्रन्थ मन लगाकर पढ़ो, यह संगीत सीखने के लिए मानसिक तैयारी है। शरीर और मन दोनों से अभ्यास योग करना होता है, तब कहीं जाकर कोई विधा फलित होती है। अन्त में एक योग और होता है, 'आत्मिक योग'। यह साधना के चरम क्षणों की बात है, जिसका सिर्फ़ अनुभव होता है। एक कलाकार की यात्रा आत्मिक योग में जाकर पूर्ण होती है।

कुमार को ये बड़ी-बड़ी बातें समझ में न आतीं परन्तु वह गुरु एवं गुरुमाता की सारी बातें मन लगाकर सुनता और उनका यथासम्भव पालन करता। इसके पीछे चार आने प्राप्त करने का मोह भी बना रहता। धीरे-धीरे कुमार को नक़ल और असल में फ़र्क़ करना आ गया। वह अब अपना गाना गाना चाहता था। दूसरों का गाना अब तक बहुत गाया। कुमार को अब अपना गाना गाना था। वह मास्टर जी की सब बातें ध्यान से सुनता और उन्हें आत्मसात् करने लगा था। एक दिन उसने सचमुच अपना गाना गाते हुए मास्टर जी को बहुत प्रभावित किया। देवधर जी को लगा कि लड़का अब स्टेज प्रोग्रामों के लिए तैयार हो गया। इसे अब अपने साथ संगीत सम्मेलनों में लाया जा सकता है। उन दिनों उत्तर प्रदेश से लगातार संगीत सम्मेलनों के आमन्त्रण देवधर जी को मिल रहे थे। वे कुमार को अपने साथ वहाँ ले जाने लगे। उत्तर प्रदेश में उन्होंने कुमार के कई कार्यक्रम करवाये।

इलाहाबाद के एक कार्यक्रम में देश के नामी कलाकार इकट्ठे हुए। कुमार

शेरवानी पहनकर बड़ी ठसक के साथ स्टेज पर गाने के लिए आये। प्रसिद्ध तबला नवाज अहमद जान थिरकवा साहब ने यों ही सहज कुमार से पूछ लिया, 'तुम्हारे साथ संगत करने के लिए बैठूँ क्या?'

कुमार ने तुरन्त कहा, 'कृपा कर मेरे गुरु जी से पूछ लीजिये।'

देवधर जी के हाँ करते ही इलाहाबाद की उस महत्त्वपूर्ण महफ़िल में, जिसमें देश के नामी-गिरामी कलाकार पधारे हुए थे, नवोदित कुमार और उस्ताद थिरकवा साहब का कार्यक्रम प्रस्तुत हुआ। कार्यक्रम ख़ूब जमा। वहाँ कुमार ने नक़ल का नहीं, अपना गाना प्रस्तुत किया, जिसकी ख़ूब प्रशंसा हुई।

रास्ते में देवधर जी ने कुमार से कहा, 'यह बहुत गौरव की बात है कि उस्ताद अहमद जान थिरकवा ने तुम्हारे साथ संगत करना कुबूल कर लिया। जब तुम नक़ल करते थे, तब तुम्हारा प्याला भरा रहता था। बड़ी मुश्किल से मैं तुम्हारा प्याला ख़ाली कर पाया हूँ। इसे हमेशा ख़ाली ही रखना; जब भी कोई गुणी मिलेगा, तुम्हारा प्याला ख़ाली देखकर उसमें कुछ अपने गुण ज़रूर उड़ेल देगा। और यदि तुम्हारा प्याला भरा हुआ है, उसकी अकड़ है तुममें तो जीवन में कुछ भी नहीं सीख पाओगे। तुम्हारी विनम्रता से ही यह पता चलता है कि तुम कुछ सीखना चाहते हो। इसलिए सबसे विनम्रतापूर्वक मिलो। देखो कि उनमें क्या विशेषता है। फिर उनकी कृपा से उनकी वह विशेषता अपने भीतर भर लो। हमारी संस्था 'देवधर स्कूल ऑफ़ इण्डियन म्यूज़िक' में बड़े-बड़े नामी कलाकार आते रहते हैं। उन्हें ध्यान से सुनो। वे सब तुम्हारे गुरु हैं। तुम्हें उन सबसे सीखना है।

देवधर जी ने आज कुमार के लिए सब द्वार खोल दिये। ख़ुद आगे बढ़कर कहा, सबसे सीखो। संकोच मत करो। विनम्रता का दामन जीवन भर थामकर रखना। सीखने के लिए अपना प्याला सदा ख़ाली रहना चाहिये। कुमार ने सचमुच उनकी सब बातें गाँठ में बाँधकर रखीं।

देवधर जी जहाँ रहते थे, वहीं मोहल्ले में श्रीमती अंजनी बाई मालपेकर रहती थीं। अपने समय की बेहद ख़ूबसूरत महिला और प्रसिद्ध गायिका। प्रसिद्ध चित्रकार राजा रवि वर्मा ने अपने सभी चित्र श्रीमती मालपेकर को मॉडल बनाकर चित्रित किये हैं। देवधर जी उनकी बहुत इज़्ज़त करते थे

और कुमार को उनके पास गायकी के हुनर सीखने भेजते। कुमार उन्हें 'माई' कहकर पुकारते। माई उन्हें भैरवी की एक बन्दिश सिखा रही थीं। कुमार अपनी तरफ़ से बहुत अच्छा गा रहे थे। कुमार ने बार-बार कई दिनों तक गाया परन्तु माई को पसन्द नहीं आया। माई कहतीं कि मध्यम ठीक से नहीं लग रहा। चार-पाँच दिन लगातार अभ्यास के बाद जब कुमार ने वह बन्दिश गायी तो माई ने प्रसन्न होकर कहा, 'हाँ, अब ठीक से गाया तुमने।' उस दिन कुमार को पहली बार देवधर जी द्वारा बताये हुए आत्मिक योग की अनुभूति हुई। उस दिन उन्हें मध्यम का सजीव साक्षात्कार हुआ। अब जाकर कुमार को समझ में आया कि वास्तविक संगीत क्या है। वे इस प्रकार की अनुभूति के लिए प्यासे रहने लगे। संस्था में पधारने वाले सभी गुणीजनों की ओर कुमार ने विशेष ध्यान देना प्रारम्भ कर दिया। संस्था के दो शिक्षक सर्वश्री हर्षे और अठवले जी, बहुत गुणी शिक्षक थे। कुमार इनके पास विनम्रतापूर्वक बैठते और इनके बताए हुए रास्ते का अनुसरण करते। एक औलिया एवं फ़कीर क़िस्म के व्यक्ति थे, सिंदे ख़ाँ। अपनी मर्ज़ी से गाते थे। महफ़िलों में कभी न जाते। जहाँ गाते वहीं महफ़िल जम जाती। रूहानी गायकी थी इनकी। कभी-कभार देवधर की पाठशाला में आ जाते। देवधर उनकी बहुत आवभगत करते। कुमार ने यह सब देखते हुए एक बार गुरु जी से सिंदे ख़ाँ साहब की ख़ासियत पूछी। देवधर जी ने दोनों हाथ कान पर रखते हुए कहा, 'तू इनके विषय में कुछ मत पूछ। बस इनके चरणों में गिर जा। कृपा कर ये जो कुछ तुझे सिखा दें, उसे अपना सौभाग्य मानकर ग्रहण कर ले।' सिंदे ख़ाँ द्वारा बन्दिश प्रस्तुत करने की अनोखी शैली कुमार ने उन्हीं की कृपा से प्राप्त की। इसी प्रकार देवधर जी की पाठशाला में एक वाजिद हुसैन ख़ाँ साहब आते थे। वे टप्पा बहुत अच्छा गाते थे। उनसे टप्पा सीखने के लिए देवधर जी ने कुमार को प्रेरित किया।

कुमार की अब अपनी गायकी निखरने लगी थी। वे नक़ल नहीं, अपना गाना सब जगह प्रस्तुत कर रहे थे। देवधर जी जहाँ कहीं भी कार्यक्रम प्रस्तुत करने जाते, कुमार को अपने साथ ले जाना न भूलते। जहाँ वे न जा पाते, वहाँ कुमार को जाने के लिए कहते। इस प्रकार जगह-जगह कुमार की स्वतन्त्र पहचान बनने लगी थी। कराची के एक संगीत सम्मेलन में कुमार ने 'रामकली' गाया। सभा में वहाँ के प्रसिद्ध गायक

उस्ताद मुबारक अली ख़ाँ उपस्थित थे। उन्होंने कुमार को सुना और सीधे घर आये तथा अपने तीनों बेटों की पिटाई करने लगे। बच्चों ने पूछा, 'अब्बा हुजूर, हमें क्यों मार रहे हैं?'

उन्होंने ऊँचे स्वर में कहा, 'बम्बई का एक लौंडा उधर आसमान सिर पर उठाये हुए है और इधर तुम लोग मेरे इतना सिखाने के बावजूद अभी तक झक मार रहे हो। अरे उसके सामने डूब मरो तुम लोग पानी में।'

देवधर जी के अलावा श्रीमती देवधर का कुमार का व्यक्तित्व सँवारने में महत्त्वपूर्ण योगदान रहा। वे कुमार को भाषा सिखा रही थीं। उन्होंने बहुत थोड़े समय में ही कुमार को अच्छी तरह मराठी लिखना और पढ़ना सिखा दिया। बाद में उन्होंने कुमार को नोटेशन लिखना और उन्हें अच्छी तरह कण्ठस्थ करना सिखाया। कुमार अब संगीत शास्त्रों को पढ़ और समझ रहे थे। देवधर जी ने उन्हें रेडियो पर गाने के अवसर दिलवाये। वे चाहते थे कि कुमार संगीत के विस्तृत संसार को देखें और समझें। बड़े से बड़े कलाकारों से देवधर जी कुमार को मिलवाते और उनसे कुछ न कुछ सीख लेने के लिए कुमार को प्रेरित करते। उन दिनों ग्वालियर में राजा भैया और लखनऊ में रातंजनकर 'अण्णा' के नाम की बड़ी धूम थी। देवधर जी चाहते थे कि किसी प्रकार इन महान् विभूतियों से कुमार का सान्निध्य हो। एक बार उनकी ग्वालियर और लखनऊ के रेडियो स्टेशन ऑफ़िसरों से मुलाक़ात हुई। उन्होंने कुमार की तारीफ़ की और उनसे अपने केन्द्रों पर इस लड़के को अवसर प्रदान करने की बात कही। कुछ दिनों पश्चात् कुमार को इन रेडियो केन्द्रों से कॉन्ट्रेक्ट प्राप्त हुए और कुमार ग्वालियर एवं लखनऊ में अपना कार्यक्रम देने गये। देवधर जी का मुख्य उद्देश्य था ग्वालियर में राजा भैया और लखनऊ में अण्णा साहब से कुमार की भेंट कराना। इस प्रकार इन दोनों महान् गायकों के पास देवधर जी ने कुमार को सीखने के लिए भेजा। कुमार का प्याला अभी बहुत ख़ाली था। इन दोनों गायकों ने जब कुमार की विनम्रता और संगीत सीखने के लिए उसकी प्यास देखी, तब वे अपना विशिष्ट उसे सिखाने में पीछे नहीं रहे। इस प्रकार कुमार कई महत्त्वपूर्ण बन्दिशें इन उस्तादों से सीखकर बम्बई आये।

कुमार की शोहरत अब ख़ुशबू की मानिन्द चारों ओर फैल रही थी। कार्यक्रमों में पैसे भी पर्याप्त मिल रहे थे, जिसमें से कुछ वे देवधर जी के

पास जमा करा दिया करते थे। धन और शोहरत लगातार मिलते रहने से आदमी का आत्मसंयम कमज़ोर पड़ने लगता है। अब कुमार बालक नहीं थे कि गुरु एवं गुरुमाता डाँट-डपटकर उन्हें अनुशासन में बाँधे रहते। कुमार अब युवा थे। दुनिया को खुली आँखों से देख रहे थे। सबसे पहले उन्हें तम्बाकू की आदत हुई। वे प्राय: तम्बाकू का पान मुँह में दबाये रहते और कहीं भी पिच्च से थूक देते थे। वे जानते थे कि तम्बाकू का सेवन गले के लिए बहुत ख़राब है। वैसे भी समय-बेसमय गला ख़राब हो जाने की बीमारी उन्हें अपनी माँ से विरासत में मिली थी। माँ की तरह ही ठण्ड उन्हें ज़्यादा बर्दाश्त न होती थी। पकौड़े, भजिए खाने का शौक़ अलग से। हालाँकि जब कभी भी उनका गला ख़राब होता और लोग उनके ख़राब गले को लेकर परेशान होते। वे हँसते हुए तानपूरा उठाते और 'सा' लगाते ही उनका गला पूरी तरह सुर में आ जाता। उन्हें अपने गले को ठीक करना भलीभाँति आता था। शाम को प्राय: कुमार जी के लिए भंग घुटती थी। पंढरीनाथ कोल्हापुरे देवधर जी की पाठशाला में गायन सीखने आते थे। देवधर जी की अनुपस्थिति में प्राय: कुमार ही नये लोगों को गायन सिखाया करते थे। नये विद्यार्थी उन्हें गुरुतुल्य ही मानते थे। पंढरीनाथ कोल्हापुरे पूरी तरह निर्व्यसनी आदमी। पान, तम्बाकू, भांग आदि कुछ भी कभी छुआ नहीं। एक दिन कुमार ने उन्हें सवेरे तम्बाकू का पान खिलाया और शाम को भंग भी पिलायी। गुरु इच्छा जानकर उन्होंने सब कुछ चुपचाप ग्रहण कर लिया। बाद में उन्हें परेशानी हुई।

बम्बई में 'देवधर स्कूल ऑफ़ इण्डियन म्यूज़िक' संस्था का बहुत नाम था। दूर-दूर से लोग बम्बई आकर इस संस्था में एडमिशन लेकर संगीत की शिक्षा प्राप्त कर रहे थे। देवधर स्वयं इसे अपनी संगीत पाठशाला कहते। बड़े जतन से वे इस संस्था का कार्यभार सम्भाल रहे थे। उनके गुणी शिष्यों में कुमार के अलावा कई लोग शैक्षणिक कार्य करते थे। विद्यार्थियों की कमी न थी। भीड़ लगी रहती थी। देवधर जी स्वयं आये हुए विद्यार्थियों का प्रारम्भिक परीक्षण करते और जिनमें सीखने की गहरी ललक होती, जिनमें उन्हें विकास की सम्भावना दिखायी देती उन्हें ही संस्थान में एडमिशन मिल पाता था। अधिकांश लोग जिनका एडमिशन न हो पाता यहाँ से निराश होकर लौट जाते थे।

भानुमती कंस, कराची से बम्बई संगीत सीखने के लिए आयीं। उनमें संगीत सीखने की गहरी ललक थी। देवधर जी के प्रारम्भिक परीक्षण में वे उत्तीर्ण हुईं और 'देवधर स्कूल ऑफ़ इण्डियन म्यूज़िक' में उनका एडमिशन हो गया। उन्हें अपनी शैक्षणिक योग्यता भी आगे बढ़ानी थी। उसके प्रति भी वे बेहद सजग थीं। इसलिए वहीं बम्बई में सेंट ज़ेवियर्स कॉलेज में भी उन्होंने एडमिशन ले लिया। इस प्रकार वे संगीत के साथ-साथ अपनी शैक्षणिक योग्यता भी आगे बढ़ा रही थीं। वे टेनिस की अच्छी खिलाड़ी थीं। कॉलेज में पढ़ाई करते हुए सबसे आगे एक सुयोग्य छात्र के रूप में उनकी पहचान थी। इधर संगीत शिक्षा लेते हुए बहुत कम समय में उन्होंने कण्ठ संगीत में महारत हासिल कर ली। कुमार से उनका यहीं परिचय हुआ। कुमार उनमें बहुत दिलचस्पी ले रहे थे। वे उन्हें क्लास के अलावा भी नियमित रूप से संगीत शिक्षा देने लगे। इस प्रकार दोनों में जिसे प्रेम कहते हैं, वह पल्लवित होने लगा।

कोल्हापुर के संगीत प्रेमी श्री बाबूराम जोशी के घर पर एक बार कुमार जी के गाने का प्रोग्राम हुआ। कार्यक्रम बहुत अच्छा हुआ। सब लोगों ने बहुत तारीफ़ की परन्तु जोशी जी के पिता ने कुमार को समझाया, 'बेटा, तुम्हें इतनी लम्बी तान नहीं लेनी चाहिये। तुम वैसे ही बहुत अच्छा गाते हो। शारीरिक दृष्टि से तुम बहुत मज़बूत नहीं हो। आगे तुम्हें परेशानी हो सकती है।'

कुमार ने उनकी बातों पर बिलकुल ध्यान नहीं दिया। देवधर जी अपनी दोहरी तानों के लिए प्रसिद्ध थे। उन्होंने कुमार को भी अपनी स्टाइल सिखायी थी। देवधर जी तो अपनी तान की बढ़त धीरे-धीरे लेते। उधर कुमार अपनी तानों में द्रुत गति लेकर तालियाँ बटोरते थे। यह बात सही है कि श्रोताओं को वह बहुत अच्छा लगता और वे कुमार को हाथोंहाथ लेते। परन्तु देवधर जी जानते थे कि यह कुमार के लिए ठीक नहीं है।

कुमार की अपनी गायकी की अलग पहचान बनती जा रही थी। वे लगातार शोहरत की बुलन्दियों पर चढ़ते जा रहे थे। देश भर के सारे उस्ताद उन्हें जानने लगे थे। किसी भी शहर में कोई संगीत सम्मेलन होता तो कुमार को उसमें ज़रूर बुलाया जाता। तालियों की गड़गड़ाहट सुनकर कुमार मुग्ध हो जाते। एक बार मैहर के उस्ताद अलाउद्दीन ख़ाँ साहब देवधर जी के यहाँ आये और बातों ही बातों में उन्होंने कुमार के गायन

की तारीफ़ की। उस्ताद अलाउद्दीन ख़ाँ उस समय देश के सर्वश्रेष्ठ संगीतकार माने जाते थे। उस्ताद अली अकबर ख़ाँ और पण्डित रविशंकर जैसे संगीतकार उनके शिष्य दुनिया भर में उनका नाम रोशन कर रहे थे। ऐसे महान् संगीतज्ञ उस्ताद अलाउद्दीन ख़ाँ यदि कुमार की तारीफ़ करें तो बहुत बड़ी बात थी। कुमार उनके मुँह से अपनी प्रशंसा सुनते हुए अभिभूत थे। अब क्या था संगीत के सबसे बड़े आचार्य से उन्हें गुणवत्ता का प्रमाण-पत्र मिल चुका था। वे अब लगातार ताक़तवर तानबाज़ी करते हुए प्रशंसा बटोर रहे थे।

बम्बई में विष्णु दिगम्बर जी की पुण्यतिथि पर एक विशिष्ट संगीत समारोह का आयोजन हुआ। कुमार जी ने वहाँ पूरी ताक़त के साथ राग मियाँ की तोड़ी गाया। तालियों की आवाज़ रुकने का नाम ही न ले। सबकी ज़ुबान पर कुमार, कुमार और सिर्फ़ कुमार गन्धर्व। वाहवाही की बारिश उनके नाम पर। सारे उस्ताद एक स्वर में उन्हें बड़ा गायक कह रहे थे। परन्तु, उस कार्यक्रम में कुमार को सुनते हुए अकेले देवधर दुखी हुए। वे कुमार की प्रकृति अच्छी तरह जानते थे। नाज़ुक प्रकृति का युवक और इतनी तेज़ साँस वाला गाना। देवधर जी के अनुसार कुमार के लिए यह ठीक नहीं था। उन्होंने इस बाबत कुमार को कई बार समझाया कि बेटा, इतनी दम साँस वाला गाना तेरी सेहत के लिए ठीक नहीं है। परन्तु, कुमार ने उन दिनों उनकी सीख नहीं मानी। लोकप्रियता के उस दौर में उन्होंने अपनी सेहत पर बिलकुल ध्यान नहीं दिया।

इधर भानुमती और कुमार ने विवाह का निर्णय ले लिया। दोनों परिवार वालों को कोई एतराज़ न था। एतराज़ था तो सिर्फ़ उनके गुरु देवधर एवं गुरुमाता श्रीमती देवधर को। उनके अनुसार यह बेमेल विवाह था। भानुमती बेहद सुशिक्षित। खेलों में प्रवीण। अपने कॉलेज की ब्यूटी क्वीन और कण्ठ संगीत में भी पूर्ण कुशल। जबकि कुमार इस समय गायकी के शिखर पर परन्तु कम पढ़े-लिखे। शारीरिक दृष्टि से कमज़ोर और चंचल मन वाले। देवधर जी ने अपनी तरफ़ से दोनों को ये रिश्ता न करने के लिए समझाया भी। परन्तु प्रेम तो बस प्रेम ही होता है। प्रेम में होकर कोई किसी की कहाँ सुनता है। १९४७ में भानुमती एवं कुमार गन्धर्व का प्रेम विवाह सम्पन्न हुआ। कुमार जी को उन दिनों लगातार कार्यक्रम मिल रहे थे। उनकी शोहरत बुलन्दियों पर थी। भानुमती एक

ज़िम्मेदार महिला थीं। घर-गृहस्थी का काम उन्होंने कुशलतापूर्वक सम्भाला। शादी के अभी तीन महीने ही हुए थे कि कुमार पूणा और बम्बई में कार्यक्रम पेश करके सीधे कलकत्ते एक कॉन्फ्रेंस में अपना गायन प्रस्तुत करने पहुँचे। स्टेज पर गाते-गाते ही वे बेहोश हो गये। बम्बई आकर उन्होंने अपनी विस्तृत जाँच करवायी। डाक्टरों ने अपनी जाँचोपरान्त उन्हें तपेदिक रोग से ग्रस्त होना बताया। कुमार गन्धर्व और भानुमती की कच्ची गृहस्थी पर मानो घड़ों पानी गिरा। भानुमती बहुत साहसी महिला थीं। उन्होंने बिना कोई देर किये कुमार को क्षय रोग के जनता हॉस्पिटल में भर्ती करवाया। क्षय रोग उन दिनों कैंसर की तरह बहुत गम्भीर रोग माना जाता था। इसका इलाज़ बहुत लम्बा चलता था। इससे कोई बच जाये तो उसे भगवान की कृपा ही मानते थे। अस्पताल के सूने कमरे में खटिया पर पड़े-पड़े उन्हें न जाने कितने दिन काटने थे। परन्तु, उन्हें और भानुमती दोनों को विश्वास था कि वे इस लड़ाई को जीत लेंगे। हालाँकि जीत के आसार दूर-दूर तक दिखायी न देते थे। कोई डेढ़ माह तक उस अस्पताल में रहते हुए कुमार ने बहुत कष्टप्रद दिन बिताये। एक दिन उन्होंने डाक्टर से छुट्टी प्रदान करने का निवेदन किया। डाक्टर का सुझाव था कि किसी हरे-भरे स्थान में जाकर रहो। बम्बई का मौसम वैसे भी क्षय रोगियों के अनुकूल नहीं है। कुमार और भानुमती ने इन्दौर के पास देवास नामक कस्बे में आकर रहने का निर्णय लिया। इन्दौर और देवास में कुमार जी के कई परिचित, रिश्तेदार और शिष्य पहले से रहते थे।

बम्बई से दो बार वे देवास में कार्यक्रम देने आये थे। पहली बार नगरपालिका परिषद् के हॉल में उन्होंने अपना गायन प्रस्तुत किया जिसमें देवास के प्रसिद्ध गायक और बीनकार उस्ताद रजब अली ख़ाँ उपस्थित थे। दूसरी बार जब वे वहाँ कार्यक्रम प्रस्तुत करने पहुँचे तो निर्णय नहीं कर पा रहे थे कि यहाँ क्या गाऊँ? इस ऊहापोह से उबारा उनके अभिन्न मित्र कृष्ण राव मुजुमदार ने। एक रात कुमार उनको 'राग भीम पलासी' सुना रहे थे कि गाते-गाते वे आत्मिक योग में उतर गये और वहाँ एक बार फिर उन्हें राग का साक्षात्कार हुआ। इस तरह उन्हें पहले श्रीमती अंजनीबाई मालपेकर के सामने गाते हुए 'मध्यम' का साक्षात्कार हुआ था। इस बार श्री कृष्ण राव मुजुमदार को राग भीम पलासी सुनाते हुए हुआ।

देवास अर्थात् जहाँ देवता निवास करते हों। सचमुच कुमार जी के लिए देवास, देव स्थान ही साबित हुआ। एक ओर टेकरी पर माँ चामुण्डा का मन्दिर और नीचे योगी शीलनाथ महाराज का आश्रम साथ ही महान् बीनकार और गायक उस्ताद रजब अली ख़ाँ साहब की साधना स्थली। और कृष्ण राव मुजुमदार जैसे दोस्त का सान्निध्य। इस प्रकार पूरे मन से कुमार दम्पती देवास में रहने के लिए आ गये।

चुनौतियाँ बड़ी थीं और उनसे लड़ने के लिए साधन बहुत कम। मोर्चा भानुमती जी ने सम्भाला। उन्होंने स्थानीय गर्ल्स स्कूल में प्रधानाध्यापिका की नौकरी स्वीकार कर ली। यह नौकरी ही इस समय परिवार के लिए आर्थिक सहारा बनी। भानुताई के एक अभिभावक थे। श्री कृष्णा नम्बूदरीपाद, ये बचपन से भानुमती की देखभाल करते आये थे। ये भानुमती को 'आई' कहते और भानुमती जी इन्हें आदरपूर्वक 'कण्णा' कहती थीं। मुसीबत के इन दिनों में 'कण्णा' अपनी 'ताई' की देखभाल करने के लिए देवास में रहने उनके साथ आये। 'कण्णा' घर का सब कामकाज देखते थे। भानुताई स्कूल में पढ़ाने जातीं। कुमार जी की देखभाल करतीं। डॉ. मधु देशमुख, जो कुमार का इलाज़ कर रहे थे, उनसे समय-समय पर निर्देश प्राप्त करके भानुमती जी कुमार की दवाएँ और उनके परहेज़ का पूरा ध्यान रखती थीं। कुमार अपनी बीमारी की गम्भीरता को भलीभाँति जानते थे। वे रात-रात भर ख़ाँसते रहते। ख़ाँसी में ख़ून आ जाता, जिससे बैड ख़राब हो जाता। वे भानुमती को समझाते, 'मैं अभी नहीं मरने वाला। देखना एक दिन पूरी तरह ठीक हो जाऊँगा। और स्टेज पर वही दमखम वाली साँस में फिर गाऊँगा।'

भानुमती साड़ी की कोर से अपनी आँख पोंछकर उन्हें दिलासा देतीं, 'हाँ, आप ज़रूर गायेंगे।'

उन्हीं दिनों एक और तुषाराघात हुआ। पिता समान देवधर जी से कुमार जी के मतभेद हुए। कुमार जी समय-समय पर अपने पारिश्रमिक में से कुछ रुपये देवधर जी के पास जमा करा देते थे। उनके अनुसार यह रकम इस समय एक लाख के क़रीब होनी चाहिये थी। देवधर जी ने हिसाब करके उन्हें बयालीस हज़ार रुपये प्रदान किये। उनके अनुसार कुल इतनी ही रकम थी। अब सच्चाई भगवान ही जाने। परन्तु, रुपयों का यह विवाद दोनों के लिए अच्छा नहीं रहा। हालाँकि बाद में दोनों के सम्बन्ध सामान्य करने की

भरसक कोशिश की गयी परन्तु जो गाँठ एक बार पड़ गयी सो पड़ गयी।

भानुताई बड़ी कुशलता से घर-गृहस्थी चला रही थीं। वे पढ़ी-लिखी थीं इसलिए उन्हें तुरन्त नौकरी मिल गयी। कण्ठ संगीत में निपुण थीं। उनका एक रिकॉर्ड भी निकल चुका था। अब पूरी तरह पतिसेवा में समर्पित थीं। वे यह अच्छी तरह जानती थीं कि उनके पति की खुराक संगीत है। संगीत में रहते हुए वे स्वस्थ रहते हैं। संगीत उनके लिए दवा से ज़्यादा है। भानुमती जी ने इसकी व्यवस्था की। वे देवास के गर्ल्स स्कूल में प्रधानाध्यापिका थीं। उनके स्कूल में प्राय: सांस्कृतिक कार्यक्रम होते रहते थे, जिसमें निकट के ग्रामांचलों से गायन मण्डलियाँ अपना कार्यक्रम प्रस्तुत करने आती थीं। भानुताई ने उन गायक-गायिकाओं से कुमार जी को मिलवाया। अकसर तो घर पर ही लोक-गायकों की भीड़ जमा रहने लगी। गाँव से महिलायें आतीं और लोकगीतों का अमूल्य ख़ज़ाना कुमार जी को दे जातीं। लोक गायकों का तो कहना ही क्या! जिन्होंने किसी गुरु के पास नहीं सीखा। जिन्हें संगीत के व्याकरण की कोई समझ नहीं, वे कितने सधे हुए सुर में कितना अद्‌भुत गा रहे थे। देवास में रहते हुए कुमार का लोकसंगीत से गहरा परिचय हुआ। वे इस नये संसार में डूबते जा रहे थे। लोकगीत और लोक धुनें सुनते हुए उनका खोजी मन सक्रिय हो जाता था। वे उस लोकजगत् में नयी-नयी रचनाएँ ढूँढ़ रहे थे। यों तो अपनी बीमारी के कारण वे अधिकांश समय अपने बिस्तर पर ही पड़े रहते। गायन का तो प्रश्न ही नहीं उठता था। ख़ाँसते हुए मुँह से ख़ून आता था। डॉ. देशमुख उनका इलाज करते हुए उन्हें ढाढ़स बँधाते, 'कुमार जी चिन्ता न करें, आप पूरी तरह ठीक हो जायेंगे।' उधर भानुमती कुमार की अदम्य जिजीविषा को जानती थीं। उन्हें भी पूरा भरोसा था कि कुमार एक दिन फिर गायेंगे। इधर कुमार के दिन लेटे-लेटे व्यर्थ नहीं जा रहे थे। वे मानसिक रूप से इन दिनों बेहद सक्रिय रहे। एक तो भानुमती ने लोकगीत सुनने के लिए पूरी व्यवस्था घर पर ही कर रखी थी। दूसरे, भानुताई स्थानीय लाइब्रेरी से कुमार जी के लिए अच्छी-अच्छी किताबें भी पढ़ने के लिए ले आया करती थीं। कुमार जी लोक धुनें सुनते हुए मन ही मन नयी राग-रागिनियाँ बना रहे थे। उनके नोटेशन को याद करके वे काग़ज़ पर उतार लेते। किताबें पढ़ते हुए उनके भीतर सोया हुआ लेखक मन भी जाग्रत हुआ। उन्होंने उन दिनों कुछ कविताएँ लिखीं। संगीत

विषयक लेखन में भी उन्होंने सफलतापूर्वक क़लम चलायी। घर में एक सुपुत्र मुकुल आ चुका था, जिसकी देखभाल करते हुए भानुताई की व्यस्तताएँ बहुत बढ़ गयी थीं। घर में आर्थिक अभाव बना रहता था। कुमार जी के इलाज़ में ही बहुत ख़र्चा हो रहा था। नि:संदेह इस समय कुमार जी के मित्रों ने आगे बढ़कर ख़ूब मदद की, जिनमें रामू भैया दाते और बाबूराम जोशी प्रमुख हैं।

बीमारी के दिनों में ही कुमार जी का गहन धार्मिक रुझान हुआ। देवास में ही टेकरी के नीचे शीलनाथ महाराज का आश्रम था। उनके आश्रम में दूर-दूर से साधु-सन्त आते रहते और वहाँ भजन-कीर्तन चलता रहता। कुमार ने वहाँ निर्गुणी भजन सुने और अत्यन्त प्रभावित हुए। साधु-सन्तों से वे स्वयं मुलाक़ात करने में उत्सुक रहते। भानुमती इसमें उनकी मदद करतीं। शीलनाथ जी ने अपने आश्रम में गाये जाने वाले भजनों का एक संकलन तैयार कर प्रकाशित करवाया। वह पोथी कुमार जी के हाथ लग गयी, मानो उन्हें कोई ख़ज़ाना मिल गया। बाद में उन्होंने कबीर, तुलसी, सूर और गोरखनाथ की वाणी का गम्भीर अध्ययन किया। इस प्रकार बीमारी के दिनों में वे गा नहीं पा रहे थे परन्तु उनका सृजनशील मन नये आयाम तय कर रहा था।

डॉ. देशमुख का इलाज, भानुताई की सेवा और मित्रों की शुभकामनाएँ रंग लायीं और कुमार गन्धर्व ठीक होने लगे। उन्हीं दिनों यह अफ़वाह उड़ी कि कुमार गन्धर्व का एक फ़ेफड़ा पूरी तरह ख़राब हो चुका है, जिसे ऑपरेशन करके निकाल दिया गया। कुमार ने इस अफ़वाह का खण्डन नहीं किया। उनका ऑपरेशन तो नहीं हुआ परन्तु उनका बायाँ फेफड़ा बेकार ज़रूर हो चुका था। वे हिम्मती थे। उन्हें गाना था। वे गाने के लिए पैदा हुए थे। बहुत सोच-विचार कर १९५२ के आसपास डाक्टरों ने उन्हें थोड़ी देर तक गाने की इज़ाज़त दे दी। मानो अन्धे को दो आँखें मिल गयीं।

इन्दौर में प्रसिद्ध पेटी वादक माधवराव चौघुले जी का संगीत सम्मेलन होली के अवसर पर बड़ी धूमधाम से मनाया जाता है। बीमारी के बाद कुमार का पहला कार्यक्रम यहीं हुआ। डाक्टरों के निर्देशानुसार उन्होंने यहाँ थोड़ी देर गाया, लेकिन बहुत अच्छा गाया। सारे श्रोता उन्हें यों फिर से गाते हुए देखकर, सुनकर बहुत प्रसन्न हुए। मित्रों, परिचितों और उनके चाहने वालों की ख़ुशियों का पारावार न था।

बिस्तर पर पड़े हुए पाँच सालों तक गम्भीर बीमारी को झेलते हुए भी वे संगीत के विषय में ही सोचते रहते थे। उन्हें पूर्ण विश्वास था कि एक दिन मैं ठीक होकर फिर से गाने लगूँगा। अब पाँच सालों बाद वह अवसर आ गया और वे फिर गाने लायक हो गये। हालाँकि अभी परहेज़ से रहने की उन्हें सख़्त हिदायत थी। बीमारी के बाद उनका यह पुनर्जन्म था। पहले जन्म में वे क्या गाते रहे अब दूसरे जन्म में उन्हें क्या गाना चाहिये? यह प्रश्न उनके लिए अहम था। इस पर उन्होंने गम्भीरतापूर्वक विचार किया और अपने नये जन्म के लिए उन्होंने बिलकुल नये तरह की गायकी आविष्कृत की। उन्होंने अब अपने काम को दो भागों में बाँटा। एक सृजन और दूसरा प्रदर्शन। बीमारी के दिनों में उनका सर्जक मन बहुत परिपक्व हो चुका था। उन्होंने इस बीच लोकधुनों को आत्मसात् किया और ढेर सारा साहित्य पढ़ा, जिसमें भक्ति साहित्य और संगीत साहित्य का उन्होंने गम्भीरतापूर्वक अध्ययन किया। अब वे कुछ लिखना चाहते थे और संगीत क्षेत्र में भी नये प्रयोग करना चाहते थे। बीमारी से ठीक होने के पश्चात् सबसे पहले उन्होंने इन्दौर के होलिकोत्सव पर्व पर अपना गायन प्रस्तुत किया। दूसरा कार्यक्रम उन्होंने उज्जैन के महाराज बाड़ा हाईस्कूल के हॉल में प्रस्तुत किया। अब कुमार पूरी तरह अपने नये रूप में थे। उन्होंने अपनी बिलकुल नयी शैली स्थापित कर ली थी। इन नये प्रयोगों के दौरान कहीं-कहीं वे संगीत व्याकरण से पूरी तरह बाहर हो जाते थे। उनका संगीत कर्णप्रिय था। श्रोता उसे पसन्द कर रहे थे। परन्तु, शास्त्रज्ञ उन्हें बर्दाश्त न कर पा रहे थे। जगह-जगह उनके प्रयोगों की आलोचना हो रही थी। वे कहते थे कि मैंने अब नक़ल पूरी तरह छोड़ दी है। लोग गुरुओं द्वारा सिखायी पुरानी बन्दिशों का घोंटा लगाते रहते थे। आज तक उसमें कुछ नहीं बदला। जबकि दूसरी कलाओं में कितने परिवर्तन हो रहे हैं। वहाँ पुनरावृत्ति नहीं है। संगीत में कोई परम्परा से ज़रा भी इधर-उधर हो जाये तो लोग हाय-तौबा मचाने लगते हैं। मेरे अनुसार यह ठीक नहीं है। मैंने जो प्रयोग किये हैं, वे मौलिक हैं। मेरी गायकी अब बिलकुल नयी गायकी है। वे अब इन्हीं प्रयोगों से युक्त अपनी नयी शैली में जगह-जगह कार्यक्रम प्रस्तुत कर रहे थे। पूना में जब कुमार ने गनूकाका की गायनशाला में अपना कार्यक्रम प्रस्तुत किया तो परम्परावादियों ने उसकी ख़ूब आलोचना

की। गोविन्द राव टेंबे जैसे गुणी संगीतकार ने उस समय कुमार के लिए कहा, 'आज भारतीय शास्त्रीय संगीत में कुमार की गायकी एक प्रश्नचिह्न है?' कुमार ने इस तरह की प्रतिक्रियाओं की कोई परवाह नहीं की। वे अपने काम में गम्भीरतापूर्वक लगे रहे। उस समय उनके द्वारा रचित राग 'लगन गन्धार' उनके प्रयोगधर्मी मन का परिचय देता था। कुमार अपने नये प्रयोगों के अन्तर्गत साहित्य, संगीत और शिल्प को मिलाकर सोचते थे। उनका कहना था साहित्य में शब्दचित्र बनते हैं। शिल्प में तो कला स्वयं बोलती है सिर्फ़ संगीत अमूर्त क्यों? यह भी दिखना चाहिये। मुझे दिखता है। मैं रागों के दर्शन करता हूँ और श्रोताओं को उसके दर्शन करा सकता हूँ। संगीत में जो जुगाली करने का चलन है, उसके वे सख़्त ख़िलाफ़ थे। उनका कहना था कि हरदम वही...वही...वही...आख़िर कब तक? जैसे साहित्य में विविध भाव हैं। शिल्प में भी अलग-अलग भाव-भंगिमाएँ हैं। संगीत में हमें ऐसी ही विविधता अपनानी चाहिये। वे आगे कहते, एक कुशल गायक को कोमल, अति कोमल, सूक्ष्म, तीव्र और अति तीव्र स्वरों पर अधिकार प्राप्त करना चाहिये तभी वह अलग-अलग भाव दशाएँ दर्शा पायेगा। उन्हीं दिनों नटराग में उन्होंने एक रुबाई गायी—'सपत सुर गावे गुनिजन, भाव, राग, ताल, काल की उगम...।' कुमार बहुत स्पष्ट कहते हैं कि यहाँ सब कुछ परिवर्तनशील है। जीवन स्वयं प्रतिपल बदलता रहता है। यहाँ कुछ भी स्थिर नहीं है। इसीलिए ताज़गी है। जो स्थिरता पर ज़ोर देंगे, वे समय की धार में छिटक जायेंगे। उपेक्षित हो जायेंगे। इसलिए मेरा संगीत नित नूतन है। हर पल नया और विशिष्ट।

कुमार एक बार फिर संगीत जगत् में छाने लगे थे। दूर-दूर से कार्यक्रमों के लिए उनको बुलावे आ रहे थे। आजकल उन्होंने अपने लिए एक नया अनुशासन विकसित किया। उन्हें क्या करना है? कितनी देर गाना है? कार्यक्रम वे क्या पेश करने जा रहे हैं? बन्दिश का आवर्तन कितनी देर का होगा? यह सब वे विस्तारपूर्वक लिख लेते थे। फिर उसे सामने रखते हुए वे अपना प्रोग्राम आरम्भ करते। उसके बाहर बिलकुल नहीं। इस प्रकार एक सन्तुलित गायकी की योजना उनकी चल निकली। वे दक्षिणाभिमुख होकर कभी नहीं गाते थे। उनके अनुसार यह गायकी का अपमान है। कहते हैं दक्षिण दिशा में यम का वास होता है। वे यम को अपनी गायकी नहीं सुना

रहे हैं। वे जीवन को जीवन का राग सुनाना चाहते थे।

एक बार उनके दायें फेफड़े पर क्षय रोग ने पुनः आक्रमण किया। वे थोड़ा विचलित ज़रूर हुए फिर उन्होंने अपने आप को सम्भाल लिया। वे यह भलीभाँति जान चुके थे कि सिर्फ़ संगीत में ही आरोह-अवरोह नहीं होता, जीवन में भी होता है। इसे सहज स्वीकार लेना ही जीवन को जीतना है। अबकी उन्होंने बम्बई में रहकर ही अपना इलाज़ कराया। फिर साल भर के लिए उन्हें साहित्य, संगीत और शिल्पकला पर बहुत सारा पढ़ने-लिखने, सोचने-समझने और गुनने का अवसर मिला। डॉ. देशमुख ने उनके अच्छे होने के पश्चात् लोगों को बताया कि वे अपने कड़े अनुशासन और नियम-संयम के कारण पुनः स्वस्थ हो गये हैं परन्तु लोग मुझे श्रेय देते हैं।

वे एक बार पुनः पूरी तरह स्वस्थ हो गये। इन दिनों साहित्य के क्षेत्र में उन्होंने कई उपलब्धियाँ हासिल कर ली थीं। उन्हें काव्य में विशेष रुचि थी। कई मित्रों को उन्होंने काव्यमय पत्र लिखे। यह रुझान उन्होंने बन्दिशें बनाने की दिशा में लगाया और लगातार कई बन्दिशें बनायीं। उनके द्वारा विरचित ग्रन्थ 'अनूप राग विलास' पूरा हो गया था। इसमें कुल १३६ बन्दिशें हैं। लगभग सौ से ज़्यादा बन्दिशें पुराने रागों पर शेष उनके द्वारा निर्मित नये रागों पर कुछ विभिन्न राग जोड़ों पर आधारित हैं। कुमार अपने लेखन और संगीत प्रयोगों में रूढ़िभंजक के रूप में उभरकर आते हैं इसलिए उनके आलोचकों की कमी न थी। वे संगीत में बड़े गायकों की नक़ल करके ही आगे बढ़े थे और अब नक़ल करने के सख़्त विरोधी थे। वे गुरुओं द्वारा सिखायी हुई चीज़ों को लगातार उसी तरह घोंटते रहने के भी विरोधी थे। उन्होंने शास्त्र सीमाओं में रहते हुए ही अपने चिन्तन और मनन द्वारा संगीत जगत् में नये आयाम स्थापित किये। वे मानते थे कि सबसे पहले ईश्वर ने ही आपको नितान्त मौलिक आवाज़ दी है। हर गायक को अपनी आवाज़ की निजता बचाकर रखनी चाहिये बल्कि इसे और सिर्फ़ इसे ही लगातार विकसित करना चाहिये। हमारे गुरु ऐसे स्वर लगाते थे, हमारे घराने की यह परिपाटी है, वह ठीक है परन्तु आप क्या हैं? कहाँ खड़े हैं आप? इस बात की खोज करना बहुत महत्त्वपूर्ण है। कुमार अब अपने नये जीवन की भावी योजनाएँ बना रहे थे। परन्तु, ज़िन्दगी को कुछ और ही मन्जूर था। वे जीवन के उत्साह से भरे हुए थे।

इधर भानुताई का जीवन चुकता जा रहा था। वे दूसरी बार प्रेगनेंट हुईं। उस दौरान उन्हें पीलिया हो गया, यह बात उन्होंने छुपाकर रखी, कुमार चिन्तित होंगे। परेशान हो जायेंगे। पीलिया कोई गम्भीर बीमारी नहीं है ठीक हो जायेगी। दूसरे पुत्र यशोवर्धन के जन्म के पश्चात् ही भानुताई ने इस संसार से मुँह मोड़ लिया। मानो अपनी शेष उम्र कुमार जी को अर्पित कर दी, ताकि वे ख़ूब गायें। खुलकर गायें।

कुमार के जीवन पर यह बड़ा कुठाराघात हुआ। वह जीवनसंगिनी चली गयी जिसने उन्हें दो बार जीवनदान दिया। अपनी सेवा-टहल से उन्होंने कुमार को बार-बार जिलाया। उसने अदम्य साहस और अपूर्व कर्तव्यपरायणता से कुमार के लिए मौत के जबड़े बार-बार बन्द कर दिये कि कुमार गायें। बहुत अच्छा गायें। अद्वितीय गायें। कुमार नियति के निर्णय पर अवाक्! क्या कर सकते थे वे? कर सकते थे जो, वही भानुताई चाहती थीं। उन्हें जीना था पूरी तरह। गाना था पूरी तन्मयता के साथ। उन्होंने भानुताई की आत्मा को निराश नहीं किया। तानपूरा पकड़ने में उन्होंने कोई विलम्ब नहीं किया। 'महाराष्ट्र एंटी-ट्यूबर्क्यूलौसिक एसोसिएशन' के प्रथम वार्षिक अधिवेशन का कार्यक्रम तय था। भानुताई को गये हुए अभी एक माह भी न हुआ था। आयोजक चिन्तित थे कि कुमार जी कैसे आ पायेंगे। कोई उनसे पूछ ले, इतनी हिम्मत भी किसी में न थी। सहसा कुमार जी ने टेलीग्राम द्वारा उन्हें सूचना दी, कार्यक्रम की तारीख़ें आगे मत बढ़ाना। मैं कार्यक्रम में आ रहा हूँ। टेलीग्राम देखकर सब लोग हत्प्रभ थे। सब लोग सोच रहे थे इन दिनों कुमार ने अपने आप को कैसे सम्भाला होगा?

मुकुल पाँच वर्ष का और नवजात यशोवर्धन, जिसने अपनी माँ को ही ठीक से न देखा था। अब कुमार को अपनी यह नाजुक गृहस्थी सम्भालनी थी। वे ख़ुद दो बार गम्भीर बीमारी की चपेट से उबरकर बाहर आये थे। भानुमती ने अपने परिवार को भावनात्मक सम्बल ही नहीं एक मज़बूत आर्थिक सम्बल भी प्रदान किया हुआ था। वे देवास गर्ल्स स्कूल में प्रधान शिक्षिका थीं, जिनके नियमित वेतन से कुमार का इलाज़ और घर का ख़र्च सुचारू रूप से चल रहा था। कुमार अभी-अभी बीमारी के कुचक्र से बचकर निकले थे। एक बार फिर उन पर गहन आर्थिक संकट के बादल मँडराने लगे। जीवन तो जीना

ही है, चाहे उसमें कितनी कठिनाइयाँ आयें। कुमार ने कमर कसी। आर्थिक संकट से उबरने के लिए उन्होंने अपने कार्यक्रमों पर पूरा ध्यान दिया। लगातार शहर-दर-शहर यात्राएँ होने लगीं। बच्चों की परवरिश कौन करे? कब तक नाते-रिश्तेदारों के भरोसे उनको छोड़ा जाये। उन्होंने तमाम सामाजिक वर्जनाओं के उपरान्त पुनर्विवाह का निर्णय लिया? भानुताई के निधन के आठ महीने पश्चात् ही कुमार ने अपनी शिष्या वसुन्धरा श्रीखण्डे से विवाह कर लिया। अब कोई बारात और रिसेप्शन जैसी बात तो थी नहीं इसलिए यह विवाह कुछ मित्रों की उपस्थिति में रजिस्ट्रार ऑफ़िस में सम्पन्न हुआ। वसुन्धरा जी, अत्यन्त गुणी और संगीत कला में निपुण महिला थीं। सबको आशा थी कि कुमार जी की घर-गृहस्थी अब पूरी तरह सम्भल जायेगी। परन्तु ज़िन्दगी में वैसा कहाँ होता है, जैसा हम चाहते हैं। भविष्य हमेशा अज्ञात है और अज्ञात ही रहता है। भले ही हम लाख कोशिश करें उसे जानने-समझने और सँवारने की परन्तु वहाँ तो सब आकस्मिक होता है, आपको सम्भलने का कोई मौक़ा दिये बग़ैर। नवजात हर्षवर्धन का पालन-पोषण करने के लिए उसकी डाक्टर मौसी उसे अपने साथ ले गयीं। इधर कुमार घर में अब मुकुल, वसुताई और कुमार का एक त्रिकोण बना जो कभी सन्तुलित नहीं रहा, यहीं से कुमार को निर्गुण गायकी में जीवन की सच्ची समझ दिखायी देने लगी। वे इसमें डूबते चले गये। उन्होंने कबीर को पढ़ा, समझा और गाया। लोग कहते हैं कुमार ने कबीर को जितनी गहराई से गाया है, इतनी गहराई से पहले किसी ने नहीं गाया। दरअसल, अपने जीवन के उतार-चढ़ाव से गुज़रते हुए कुमार भी कबीर की तरह फक्कड़ हो चले थे। अब जाकर उनकी समझ में आया कि जीवन की घटनाओं पर उनका कोई वश नहीं है। कबीर कहते हैं न—'होनी होय सो होय'। इस प्रकार उन्होंने कबीर के फक्कड़पन को, उसकी बेपरवाही को और उसकी मस्ती को ख़ूब डूबकर गाया। परन्तु वे कबीर नहीं थे। थे तो कुमार, इसलिए जीवन में आयी विसंगतियों से वे प्रायः विचलित हो जाते थे। अपनी मानसिक व्यथा वे किससे कहते? उन्होंने अपना पूरा ध्यान अपनी गायकी पर लगाना शुरू किया। वे घरेलू महफ़िलों में तो गा ही रहे थे अब किसी भी शहर, कस्बे में वे कोई भी छोटे-बड़े कार्यक्रम सहजता से स्वीकार कर लेते थे। इन दिनों उन्होंने कई राग-रागिनियों का सृजन

किया। स्वाभिमान इतना कि एक बार रईस ख़ाँ के कार्यक्रम में जब रईस ख़ाँ अपना सितार छोड़कर कुछ गाने का प्रयास करने लगे तब कुमार ने खड़े होकर रईस ख़ाँ को झिड़क दिया, 'मियाँ, पहले अपने सितार में सुर लगा लीजिये और गाना वग़ैरह हम लोगों के लिए छोड़ दीजिये।' कोई एक विधा का आदमी जब दूसरी विधा के साथ अनावश्यक छेड़छाड़ करता, तब कुमार जी को बरदाश्त न होता। वे तुरन्त उसका खुलकर विरोध करते।

कुमार जी अब पूरी तरह अपने आप को अपनी गायकी में डुबा देना चाहते थे। उनके गायन में किसी प्रकार का कोई बन्धन न था। वे घरानेदार गायकी के बन्धनों से भी पूरी तरह मुक्त थे। वैसे भी वे अपने गायन में नित नये प्रयोग कर रहे थे, जिसकी कहीं आलोचना होती तो कहीं प्रशंसा के पुल बाँधे जा रहे थे। प्रारम्भ में कुमार जी ने राग 'मालवती' और राग 'अहिमोहनी' की रचना की। बाद में उन्होंने 'दुर्गा-केदार', 'नन्द केदार', 'सोहनी भटियार', 'गोरी बसन्त', 'लगन गन्धार', 'मध सुरजा' एवं 'गाँधी मल्हार' आदि रागों की रचना की।

कुमार जी कहते थे मुझे रागों के दर्शन होते हैं। मैं रागों को रू-ब-रू सामने देखता हूँ। उनके अनुसार 'श्रृंगार' का वर्ण श्याम, 'करुणा' का रंग कपोत और 'रौद्र' का रंग रक्तवर्णी होता है। राग 'गौरी-बसन्त' का निर्माण उन्होंने रेडियो पर राग 'गौर-शंकर' को सुनते हुए किया था। उनका कहना था कि गौरी 'मन्द्रसप्तक' का राग है और 'शंकरा', 'तारसप्तक' का। इन दोनों रागों के बीच काफ़ी स्पेस है। इन दोनों छोर को सम्भालना बहुत कठिन काम है। बार-बार नीचे से ऊपर और झट ऊपर से नीचे आने में गिरने का ख़तरा बढ़ जाता है। ज़रा-सी चूक होने पर पूरे राग का स्वरूप बिगड़ जाता है। इसलिए उन्होंने राग 'गौरी-बसन्त' बनाया। गौर और बसन्त एक ही थाट के राग हैं। इनके संयोजन से बना राग 'गौरी बसन्त' जिसमें बन्दिश के बोल उन्होंने बनाये—'आज पहिर ले गोरी, रंग बसन्ती चीर'। कुमार जी की राग 'गौरी बसन्त' में यह बन्दिश बहुत पसन्द की गयी।

कुमार जी ने एक विशिष्ट राग बनाया 'लगन गन्धार' जिसकी बन्दिश के बोल थे—'सुध न रही मोहे, अरी वो जब देखा' लोगों ने इस बन्दिश को सुनकर प्रतिक्रिया व्यक्त की—दुनिया की सारी विरह वेदना, इस राग में

कुमार जी ने घोलकर मिला दी है। कुमार जी इसे सिर्फ़ गम्भीर प्रकृति का राग कहते थे।

कुमार जी ने राष्ट्रपिता महात्मा गाँधी जी को श्रद्धांजलि देते हुए एक महत्त्वपूर्ण राग बनाया 'गाँधी मल्हार'। इस राग की बड़ी आलोचना हुई। इसमें तीव्र गन्धार के प्रयोग को लेकर उनकी हँसी उड़ाई गयी। कुमार जी ने अपनी आलोचनाओं का कोई जवाब नहीं दिया। उन्होंने दिल्ली के एक कार्यक्रम में इसे पूरी तन्मयता के साथ गाया। श्रोता मन्त्रमुग्ध होकर सुनते रह गये। कुमार का कहना था कि मैंने महात्मा के अहिंसा तत्त्व की अपने राग में व्याख्या की है। यह राग मुख्य रूप से अहिंसा भाव और करुणा की अभिव्यक्ति करता है। बाद में आलोचक उनसे सहमत हुए और इस राग को मान्यता मिली। कालान्तर में इसे ख़ूब गाया गया।

भारतीय शास्त्रीय संगीत में ऋतुओं का बड़ा महत्त्व है। सारे राग-रागिनियों की रचना ऋतुओं को ध्यान में रखकर की गयी। हमारे यहाँ तो यह लोकोक्ति प्रचलित है कि 'मेघ मल्हार' ठीक ढंग से गाया जाये तो बरसात होने लगती है। तानसेन द्वारा दीपक राग गाकर दीपक जला देने के क़िस्से भी हमारे यहाँ प्रचलित हैं। बहरहाल! ऋतुओं में उस ऋुत से सम्बन्धित राग गाया जाना और उसे सुनना सचमुच एक नये अनुभव से गुज़रना होता है। हमारे देश में ऋतुओं के अपने ख़ास त्योहार हैं। सामाजिक परम्पराएँ हैं। यहाँ तक कि ऋतुओं के अनुसार हमारे परिधान भी अलग हैं। वर्षा ऋतु आते ही आपको गुरु पूर्णिमा, रक्षाबन्धन और जन्माष्टमी की याद हो आती है। इस ऋतु में नववधुएँ अपने मायके जाती हैं। बाग-बग़ीचों में सावन के झूले पड़ते हैं और सर्वत्र हरीतिमा छा जाती है। इस पूरे परिवेश की अभिव्यक्ति हमारे शास्त्रीय संगीत में होती है। लोकगीत और लोकधुनें इस अभिव्यक्ति को और संवृद्ध करती हैं। इस प्रकार सम्पूर्ण वर्षा ऋतु के प्रभाव को कुमार जी ने अपने 'वर्षा गीत' कार्यक्रम में प्रस्तुत किया। यह कार्यक्रम कुमार जी द्वारा बम्बई के 'भूलाभाई देसाई ऑडिटोरियम' में प्रदर्शित किया गया।

इस कार्यक्रम की सफलता को देखते हुए कुमार जी ने दूसरा कार्यक्रम 'हेमन्त-गीत' शीर्षक से तैयार किया। भारतीय जन-जीवन और

संस्कृति में 'हेमन्त' ऋतु का अपना ख़ास महत्त्व है। असत्य पर सत्य की विजय का पर्व विजयदशमी, रसराज श्रीकृष्ण द्वारा शरद पूर्णिमा की रात्रि में रासोत्सव मनाये जाने का पर्व। उसके पश्चात् 'दीपावली' सुख, समृद्धि और उल्लास का पर्व। तत्पश्चात् मकर संक्रान्ति और गुड़ीपड़वा आदि त्योहारों की अद्‌भुत छटा से हेमन्त भरपूर है। ख़ूब रंग-बिरंगे और सलीकेदार कपड़े पहने की ऋतु है हेमन्त। तरह-तरह के पकवान पेट भर खाये जाने की ऋतु। सबके लिए सेहत बनाने के दिन। पतंगबाज़ी के साथ मौज़मस्ती। और नववर्ष पर नये संकल्पों से जीवन में उत्साह भरने की ऋतु हेमन्त। हेमन्त के सम्पूर्ण वैभव को उभारते हुए कुमार जी लेकर आते हैं, एक विशिष्ट कार्यक्रम 'गीत हेमन्त'। यह कार्यक्रम दिसम्बर माह में इन्दौर के प्रसिद्ध 'रवीन्द्र नाट्य गृह' में सम्पन्न हुआ। इस आयोजन में कुमार जी ने स्वरचित राग 'निन्दयारी' में यहाँ बन्दिश सुनायी थी—'शरद, हेमन्त, शिशिर यों ऋतु मिल संवाद...।'

अब रह गया 'गीत बसन्त'। ऋतुराज बसन्त। ग्रीष्म ऋतुओं के सम्मिलित पर्वों का परिचय कुमार जी ने अपने कार्यक्रम 'गीत बसन्त' में प्रस्तुत किया। ऋतुराज के आगमन की तिथि 'बसन्त पंचमी'। साहित्य संगीत और कला की आधिष्ठात्री माँ सरस्वती के पूजन का दिन 'बसन्त पंचमी' शुभ्र वस्त्रधारिणी श्वेत कमल पर विराजमान। हाथ में वीणा लिये। सौम्य मुस्कान के साथ माँ सरस्वती का रूप दर्शन अपने आप में आशीर्वाद है। कौन न इस मुस्कराहट पर मर मिटे। कौन न इनकी कृपा से इनके सामने झुक-झुक जाये। इस्लामिक परम्परा में संगीत वर्जित है परन्तु भारत और भारत के बाहर मुस्लिम संगीत साधकों की लम्बी फ़ेहरिस्त है। लाख उन पर दबाव बनाये जायें कि आप अपनी कला में से देवी-देवताओं के नाम हटा दें। पर किसी ने हटाये ? नहीं। यह संगीत सरिता है, जिसकी मूल स्रोत माँ सरस्वती हैं। सब उनकी शरण में जाना चाहते हैं। उनकी कृपा के बिना हमारी कला कैसे पल्लवित होगी ? कैसी खिलेगी ? उनकी जन्म जयन्ती से शुरू होता है, ऋतुराज बसन्त का आगमन। बसन्त सबके लिए उत्साहवर्धक है। प्राणी मात्र के लिए। मनुष्य ही नहीं पशु, पक्षी, पेड़, पौधे, फूल, पत्ते सबके लिए है बसन्त। कवि पद्माकर के शब्दों में 'कूलन में, केलिन में, कछारन में, कुंजन में, बनन में, बागन में बगर्‌यो बसन्त है।' ऐसे ऋतुराज

के स्वागत के साथ शुरू होती कुमार द्वारा तैयार 'ऋतु संगीत' शृंखला की आख़िरी कड़ी : 'गीत बसन्त'।

यह कार्यक्रम बम्बई की 'अनूप' संस्था द्वारा आयोजित किया गया। ग्रीष्म ऋतुओं के इस युग्म में तीज-त्योहारों की बहुलता है। सबसे पहले तो बसन्त पंचमी। माँ की पूजा-अर्चना का दिन। उनसे वरदान माँगने का दिन। तत्पश्चात् शिवरात्रि का पर्व। भगवान आशुतोष की पूजा-अर्चना का दिन। ये वही शिव हैं, जिन्होंने अनियन्त्रित काम को जलाकर भस्म कर दिया था। यहाँ यह चेतावनी है कि आगे मदनोत्सव में तुम बहक मत जाना, अनियन्त्रित न हो जाना। सब तरह की ख़ुशियाँ जीवन में ज़रूरी हैं परन्तु नैतिक मूल्यों की बलि देकर नहीं। भगवान शिव, औघड़दानी हैं। पल में नाराज़ हो जाते हैं और पल भर में अति प्रसन्न। फिर वे वरदानों की वर्षा करने में नहीं चूकते। ऐसे भगवान शिव से आशीर्वाद लेकर आगे बढ़ो। बसन्तोत्सव अर्थात् गाना, बजाना, मदमाता होली का त्योहार। होलिका जलाने आयी थी भक्त प्रह्लाद को। ख़ुद जलकर राख हो गयी। लोग अब भी होलिका जलाते हैं। बुरे भाव, दुष्टता, छलकपट, सबको जला दिया होलिका के रूप में हमने और भक्ति भाव को बचा लिया, प्रह्लाद के रूप में। फिर अगले दिन हमने याद किया। प्रेम के परम प्रतीक राधा-कृष्ण को। 'होरी खेलत हैं गिरधारी। छैल-छबीले नवल कान्ह संग, श्यामा प्राण पियारी।'

होली एक सामाजिक त्योहार है। इसमें पूरा समाज सम्मिलित होता है। क्या राजा, क्या प्रजा। क्या छोटा, क्या बड़ा। स्त्री-पुरुष, बच्चे इस त्योहार में एक साथ सम्मिलित हैं। आज कोई साधारण जन राजा के मुँह पर रंग लगा भी सकता है और उनका रंग उतार भी सकता है। होली पर तो गालियाँ देने का चलन। गाली माने उलाहना। किसी को भी पानी-पानी कर देने का चलन। कोई बुरा नहीं मानता। जब इतनी छूट है इस पर्व में तो गोपियाँ भला क्यों न अपने आराध्य को गालियाँ सुनायें। 'गीत बसन्त' कार्यक्रम में कुमार जी ने 'गारी' शीर्षक से ही लोक-धुन में एक लाजवाब बन्दिश पेश की—

आवो री गावो तुम गावो री गारी तुम
देवो री गारी तुम, मोहन को जी जी
लाज धरी छपरन के ऊपर, आप भये हैं अधिकारी

फागुन में देवो री गारी तुम, मोहन को जी जी

होलिकोत्सव के बाद आता है मर्यादा पुरुषोत्तम श्रीराम का जन्मदिन। अर्थात् रामनवमी का पर्व। राम मिले-जुले हैं, सगुण भी और निर्गुण भी। तुलसी के राम, दशरथनन्दन श्रीराम हैं। वे मर्यादा पुरुष हैं। माता-पिता, भाई-बहन, पत्नी सबके प्रति अपने कर्तव्य द्वारा एक आदर्श उपस्थित करने वाले श्रीराम। वहीं कबीर के राम निर्गुण हैं। जो सबके भीतर रमा हुआ है, वह एक तत्त्व जानने लायक है, जिसे जानकर और कुछ जानने लायक नहीं रह जाता। ये हैं कबीर के राम। सबके भीतर रमे हुए श्रीराम। कुमार राम का प्रकट और अप्रकट भाव समझ रहे हैं। वे तुलसी को भी गाते हैं और कबीर को भी।

इस प्रकार कुमार गन्धर्व द्वारा ऋतु संगीत की यह श्रृंखला पूरी होती है। इसकी अपार सफलता के कई कारण हैं। वैसे भी हमारा शास्त्रीय संगीत ऋतु और समय प्रधान है। संगीत शास्त्र में कौन राग किस ऋतु में किस समय गाया जाना चाहिये, इस पर विस्तृत चर्चा है। कुमार साहब शास्त्र की इस धारणा का बहुत हद तक पालन करते थे। सबसे पहले तो वे मंच पर अपने बैठने के लिए दिशा निर्धारण करते हैं। दक्षिणोन्मुखी होकर उन्होंने कभी नहीं गाया। कहते हैं दक्षिण में यम का निवास है अर्थात् काल का, मृत्यु का। वे जीवन को अपना गान सुनाना चाहते हैं, मृत्यु को नहीं। मृत्यु क्या है, समाप्त सब कुछ। आकाशवाणी में वे यदि कोई राग रिकॉर्ड करा रहे होते तो उसी समय वहाँ जाना पसन्द करते, जो समय उस राग गायन के लिए शास्त्रसम्मत है। यथासम्भव वे रागों को उनके समयानुसार ही गाना पसन्द करते। इस प्रकार ऋतु संगीत श्रृंखला में उन्होंने मौसम और समय का ख़याल रखने की पूरी कोशिश की। सामाजिक परिवेश, परम्पराएँ और पर्वों का वृहद् वर्णन हमारे लोकसंगीत में भरा पड़ा है। कुमार जी ने इस ख़ज़ाने में से बहुत कुछ लिया, उसे सजाया, सँवारा और आत्मसात् किया। ऋतु संगीत श्रृंखला में कुमार जी ने लोकसंगीत का भरपूर उपयोग किया। शास्त्र के ज्ञाता वे थे ही। नये प्रयोगों में उनका गहन विश्वास था। लोकगीत और लोकसंगीत के खजाने ने उन्हें और समृद्ध किया। इस श्रृंखला में कुमार जी द्वारा किये गये प्रयोगों को ख़ूब सराहना मिली।

वे लगातार अपनी गायकी और लेखन को विस्तार दे रहे थे। उनका

'अनूप राग विलास' नामक ग्रन्थ प्रकाशित हो चुका था, जो उन्होंने अपनी प्रेरणा 'भानुमती' को समर्पित किया। उन्हें विभिन्न शैक्षणिक संस्थाओं में संगीत पर बोलने के लिए बुलाया जाता। वे बड़ी मेहनत से अपना पर्चा तैयार करते और नये सीखने वालों को कई महत्त्वपूर्ण बातें बताते। उनके अनुसार एक सच्चे संगीत साधक को संगीत के सभी रूपों से समान प्यार होना चाहिये। ध्रुपद, ख़याल, तराना, ठुमरी, टप्पा, भजन, ग़ज़ल और लोक संगीत—ये संगीत के विविध रूप हैं, सबका अपना-अपना महत्त्व है। संगीत वही श्रेष्ठ है, जो श्रोता के भीतर उतर जाये। जिसे सुनकर श्रोता का मन खिल उठे। इस प्रकार हमें संगीत सब रूपों में संगीताभ्यास करना चाहिये। कुमार जी ज़्यादा रियाज़ करते रहने के पक्षधर नहीं थे। वे संगीत को, उसमें निहित साहित्य को अच्छी तरह समझकर आत्मसात् करने के हिमायती थे। उन्होंने ठुमरी और टप्पा गायन में भी अपनी शैली विकसित की। ठुमरी, टप्पा और तराना गाने का एक उन्होंने क्रम बनाया। इस तरह के उनके कार्यक्रम ख़ूब पसन्द किये गये। तरानों का उनके पास बड़ा भण्डार था। एक कार्यक्रम उन्होंने सिर्फ़ तरानों पर केन्द्रित किया।

कुछ दिनों पश्चात् कुमार जी के जीवन में एक भीषण कुठाराघात हुआ—पुत्रवधू श्रीमती स्नुषा की आपघाती मृत्यु। यह दुर्घटना मानसिक रूप से वे बर्दाश्त नहीं कर पाये। वे अन्दर से पूरी तरह हिल गये। सबसे मिलते-जुलते थे। बातचीत करते थे। कार्यक्रम देने भी जाते थे। परन्तु मन कहीं और रहता था। जो उनके बहुत निकट थे, वे उनकी इस स्थिति को समझ रहे थे और अन्दर से डर भी रहे थे कि कुमार जी को कहीं कुछ हो न जाये। उनके चाहने वालों ने बहुत उपाय किये कि कुमार जी सामान्य हो जायें। इसके लिए एक बार उन्हें इन्दौर में एक संत नाना ताराणेकर के पास भी ले जाया गया। साधु तो स्वयं दूसरे जगत् के प्राणी होते हैं। साधु समागम से कुमार का निर्गुणी भाव और प्रबल हुआ।

कुमार अपनी स्थिति जान रहे थे। अब उन्हें दूसरी दुनिया की याद आने लगी थी। इन दिनों उनका मन भक्ति संगीत में ज़्यादा रमने लगा था। उन्होंने सूर, तुलसी, मीरा, कबीर और तुकाराम को ख़ूब पढ़ा और इन पर अपने संगीत कार्यक्रम केन्द्रित किये। उन्होंने देखा कि लोक संगीत में 'भक्ति भाव' का बड़ा महत्त्व है। गाँव का एक साधारण लोक-गायक अपनी

आंचलिक भाषा में अक्सर कितनी बड़ी बात गा जाता है। उसकी वह बड़ी बात सहज-ग्राह्य होती। हम लोग कभी बड़े-बड़े सम्मेलन करके भी वह बात स्थापित नहीं कर पाते जो गाँव का एक लोक-गायक मन्दिर की सभा में बैठकर लोकजीवन में सहजता से स्थापित कर जाता है। कुमार जी लोक संगीत को भलीभाँति जानते-समझते थे। उन्होंने 'मालवा की लोकधुनें' नामक एक कार्यक्रम भी संयोजित किया और लोगों को बताया कि जिस लोक संगीत की सम्पदा को आप शास्त्रीयता से बाहर किये हुए हो उसमें कितनी गूढ़ता और विविधता है। इस कार्यक्रम में उन्होंने चौबीस लोकधुनों को प्रस्तुत करते हुए लोगों को एक नये और विशाल संगीत जगत् से परिचित कराया, जो उनके बिलकुल आसपास पसरा हुआ था।

भक्ति संगीत की शृंखला में 'त्रिवेणी' कार्यक्रम के अन्तर्गत कुमार जी ने 'गोड मल्हार' में गाया—'उठि उठि सखि सब मंगल गायी। प्रकट भयो पूरब तप को फल' जिस प्रकार माँ यशोदा और गोपियों को पूर्व जन्म के तपों का यह फल मिला कि उन्होंने जगतारण को जग में ख़ूब खेलाया और उनके संग ख़ुद खेलीं। क्या इसी प्रकार कुमार जी भी पूर्वजन्मों का तप लेकर हमें उसका पुण्य लाभ देने आये थे। 'अरुण आके किरण रंग फेंक्यो।' उन्हीं दिनों कुमार जी का भक्ति संगीत में एक प्रसिद्ध कार्यक्रम और हुआ—'तुकाराम दर्शन' यह कार्यक्रम भी ख़ासा लोकप्रिय हुआ।

अब तक कुमार गन्धर्व को डाक्टर ऑफ़ म्यूज़िक, महाराष्ट्र समाज देवास तथा देवास नगरपालिका द्वारा मान पत्र, विक्रम विश्वविद्यालय उज्जैन द्वारा डाक्टर ऑफ़ लेटर्स, मध्य प्रदेश सरकार द्वारा कालिदास सम्मान, शिखर सम्मान, संगीत नाटक अकादेमी द्वारा पुरस्कार, कर्नाटक संघ इन्दौर द्वारा सम्मान, उस्ताद हाफ़िज़ अली ख़ाँ सम्मान और भारत सरकार द्वारा पद्मविभूषण की उपाधि से नवाज़ा गया।

कुमार जी जीवन में निर्गुणी हो चले थे। उन्हें 'कबीर' बहुत भाते। उनके अनुसार कबीर में जीवन का पूरा दर्शन समाहित है। सहज-सरल भाषा में कबीर जग, जीवन और जगत् नियन्ता की सारी बातें खोलकर कह देते हैं। वहाँ सब कुछ आँखिन देखी है। लिखा-लिखी की बात नहीं। कहे कबीर मैं पूरा पाया। कुमार, कबीर में डूबने लगे और उनके वचनों को वे संगीत में शास्त्रीय रूप प्रदान करने में लग गये। कबीर

कहते हैं न—'चाह गयी, चिन्ता गयी, मनुवा बेपरवाह, जिन्हें कुछू नहीं चाहिए वे शाहन के शाह।' कुमार जी की मनोदशा लगभग ऐसी ही हो चली थी—'चाह गयी, चिन्ता गयी...' वे बार-बार कहते कि निर्गुण भजन गाते समय एकान्त भाव व्यक्त होना चाहिये। वे घरेलू महफ़िलों में भी जब कबीर को गाते तो वैराग्यपूर्ण वातावरण उपस्थित कर देते। वे अब कबीर की आत्मा को गा रहे थे। ज़रा उनके द्वारा गाये कबीर के भजन—'उड़ जायेगा हंस अकेला', 'सुनता है गुरु ग्यानी', 'हिरना समझ-बूझ के चरना...' आदि सुनिये और कुमार गन्धर्व के जीवन वैराग्य को समझिये।

कुमार के जीवन का संध्याकाल चल रहा था। उनका अन्तिम कार्यक्रम पुणे के 'सवाई गन्धर्व संगीत समारोह' में सम्पन्न हुआ। वे तेज़ स्वर में निर्गुणिया भजन गाते थे ताकि जगत्-मोह में सोया हुआ प्राणी किसी तरह जाग जाये। कबीर भी तो यही चाहते थे। उन्होंने कबीर का धर्म अपनी संगीत साधना द्वारा पूरी तरह निभाया। वे अब भलीभाँति जान गये थे कि बस चला-चली की वेला है। नये साल १९९२ में इन्दौर के सब मित्रों को बुख़ार में होते हुए शुभकामनाएँ देने गये। जानते थे कि ये अन्तिम मुलाक़ात है। शरीर जर्जर होता जा रहा था। उभरते हुए दमे से वे परेशान थे। वर्ष की शुरुआत से ही देवास में बहुत ठण्ड पड़ रही थी। ११ जनवरी को परिवार वाले उन्हें चेकअप कराने इन्दौर ले गये। कोई भी डाक्टर किसी के मरने की भविष्यवाणी नहीं करता। फिर डॉ. मुखर्जी, जो उनके फैन थे, कैसे कुछ कहते। उन्होंने यही कहा, 'डरिये मत। कुछ ख़ास बात नहीं है। दवा दे रहा हूँ। आप ठीक हो जायेंगे।' कुमार सिर्फ़ मुस्कुराये थे। लौटते समय क्षिप्रा किनारे उन्होंने तम्बाकू वाला पान थूका, जैसे पूरे जीवन को ही थूक दिया हो। १२ जनवरी प्रातःकालीन वेला में उन्होंने यह जगत् छोड़ दिया। मानो उड़ गया हंस अकेला। अपने पीछे वे पत्नी वसुन्धरा जी, ज्येष्ठ पुत्र मुकुल शिवपुत्र, द्वितीय पुत्र यशोवर्धन, नाती भुवनेहा एवं पुत्री कलापनी को छोड़ गये। रेडियो और दूरदर्शन पर श्रद्धांजलियों का ताँता लगा हुआ था। मुझे किशोरी अमोनकर के शब्द याद हैं—'कुमार गन्धर्व, श्रुत्यन्तर दिखा सकते थे। अन्य किसी में ये क्षमता नहीं है।' कवि, लेखक अशोक वाजपेयी ने कुमार गन्धर्व केन्द्रित पूरा एक काव्य संकलन प्रकाशित

करवाया। जिसकी कुछ पंक्तियाँ हैं—

वह आग की गरिमा तक
आकाश की पवित्रता तक
पृथ्वी के शस्य तक
उठता है
अपने रक्त से
अपनी त्वचा से
अस्थियों-मज्जा से
अपने एक फेफड़े से
अपनी आवाज़ से अपने गान से अपने नाम से।

मोरी तुम सँग लागी रटना

श्री कृष्णराव मुजुमदार

मोरी तुम सँग लागी रटना
श्री कृष्णराव मुजुमदार

देवास, जैसा कि नाम से ही स्पष्ट है—देवताओं का वास। इस भूभाग का नाम देवास कैसे हुआ? यह तो शोध का विषय है। शायद माँ चामुण्डा देवी ने जब से यहाँ की एक टेकरी पर अपना निवास बनाया और आज भी वे यहाँ स्थित हैं, जिस समय उन्होंने अपने निवास के लिए यह स्थान चुना होगा, तब से उनकी आराधना के लिए विभिन्न देवी-देवता भी यहाँ आकर बस गये होंगे। मेरे अनुसार उसी समय से यह स्थान देवास कहलाया होगा। वैसे भी यह स्थान पवित्र क्षिप्रा नदी के किनारे स्थित है। नदियों के किनारे देवताओं के वास होने की कथा पुरानी है। इसे आधार मानें तो भी इस स्थान पर देवताओं के निवास की बात की पुष्टि होती है। कालान्तर में यहाँ साधु-सन्तों के आश्रम बनते चले गये। इनमें शीलनाथ महाराज का नाम बहुत प्रसिद्ध है। आपका आश्रम भक्तों के लिए आश्रय-स्थल की तरह था। नाथपन्थियों का यहाँ लगातार आना-जाना बना रहता। इस प्रकार भक्ति संगीत यहाँ की फिज़ाओं में हमेशा गुंजायमान रहता था।

देवास नगर राज-परिवार की छोटी-सी रियासत थी। यहाँ की बड़ी पाँत में एक मध्यमवर्गीय मुजुमदार परिवार रहता था। परिवार के मुखिया श्री गोपाल राव मुजुमदार राज्य के लेखा विभाग में एक छोटी-सी नौकरी

किया करते थे। उन दिनों संयुक्त परिवार का ज़माना था। परिवार के मुखिया की छोटी-सी नौकरी और कुटुम्ब बड़ा। भरण-पोषण मुश्किल से हो पाता था। गनीमत है कि महाराज की तरफ़ से परिवार को कुछ कृषि योग्य भूमि प्रदान की गयी थी, जिससे सबका पेट भरने भर को अनाज प्राप्त हो जाता था। उस समय यदि पेट की चिन्ता मिट गयी तो मानो अब कोई चिन्ता ही नहीं रही। छोटे से घर में भी उन दिनों बहुत सारे लोग आपस में मिल-जुल कर रह लेते थे। किसी की ज़्यादा महत्त्वाकांक्षाएँ न थीं।

श्री गोपाल राव जी के यहाँ बच्चे पैदा होते और ज़्यादा दिन न जीते। यह चिन्ता उन्हें लगातार परेशान करती। जन्माष्टमी के निकट २० अगस्त, १९०७ को उनके यहाँ एक बालक ने जन्म लिया। पिता चिन्तित थे कि पता नहीं बालक कितने दिन जियेगा। उन्हीं दिनों नगर में स्वामी मुक्तानन्द महाराज का आगमन हुआ। गोपाल राव जी उनके दर्शन के लिए पहुँचे। जब उन्होंने राव से उनकी कुशलक्षेम पूछी, तब उन्होंने दुखी मन से कहा, घर में पाहुन आया है। स्वामी जी ने हँसकर कहा, पाहुन नहीं, घर का उद्धारक आया है। जन्माष्टमी का समय है। कृष्ण जन्म के समय भी मौत का ख़तरा सामने था। जन्म लेने के पहले ही उनको मारने की तैयारी थी। काली अँधेरी रात। घनघोर बारिश। कृष्ण को माँ का दूध नहीं मिला, जो जीवनदायिनी होता है और पैदा होते ही यात्रा शुरू हो गयी। वहाँ गोकुल में भी बचपन से ही उसे मारने की लाख कोशिशें होती रहीं। परन्तु, वह नहीं मरा और जगत् का उद्धारक बना श्रीकृष्ण। ऐसे ही तुम्हारे घर में जो बालक आया है, लाख बाधाएँ आयें वह नहीं मरेगा और एक दिन तुम्हारे कुल का उद्धार करेगा। उसके नाम से तुम्हारे कुल की पहचान होगी इसलिए तुम उसका नाम कृष्ण ही रखो।

गोपाल राव जी स्वामी जी का आशीर्वाद लेकर घर आये और अपने नवजात शिशु का उन्होंने नामकरण किया—कृष्णराव मुजुमदार। कई प्रतिकूल परिस्थितियाँ आयीं और लगा कि बालक अब नहीं जियेगा। बचपन में कई बार कृष्णराव को बीमारियों ने आ घेरा। माँ-बाप निराश हुए। परन्तु स्वामी जी का आशीर्वाद उनका सम्बल बना रहा। बालक कृष्णराव सारी बाधाओं को जीतता हुआ बड़ा होने लगा। माँ-बाप को

ख़ुशी हुई कि बालक हर बीमारी से उबरकर स्वस्थ और सानन्द है। बचपन खेलकूद और शैतानियों का होता है, ये सब बातें कृष्णराव में भी थीं। वे ख़ूब खेलते और शैतानियाँ करते परन्तु जैसे ही उनके कानों में बीन के स्वर सुनायी देते कि वे उस ओर खिंचे चले जाते। मोहल्ले में उनके घर से थोड़ी दूर एक बाबू ख़ाँ रहते थे। बहुत बढ़िया बीन बजाते। बच्चे जब खेल रहे होते तब उनका बीन बजाने का समय होता। वैसे तो वे समय-बेसमय कभी भी बीन बजाने लगते थे परन्तु सुबह-सुबह बीन के स्वर छेड़ने की उनकी विशेष आदत थी। यदि उस समय बालक कृष्णराव खेल रहे होते, तो खेल छोड़कर वे आ बैठते बाबू ख़ाँ के पास। माँ कभी दूध लेने उन्हें गली में भेजती तो वे दूध लाना भूलकर बाबू ख़ाँ के निकट बैठकर बीन सुन रहे होते। घण्टे-दो घण्टे बाद उन्हें वहाँ से पकड़कर घर लाया जाता और दूध न लाने के लिए डाँट भी पड़ती थी।

कृष्ण के एक बड़े भाई थे हलधर। वे हमेशा उनकी शैतानियों को घरवालों के सामने झूठ बोलकर उन्हें बचा लिया करते थे। इसी प्रकार कृष्णराव की शैतानियों पर पर्दा डालने के लिए हलधर की तरह उनके भी एक बड़े भाई थे प्रभाकर मुजुमदार। वे कृष्णराव के संगीत प्रेम से भलीभाँति परिचित थे। उन्हें भी संगीत से बेहद लगाव था। अब किसी भी निम्न-मध्य परिवार में माँ-बाप ये कैसे पसन्द करेंगे कि पढ़ने-लिखने की उम्र में उनके बच्चे किसी के यहाँ बीन सुनते हुए बैठे रहें। मन्दिरों में कभी भजन गा लिये, सुन लिये। कभी-कभार किसी सार्वजनिक कार्यक्रमों में किसी नामी कलाकार को सुन लिया। बस। इससे ज़्यादा गाना-बजाना आम परिवारों में उन दिनों पसन्द न किया जाता था। घर में रेडियो भी बड़ों की उपस्थिति में बच्चे नहीं सुन पाते थे। उन्हें तो निरन्तर अपनी किताबों में ध्यान लगाने के लिए कहा जाता था। ऐसी स्थिति में दोनों बच्चों पर समय-असमय बाबू ख़ाँ के यहाँ जाते रहने में रोक लगायी गयी। हालाँकि पिता श्री गोपालराव मानते थे कि बच्चे बीन ही सुन रहे हैं कोई ग़लत काम नहीं कर रहे। परन्तु, बच्चों की माँ को इस प्रकार बच्चों द्वारा समय की बर्बादी ठीक नहीं लगती थी। वे यदा-कदा अपने पति से इसकी शिकायत किया करती थीं। पिता मौन रह जाते। उनके इस मौन में बच्चों का बीन सुनते रहना स्वीकार्य भी था और

इनकार भी। कौन नहीं चाहता कि उसके बच्चे ख़ूब पढ़े-लिखें। सभी परीक्षाओं को वे अच्छे नम्बरों से पास करें और बड़े होकर अच्छी नौकरी या अच्छे व्यवसाय में लग जायें।

बड़े भाई प्रभाकर मुजुमदार उस्ताद रजब अली ख़ाँ साहब के शिष्य हुए और ज़्यादातर वे उन्हीं की संगत में समय बिताने लगे। रजब अली ख़ाँ साहब का मुजुमदार परिवार में ख़ूब आना-जाना था। उनका उस परिवार में बड़ा मान-सम्मान था। बालक कृष्ण राव यह सब बचपन से देखते आये थे। मन में कई बार इच्छा होती कि रजब अली ख़ाँ साहब की तरह ही एक बड़ा गायक बना जाये परन्तु ख़ाँ साहब की माली हालत से भी कृष्णराव परिचित थे। अत्यन्त गुणी कलाकार होने के बावजूद ख़ाँ साहब अपने परिवार सहित बहुत ग़रीबी में अपने दिन बिता रहे थे।

कृष्णराव को जीवन में कुछ बनना था। एक बड़ा गायक, साथ ही ग़रीबी के अभिशाप को भी वे मिटाना चाहते थे। उन्होंने अपनी पढ़ाई में ध्यान लगाया। समय निकालकर वे अपना संगीत का शौक़ भी पूरा करते रहे। वे अपनी सारी परीक्षाएँ अव्वल नम्बरों से पास होते जा रहे थे। उधर शहर में गणेश उत्सवों और दुर्गा उत्सवों की धूम रहती। कृष्णराव अपनी मण्डली के साथ इन कार्यक्रमों में बढ़-चढ़कर भाग ले रहे थे। यहाँ उनके सखाओं में विष्णु चिंचालकर भी थे, जो बाद में प्रसिद्ध चित्रकार हुए। इस प्रकार कृष्णराव अपनी पढ़ाई में और संगीत साधना में साथ-साथ आगे बढ़ रहे थे। वहाँ स्कूल में अच्छे नम्बरों से पास होने में उनके शिक्षक उनके उज्ज्वल भविष्य की कामना करते। यहाँ स्थानीय संगीत कार्यक्रमों में कृष्णराव को गाते हुए देखकर उनके बड़े भाई प्रभाकर मुजुमदार उनमें भविष्य के एक बड़े कलाकार को देख रहे थे। अब तक घर की परिस्थितियों को देखते हुए कृष्णराव को यह महसूस होने लगा था कि उन्हें पढ़-लिखकर किसी बड़ी नौकरी में जाना चाहिये। संगीत के शौक़ को कैरियर के रूप में अपनाना उनके लिए ठीक नहीं होगा। हालाँकि संगीत के प्रति उनका शौक़ दीवानगी की हद तक था। रजब अली ख़ाँ साहब को सुनते हुए वे किसी दूसरी दुनिया में चले जाते थे। उनके कारण शहर में हिन्दुस्तान-भर के नामी कलाकार आया करते थे। उन्हें सुनने और समझने का अवसर कृष्णराव को यहाँ निरन्तर मिल रहा था। फिर बड़े भाई प्रभाकर मुजुमदार तो थे ही, वे रजब अली ख़ाँ साहब

के गण्डाबँध शिष्य हो चुके थे। वे कृष्णराव को प्रायः शास्त्रीय संगीत की बारीकियाँ समझाया करते थे।

इण्टर की परीक्षा कृष्णराव ने प्रथम श्रेणी में डिस्टिंकशन नम्बरों के साथ उत्तीर्ण की। आगे की पढ़ाई के लिए वे बाहर जाना चाहते थे। पिता श्री गोपाल राव की तनख़्वाह मात्र तीस रुपये माहवार थी, जिसमें उन्हें पूरे परिवार का पालन-पोषण करना पड़ता था। पिता ने बहुत हिम्मत करके कहा, 'कृष्णा, मैं तुम्हारी पढ़ाई के लिए अपनी आधी तनख़्वाह प्रतिमाह तुम्हें भेज सकता हूँ। तू हिम्मत न हार और आगे पढ़ाई की योजना पर अमल कर।' पिता की बात सुनकर कृष्णराव की आँखों में आँसू आ गये। कृष्णराव ने तत्कालीन देवास महाराज के पास अपनी उच्च शिक्षा के लिए वजीफ़ा प्रदान करने की एक दरख़्वास्त पेश की। महाराज ने मालूम किया कि छात्र पढ़ाई में कैसा है? स्कूल से जब उनकी बहुत अच्छी रिपोर्ट आयी तब उन्होंने कृष्णराव के लिए उचित वजीफ़ा स्वीकृत कर दिया। इस प्रकार कृष्णराव इंजीनियरिंग की शिक्षा प्राप्त करने के लिए लखनऊ चले गये।

देश में इंजीनियरिंग की शिक्षा के लिए कई शिक्षण संस्थाएँ थीं परन्तु कृष्णराव ने लखनऊ इंजीनियरिंग कॉलेज का चुनाव इसलिए किया कि वे वहाँ रहते हुए अपना संगीत शौक़ भी आगे बढ़ा सकते थे। उन्हें मालूम था कि लखनऊ में श्री रातंजनकर द्वारा संचालित प्रसिद्ध 'मॉरिस म्यूज़िक कॉलेज' है। एक ओर उन्होंने इंजीनियरिंग कॉलेज में एडमिशन लिया दूसरी ओर उन्होंने 'मॉरिस म्यूज़िक कॉलेज' की रात्रिकालीन कक्षाएँ ज्वाइन कर लीं। अब दिन में इंजीनियरिंग की पढ़ाई करते और शाम-रात में संगीत सीखने जाते। वे इंजीनियरिंग के लिए संगीत को नहीं छोड़ सकते थे और संगीत के लिए इंजीनियरिंग को भी नहीं छोड़ सकते। उन्हें दोनों तरह की विधाओं में पारंगत होना था। उन्होंने कई बड़े कलाकारों को बहुत आर्थिक तंगी में देखा था। कार्यक्रम मिले तो ठीक न मिले तो फाकामस्ती। इस तरह की जीवन शैली उन्हें कभी रास नहीं आयी। नौकरी के लिए इंजीनियरिंग की शिक्षा और आत्मिक सुख के लिए संगीत शिक्षा, यह धारणा उनके मन में अच्छी तरह पैठ गयी थी। इस प्रकार जीवन में दो नावों पर सवारी करना कठिन होता है, परन्तु उन्होंने उसे सहजता से किया। ऐसा वे इसलिए कर पाये क्योंकि समय के सही

नियोजन को अच्छी तरह जानते थे। समय भी एक तरह का धन है और इसे व्यर्थ की बातों में गँवाना, सबसे बड़ी मूर्खता है। उन्होंने अपने समय नियोजन की एक रूपरेखा बनायी। हर हालत में, किसी भी मौसम में वे सुबह पाँच बजे उठ जाते, तैयार होकर कॉलेज जाने के पूर्व तक जमकर इंजीनियरिंग की पढ़ाई करते। कॉलेज से छूटते ही उसी शाम और सोने के पूर्व तक रात का समय संगीत के लिए समर्पित होता। वे कहते, संगीत मन को शान्त करता है। वह मन को इधर-उधर भटकने नहीं देता। उससे मन की एकाग्रता बढ़ती है। इस प्रकार संगीत को उन्होंने मानसिक संयम के रूप में अपनाया। इससे उन्हें अपनी इंजीनियरिंग की पढ़ाई में भी बहुत सहयोग मिला। रात में गाने-बजाने के बाद जब वे सोने जाते तो उन्हें गहरी मीठी नींद आती। यह संगीत का ही कमाल था। युवा काल में, जब मन भटकने के ख़तरे ज़्यादा रहते हैं, तब संगीत ने उन्हें अपना मानसिक सन्तुलन बनाये रखने में बहुत मदद की।

पिता से उन्हें पन्द्रह रुपये माहवार मिल रहे थे। इसमें पाँच रुपये उनके निवास का किराया, पाँच रुपये मेस में खाने का ख़र्चा और शेष रुपये ऊपर के ख़र्चों के लिए रखते। अत्यन्त मितव्ययिता के साथ वे अपना छात्र जीवन बिता रहे थे। वे यह बात अच्छी तरह जानते थे कि अच्छे नम्बरों से इंजीनियरिंग की परीक्षा पास होगी तभी उन्हें नौकरी मिल पायेगी। इसी प्रकार संगीत में कुशलता पाने के पश्चात् ही सच्चा आत्मिक सुख प्राप्त हो सकेगा। उन्हें दोनों ही चाहिये था, इसलिए वे दोनों कर्मों में जी-जान से जुटे हुए थे। इण्टर में वे बहुत अच्छे नम्बरों से पास होकर आये थे। इसी प्रकार वे उज्जैन से ग्वालियर घराने के प्रसिद्ध संगीतज्ञ भास्कर राव खण्डेपारकर से संगीत की प्रारम्भिक शिक्षा प्राप्त करके यहाँ आये थे। दोनों क्षेत्रों में उनकी नींव बहुत मज़बूत थी। इंजीनियरिंग कॉलेज में वे मेधावी छात्रों में गिने जाते थे। इधर म्यूज़िक कॉलेज की ओर से वे विभिन्न शहरों में संगीत प्रतियोगिताओं में भाग लेने जा रहे थे। एक बार ऐसी ही एक संगीत प्रतियोगिता में भाग लेने के लिए वे इलाहाबाद पहुँचे। इस प्रतियोगिता में देश के जाने-माने गायक उस्ताद अब्दुल करीम ख़ाँ साहब निर्णायक थे। सभी प्रतियोगियों को क्रमशः स्टेज पर गाने के लिए दस मिनट का समय निर्धारित किया गया था। कृष्णराव ने दस मिनट में जब अपना

गायन समाप्त करना चाहा, अब्दुल करीम ख़ाँ साहब बोले, बेटे और गाओ। तुम बहुत अच्छा गा रहे हो। इस प्रकार कृष्णराव ने उस प्रतियोगिता में और गाया तथा ख़ूब खुलकर गाया। कहने की ज़रूरत नहीं कि उस प्रतियोगिता में कृष्णराव को सर्वश्रेष्ठ गायक के रूप में पुरस्कृत किया गया।

लखनऊ इंजीनियरिंग कॉलेज में पढ़ते हुए अपने प्राध्यापकों और वरिष्ठ इंजीनियरों से उनके मित्रवत् आत्मीय सम्बन्ध रहे। सबने उन्हें भरपूर सहयोग प्रदान किया। उनके प्राध्यापकों की सलाह थी कि इंजीनियरिंग क्षेत्र में आगे बढ़ने के लिए किसी विषय विशेष में तुम्हें विशेषता हासिल करनी होगी। यह बात उन्होंने अपनी गाँठ में अच्छी तरह बाँध ली। इसी तरह मॉरिस म्यूज़िक कॉलेज के दिनों में उनकी मुलाक़ात प्रसिद्ध वायलिन वादक श्री बी.जी. जोग से हुई। उन्होंने पण्डित कृष्णराव को समझाया कि संगीत में महारत तो किसी के गण्डाबँध शिष्य होने के बाद ही प्राप्त होती है। यह बात भी कृष्णराव ने अपनी गाँठ में बाँध ली।

बाद में इंजीनियरिंग में आर्किटेक्चर की पढ़ाई के लिए कृष्णराव बम्बई गये। संगीत में कुशलता हासिल करने के लिए वे उस्ताद रजब अली ख़ाँ के गण्डाबँध शिष्य हुए। यह बात जानने योग्य है कि उस्ताद अमीर ख़ाँ साहब भी रजब ख़ाँ से सीख रहे थे, परन्तु वे उनके गण्डाबँध शिष्य कभी नहीं हुए। इसी प्रकार पण्डित कुमार गन्धर्व और गोकुलोत्सव महाराज रजब अली ख़ाँ साहब की गायकी से अत्यन्त प्रभावित रहे परन्तु इनमें से कोई उनके गण्डाबँध शिष्य नहीं हुए। यह गौरव कृष्णराव मुजुमदार को प्राप्त हुआ, जिस पर वे हमेशा गर्व करते रहे। बम्बई पहुँचकर सबसे पहले कृष्णराव ने इंजीनियरिंग कॉलेज के आर्किटेक्चर विभाग में एडमिशन लिया। लखनऊ से वे अपने चार वर्षीय इंजीनियरिंग कोर्स में अच्छे नम्बरों से पास होकर बम्बई आये। इसलिए आर्किटेक्ट संकाय में उन्हें आसानी से दाख़िला मिल गया। इसके साथ ही उन्हें अब एक अच्छे म्यूज़िक कॉलेज की ज़रूरत थी। और वे ऐसी जगह निवास बनाना चाहते थे, जहाँ से उनका इंजीनियरिंग कॉलेज और म्यूज़िक कॉलेज दोनों पास हों।

बम्बई में उन दिनों 'देवधर स्कूल ऑफ़ इण्डियन म्यूज़िक' नामक संस्था

संगीत शिक्षा के लिए सर्वाधिक प्रतिष्ठित मानी जाती थी। बस, कृष्णराव ने निर्णय ले लिया कि वे इस संस्था से जुड़ेंगे और बम्बई में रहते हुए अब पण्डित देवधर जी के सान्निध्य में रहेंगे। उन्होंने देवधर संगीत विद्यालय के पास गिरगाँव में एक कमरा किराये पर लिया। यहाँ से उनका इंजीनियरिंग कॉलेज भी नज़दीक था। इस प्रकार उन्होंने म्यूज़िक कॉलेज और इंजीनियरिंग कॉलेज के मध्य में अपना निवास स्थान बनाया। उन्हें इंजीनियरिंग और संगीत दोनों विधाओं में कुशलता हासिल करनी थी। इसके लिए वे पूरी तरह कृतसंकल्प थे।

इंजीनियरिंग की पढ़ाई करते हुए वे पुल, सड़क, बाँध और नहर निर्माण के विषय में जानते थे, यहाँ उन्होंने भवन निर्माण से सम्बन्धित संकाय का चुनाव किया। हालाँकि अपने आर्किटेक्ट विषय के अन्तर्गत वे हर प्रकार के स्ट्रक्चरों की डिज़ाइन, ड्राइंग और स्टीमेटिंग के विषय में विशेष ज्ञान प्राप्त कर रहे थे। ड्राइंग में पहले से ही वे बहुत कुशल थे। यहाँ उन्हें नये-नये स्ट्रक्चरों की डिज़ाइन आदि के विषय में विशेष योग्यता प्राप्त करनी थी। वे अपनी इंजीनियरिंग की पढ़ाई में मन लगाने लगे।

जो दिनचर्या उनकी लखनऊ में थी, वही दिनचर्या उन्होंने बम्बई में भी अपनायी। सुबह पाँच से उठकर शाम को कॉलेज से छूटने तक का समय वे इंजीनियरिंग की पढ़ाई के लिए देते। शाम और रात सोने के पूर्व तक का समय वे संगीत के लिए समर्पित करते। छुट्टियों के दिनों में वे अपने इंजीनियर और संगीतज्ञ मित्रों से मिलते। गपशप करते, फ़िल्म देखते और संगीत समारोहों में सम्मिलित होते।

बम्बई सचमुच कलानगरी है, यह बात उन्होंने बम्बई जाकर ही जानी। एक ओर उन्हें यहाँ अपने इंजीनियरिंग के कोर्स में नयी-नयी बातें सीखने को मिलीं वहीं दूसरी ओर देश के नामी संगीतकारों को निकट से देखने और सुनने के अवसर उनको यहाँ मिले। यहाँ कृष्णराव को बड़े गुलाम अली ख़ाँ, उस्ताद फ़ैयाज़ ख़ाँ, पण्डित मल्लिकार्जुन मंसूर, उस्ताद मंजी ख़ाँ, उस्ताद सिंदे ख़ाँ, मोघूबाई कूर्डीकर, पण्डित राम मराठे, हीराबाई बड़ोदेकर, उस्ताद विलायत ख़ाँ जैसे दिग्गज संगीतकारों की सोहबत का लाभ मिला। वे इन सब कलाकारों को सुन रहे थे। इनसे बातचीत कर रहे थे और इनका आशीर्वाद प्राप्त कर रहे थे। बम्बई प्रवास की सबसे बड़ी उपलब्धि यह हुई कि यहाँ कुमार गन्धर्व जैसा अभिन्न मित्र उन्हें मिला।

कुमार गन्धर्व से उनकी बहुत पटने लगी थी। ये दोनों साथ-साथ रहते। कुमार गन्धर्व तो देवधर जी के साथ उनके घर पर ही रह रहे थे। कृष्णराव रोज़ नियमित रूप से शाम को देवधर जी के कॉलेज पहुँच जाते फिर वहाँ जो भी गुरुओं द्वारा सिखाया जाता, देर रात तक उसका अभ्यास किया करते। प्रायः कुमार जी कृष्णराव को अपना गाना सुनाते और कृष्णराव उनको। फिर दोनों एक-दूसरे की ख़ूबियाँ और कमज़ोरियाँ गिनाया करते। वे एक-दूसरे से सलाह लेकर ही किस कार्यक्रम में क्या गाना है, इसका निर्णय किया करते थे।

उस्ताद अल्लादिया ख़ाँ के बेटे उस्ताद मंजी ख़ाँ कृष्णराव को लखनऊ से जानते थे। वे उनके गायन से प्रभावित भी थे। लखनऊ में एक कार्यक्रम के पश्चात् उन्होंने कृष्णराव से कहा था, जब कभी भी बम्बई आओ तो घर पर मिलने ज़रूर आना। उस्ताद अल्लादिया ख़ाँ और उस्ताद रजब अली ख़ाँ साहब के मतभेद जगज़ाहिर थे। कृष्णराव रजब अली ख़ाँ के शिष्य थे। मंजी ख़ाँ साहब के घर जाकर वे उनसे और उनके अब्बाज़ान से अपने उस्ताद की आलोचना नहीं सुनना चाहते थे। इसलिए बहुत दिनों तक वे मंजी ख़ाँ साहब के घर जाना टालते रहे। बम्बई रेडियो स्टेशन से एक बार जब कृष्णराव का गायन प्रसारित हुआ और मंजी ख़ाँ ने उसे सुना तब रेडियो स्टेशन से उनका पता मालूम कर उन्होंने कृष्णराव को घर आने का सन्देश भिजवाया। कृष्णराव संकोचपूर्वक उनके घर गये। दरवाज़ा मंजी ख़ाँ साहब ने ही खोला। सामने कृष्णराव को देखकर वे अति प्रसन्न हुए। उन्होंने बड़े प्रेम और आदर के साथ कृष्णराव को बैठक में बिठाया और झट अपने अब्बा हुजूर को बुलवाकर उनसे कृष्णराव का परिचय कराया। प्रायः संगीतकारों में जब मुलाक़ात होती तब पहला प्रश्न यही होता है, कहाँ से सीखे हो? कौन है तुम्हारा उस्ताद? कृष्णराव को डर था कि रजब अली ख़ाँ साहब का नाम लेने से कहीं अल्लादिया ख़ाँ साहब का मूड खराब न हो जाये। परन्तु ऐसा कुछ नहीं हुआ। बल्कि रजब अली ख़ाँ साहब का नाम आते ही वे बहुत ख़ुश हुए और बताने लगे—एक ज़माने में तुम्हारे उस्ताद रजब अली ख़ाँ साहब ऐसा गाते थे। कहते हुए उन्होंने ख़ाँ साहब की कुछ रचनाएँ गुनगुनायीं। भविष्य की चिन्ता करते हुए उन्होंने यह भी कहा कि बेटा अभी तुम्हें बहुत सीखना है। संगीत के क्षेत्र में तुम्हें आगे भी शिक्षा लेनी है। क्यों नहीं तुम मंजी ख़ाँ

के गण्डाबँध शिष्य हो जाते। मंजी ख़ाँ साहब ने अपने अब्बा की बात में हाँ में हाँ मिलायी। कृष्णराव इस प्रस्ताव को सुनने के लिए तैयार थे। उन्होंने बिना कोई विलम्ब किये तुरन्त कहा, 'अभी मैं अपने उस्ताद से ही अच्छी तरह नहीं सीख पाया हूँ। मुझे अभी उनसे ही बहुत कुछ सीखना है, इसलिए मैं आपके प्रस्ताव पर बाद में विचार करूँगा।' उनके स्पष्ट मना कर देने के बाद भी मंजी ख़ाँ और उनके अब्बा अल्लादिया ख़ाँ ने कोई बुरा नहीं माना।

इसी प्रकार देवास में ऐसा संयोग हुआ कि अल्लादिया ख़ाँ साहब के इन्तकाल की ख़बर उन्हें ही रजब अली ख़ाँ साहब को बतानी पड़ी। ख़बर सुनते ही वे बहुत दुखी हो गये। उन्होंने उन्हें याद दिलाया कि वे तो आपके परम विरोधी रहे हैं। छूटते ही रजब अली ख़ाँ बोले, 'बेटे, हलवाई से बैर था, उसकी मिठाई से नहीं।' दोनों उस्तादों का बड़प्पन देखकर कृष्णराव हत्प्रभ रह गये।

भले ही कृष्णराव अल्लादिया ख़ाँ के परिवार की शिष्य-परम्परा में नहीं आये परन्तु वे सदा उनकी गायकी के कायल रहे। देश-भर में कहीं भी उनके कार्यक्रम होते तो कृष्णराव अपनी तमाम व्यस्तताओं में से समय निकालकर उनका गाना सुनने ज़रूर जाते थे। बम्बई में बहुत दिनों पश्चात् एक बार अल्लादिया ख़ाँ साहब का एक कार्यक्रम आयोजन हुआ। कृष्णराव उन दिनों इन्दौर में थे। उन्हें कार्यक्रम की सूचना मिली। रेलवे में रिज़र्वेशन नहीं हो पाया। कृष्णराव हर हालत में अल्लादिया ख़ाँ साहब को सुनने बम्बई जाना चाहते थे। अन्ततः वे उनका गाना सुनने हवाई जहाज से बम्बई गये। स्टेज पर ख़ाँ साहब को दो लोग सहारा देकर लाये। उनकी अति वार्धक्य अवस्था देखकर कृष्णराव को पहली बार लगा कि इस उम्र में ये अब क्या गायेंगे? पास में ही पण्डित देवधर जी बैठे हुए थे। उन्होंने अपनी शंका देवधर जी को बतायी थी। देवधर जी बोले, 'अभी उन्होंने गाना शुरू नहीं किया है। पहले उन्हें सुन लो फिर सोचना तब तुम्हें लगेगा कि यदि आज तुम यहाँ नहीं आते तो जीवन में बहुत कुछ खो देते।' सचमुच अल्लादिया ख़ाँ साहब ने जब आलाप लिया तो सुनने वालों के कान खड़े हो गये। राग सावनी में उन्होंने उस दिन जो बन्दिश सुनायी, उसका सुनना एक अद्‌भुत अनुभव रहा। देवधर जी ने बिलकुल ठीक कहा था।

बम्बई में रहते हुए कृष्णराव के व्यक्तित्व का सम्पूर्ण विकास हुआ। एक बात उनमें बचपन से थी, जिसने उनको एक महान् व्यक्ति बनाया, वह बात थी समय का समुचित उपयोग। उन्होंने बचपन से ही अपनी ज़िन्दगी में समय के महत्त्व को जाना और उसका समुचित उपयोग किया। लखनऊ से इंजीनियरिंग का कोर्स करने के पश्चात् वे यहाँ बम्बई में आर्किटेक्चर का विशेष अध्ययन कर रहे थे। यहाँ रहते हुए भी वे अपनी इंजीनियरिंग की पढ़ाई में गुणी छात्रों में शुमार थे। कॉलेज में समय-समय पर भारत के दिग्गज कलाकार आते रहते थे। वे सबसे कुछ न कुछ सीख रहे थे। यहाँ तक कि बम्बई में सर्वाधिक प्रसिद्ध गायिकाओं में अंजनीबाई मालपेकर और मोघूबाई कुर्डीकर के घर जाकर कृष्णराव ने उनके गायन की बारीकियाँ सीखीं। बम्बई में रहते हुए ही कृष्णराव देश के विभिन्न संगीत समारोह में अपनी प्रस्तुतियाँ देने के लिए जाने लगे थे। बम्बई का संगीत जगत् इनके नाम से उस समय ही भलीभाँति परिचित हो चुका था।

इंजीनियरिंग और संगीत में कुशलता के साथ ही कृष्णराव के व्यक्तित्व का एक तीसरा आयाम भी बम्बई में ही उभरकर सामने आता है। उन दिनों पूरे देश में स्वतन्त्रता आन्दोलन का ज़ोर था। इस सिलसिले में महात्मा गाँधी अक्सर बम्बई आते थे। कृष्णराव उनके भाषण सुनने ज़रूर जाते। गाँधी जी की कथनी और करनी में कोई अन्तर न था। वे सत्य के अनन्य पुजारी थे। उनका जीवन ही अपने आप में एक सन्देश था। कृष्णराव इस सन्देश से बहुत प्रभावित हुए। वहाँ उनके व्यक्तित्व पर गाँधी जी की अमिट छाप पड़ी। यहीं रहते हुए उनका अध्यात्म की ओर झुकाव हुआ। वे एक इंजीनियर आदमी और वैज्ञानिक सोच-समझ वाले व्यक्ति थे। किसी दाढ़ी-मूँछ वाले साधु से वे कभी प्रभावित नहीं हुए। उन्हें प्रभावित किया तो इस युग के महान् दार्शनिक जे. कृष्णमूर्ति ने। वे जे. कृष्णमूर्ति की किताबें पढ़ते और बम्बई में जब कभी भी उनके कार्यक्रम आयोजित होते तो उसमें वे ज़रूर जाते। जे. कृष्णमूर्ति का उनके जीवन में बहुत प्रभाव रहा।

एक न एक दिन बम्बई छूटना था। अपनी पढ़ाई पूरी करके वे बम्बई से देवास आ गये। हरदा की कुमुदिनी डगाँवकर से उनका विवाह हुआ। कुमुदिनी जी एक धर्मपरायण, गृहकार्यों में कुशल और संगीत-प्रेमी

महिला थीं। उन्होंने कृष्णराव और उनके परिवार को ख़ूब सम्भाला। कृष्णराव अपने गुरु रजब अली ख़ाँ साहब को बहुत मानते थे। वे हमेशा उनकी आर्थिक मदद भी किया करते थे। कुमार गन्धर्व से तो उनकी गाढ़ी दोस्ती थी। बीमारी के दिनों में कुमार जी ने बहुत समय कृष्णराव के परिवार में रहकर ही बिताया। कृष्णराव के संगीत प्रेम के कारण उनके घर पर अक्सर छोटे-बड़े कलाकार आते ही रहते थे। वहीं उनके इंजीनियर मित्रों का आना-जाना भी कम न था। कुमुदिनी जी ने कभी कृष्णराव से कोई शिकायत नहीं की और अपने पूरे दायित्व प्रसन्नतापूर्वक पूरे करती रहीं।

कृष्णराव जी अब लोककर्म विभाग में सहायक अभियन्ता के रूप में देवास में पदस्थ हुए। देवास नगर के विकास की ज़िम्मेदारी उन्हें सौंपी गयी। वे मन लगाकर अपने कार्यों को आगे बढ़ा रहे थे। उनके अफ़सर और राज-परिवार के लोग उनकी सेवाओं से बहुत प्रभावित थे। उस समय उन्होंने देवास क्षेत्र के विकास में बहुत महत्त्वपूर्ण कार्य किये। सड़कों का निर्माण कार्य चल रहा था। जगह-जगह पुलों का निर्माण भी होना था। शासकीय भवन बनाये जा रहे थे। इन सबमें कृष्णराव की केन्द्रीय भूमिका रहती। वे बम्बई से आर्किटेक्चर इंजीनियरिंग में विशेष योग्यता प्राप्त करके आये थे। उस समय इस तरह की विशेषज्ञता बहुत कम लोगों के पास थी इसलिए कृष्ण राव पर विकास कार्यों को आगे बढ़ाने की बड़ी ज़िम्मेदारी रहती थी। क्षेत्र के सभी डाक बंगले आपके अधीन थे, जिनका रख-रखाव और उनकी पूरी व्यवस्था कृष्णराव को ही देखनी होती थी। क्योंकि समय का उचित प्रबन्धन वे अच्छी तरह जानते थे इसलिए उन्हें अपने कार्यों को पूरा करने में कभी कोई दिक़्क़त नहीं आयी।

बम्बई में रहते हुए कृष्णराव जी ने संगीत जगत् में जो पहचान बनायी थी, उसका अब लाभ मिलने लगा था। आकाशवाणी के बम्बई, नागपुर और इन्दौर केन्द्रों से आपके लिए बुलावा आने लगा। उन दिनों आकाशवाणी में कार्यक्रम प्रस्तुत करना बहुत बड़ी बात होती थी। आकाशवाणी ने कई कलाकारों को राष्ट्रीय पहचान दी। रेडियो सब जगह सुना जाता था। इस पर गाने वाला कलाकार बहुत जल्द ही लोगों में लोकप्रिय हो जाता था। तब आम आदमी से लेकर ख़ास आदमी तक सब लोग रेडियो सुन रहे

थे। इस माध्यम के द्वारा एक बहुत बड़े जनसमूह तक अपनी आवाज़ पहुँचायी जा सकती थी। कृष्णराव को लोग रेडियो पर सुन रहे थे और उनकी गायकी को पसन्द कर रहे थे। बम्बई में रहते हुए देश के ख्यातनाम कलाकारों से उनका अच्छा परिचय हो चुका था। सब उनकी गायकी की प्रशंसा करते थे। धीरे-धीरे उन्हें नेशनल प्रोग्राम मिलने लगे। वे जहाँ कहीं भी जाते उस्ताद रजब अली ख़ाँ के शिष्य के रूप में उनकी पहचान होती।

संगीत के क्षेत्र में कृष्णराव की बढ़ती हुई लोकप्रियता देखकर उनके प्रशंसकों ने उन्हें सरकारी नौकरी छोड़कर पूरे समय संगीत की सेवा करने की सलाह दी। संगीत के प्रति उनका पूरा समर्पण था। कभी-कभार उन्हें भी लगता कि सरकारी नौकरी करते हुए उनका बहुत समय निकल जाता है। संगीत साधना के लिए पर्याप्त समय नहीं मिल पाता। क्यों न इस सरकारी नौकरी से मुक्ति पायी जाये। फिर कई नामी संगीतकारों को बुढ़ापे में भीषण ग़रीबी में जीते हुए देखकर उनकी रूह काँप जाती। उनके उस्ताद स्वयं उन दिनों बहुत ग़रीबी में दिन व्यतीत कर रहे थे। अपने उस्ताद के प्रति कृष्णराव जी की असीम श्रद्धा थी। वे अपनी तनख़्वाह से प्राय: उस्ताद रजब अली ख़ाँ साहब की यथासम्भव मदद किया करते थे। ऐसा करते हुए उन्हें अक्सर लगा करता कि इतना महान् कलाकार और कितनी आर्थिक विपन्नता में जीने के लिए विवश है। वे हर तरह से उनकी मदद करना चाहते थे।

एक बार देवास में उस्ताद रजब अली ख़ाँ साहब के जन्मदिवस पर उनका नागरिक अभिनन्दन करने की कृष्णराव जी ने योजना बनायी। मुख्य अतिथि के रूप में उन्होंने देवास महाराज विक्रम सिंह जी को सादर आमन्त्रित किया। कार्यक्रम के उद्भाषण में ही कृष्णराव जी ने उपस्थित जनसमूह को बताया कि किस प्रकार उस्ताद रजब अली ख़ाँ देवास के गौरव हैं। पूरे शहर में इनके नाम का डंका बजता है। बड़े-बड़े उस्ताद इनका नाम लेते ही अपने कानों पर हाथ रखकर इनका स्मरण करते हैं। देवास की शान बढ़ाने में इनकी पूरी उमर बीत गयी। अब अपने वार्धक्य के दिनों में वे आर्थिक संकट के दौर से गुज़र रहे हैं। राजा साहब से मेरा निवेदन है कि वे किसी भी प्रकार से उनकी मदद करने की कृपा करें। उनकी मार्मिक अपील सुनकर राजा विक्रम

सिंह ने तुरन्त वहीं घोषणा की कि हमारी ओर से उस्ताद रजब अली ख़ाँ साहब को डेढ़ सौ रुपये मासिक पेंशन स्वीकृत की जाती है। यह सुनकर पूरा हॉल तालियों की गड़गड़ाहट से गूँज उठा। ज्ञात हो कि उस समय रियासतों का विलय हो चुका था और यह पेंशन राजा साहब को प्राप्त होने वाले प्रिव्हीपर्स से दी जानी थी, जो जीवन भर उस्ताद जी को उनके द्वारा दी जाती रही। कार्यक्रम की समाप्ति के पश्चात् जब कृष्णराव जी ने रजब अली ख़ाँ साहब के पैर छुए, तब आँखों में आँसू भरकर उन्होंने यही कहा, 'बेटा, आज तुमने सही अर्थों में अपनी गुरुदक्षिणा अदा कर दी।'

देवास में रहते हुए उनके घर पर संगीत जगत् की बड़ी-बड़ी हस्तियाँ आया करती थीं। उनके साथ दस-बीस लोगों का आना और होता है। घर पर ही गाने-बजाने की महफ़िलें सजा करती थीं। सबके लिए चाय और भोजन आदि की व्यवस्था श्रीमती कृष्णराव बड़े उत्साह के साथ किया करतीं। अक्सर तो ज़्यादा रात हो जाने पर सारे कलाकार श्रोता वहीं बैठक में चादर बिछाकर सो जाते। स्वाभाविक है कि घर के सदस्यों को असुविधा तो होती होगी परन्तु घर के किसी सदस्य ने कभी एतराज़ जाहिर नहीं किया। दरअसल, घर के सभी सदस्य संगीत के दीवाने थे। उन्हें इस बात पर ख़ुशी होती कि इतने महान् कलाकार उनके घर की मामूली सुविधाओं पर भी प्रसन्न रहते और दिल खोलकर वहाँ अपनी कला का प्रदर्शन करते हैं।

उन दिनों कोल्हापुर महाराज के सिंहासनारूढ़ होने के अवसर पर लगभग दस हज़ार श्रोताओं के बीच और इसी प्रकार देवास महाराज के राज्याभिषेक के अवसर पर हज़ारों श्रोताओं के सामने दो कृष्णों के बीच ज़बरदस्त युगलबन्दी लोगों के बीच अत्यन्त लोकप्रिय हुई। ये दो कृष्ण हैं, मास्टर कृष्णराव जी और दूसरे देवास के कृष्णराव मुजुमदार। यहाँ से कृष्णराव मुजुमदार का एक सम्बोधन मामा साहब मुजुमदार चल निकला। पहले भी लोग उन्हें आदर से मामा साहब कहते थे परन्तु इन दो कार्यक्रमों में दोनों कलाकार कृष्णराव थे, उनमें फ़र्क़ करने के लिए देवास के कृष्णराव जी की मामा साहब मुजुमदार वाली संज्ञा लोगों की ज़ुबान पर चढ़ी।

उधर बम्बई में कृष्णराव जी के अभिन्न मित्र कुमार गन्धर्व को क्षय रोग

जैसी गम्भीर बीमारी ने घेर लिया। डाक्टरों ने उन्हें किसी ठण्डी जगह में रहने की सलाह दी। देश में कई ऐसी जगहें थीं जहाँ कुमार साहब रह सकते थे। परन्तु, उन्होंने देवास में ही रहने का चुनाव किया। वह इसलिए कि देवास में उनके सर्वाधिक प्रिय कृष्णराव मुजुमदार रह रहे थे। कुमार गन्धर्व को पूरा विश्वास था कि वे कृष्णराव के पास रहकर ही पूर्ण स्वस्थ हो सकते हैं। उनके साथ कृष्णराव का रहना ही कुमार साहब के लिए किसी संजीवनी से कम न था। कुमार अपनी पत्नी भानुमती के साथ बीमार अवस्था में देवास पहुँच गये। कृष्णराव ने प्रसन्नतापूर्वक उन्हें अपने घर में, घर के सदस्य की तरह, रखा। क्षय रोग उन दिनों बहुत गम्भीर बीमारी मानी जाती थी। कहते हैं क्षय रोग से ग्रसित रोगी के पास बैठने से ही वह बीमारी दूसरे को लग सकती थी। पास-पड़ोस के लोगों ने मामा साहब को ख़ूब समझाया कि तुम्हारी छोटी-छोटी बच्चियाँ हैं। सब उनकी बैठक में खेलती रहती हैं। ईश्वर न करे कि किसी को कुछ...इसलिए कुमार साहब की अलग से व्यवस्था करो। मामा साहब ने किसी के कहे की कोई परवाह नहीं की और बड़े जतन से पति-पत्नी दोनों ने कुमार दम्पती की ख़ूब सेवा की।

कुमार साहब ठीक होकर जब किराये के घर में रहने लगे उनके घर पहली सन्तान हुई—मुकुल। दोनों घरों में ख़ूब ख़ुशियाँ मनायी गयीं। कुमार साहब कृष्णराव को और कृष्णराव कुमार साहब को ख़ूब मानते थे और एक-दूसरे पर अटूट विश्वास रखते थे। कुमार साहब को किसी कार्यक्रम का कोई निमन्त्रण मिलता तो पहले वे कई बन्दिशें कृष्णराव को सुनाते और उनसे सलाह लेते कि फलाने कार्यक्रम में कौन-सी बन्दिश गाना ठीक रहेगा? देवास के एक कार्यक्रम की तैयारी चल रही थी। लगभग दस दिनों तक कुमार साहब ने कृष्णराव को अलग-अलग राग सुनाये। अन्त में कृष्णराव की सलाह पर उस कार्यक्रम में भीमपलास गाना तय हुआ। कुमार जी ने एक जगह कहा है कि उस रात कृष्णराव के घर पर मुझे राग भीमपलास के साक्षात् दर्शन हुए थे।

हर कलाकार अपनी बन्दिशों को सम्पत्ति की तरह सहेजकर रखता है। बड़े-बड़े उस्ताद भी अपने शागिर्दों को कोई बन्दिश यूँ ही नहीं देते। वे शागिर्द को पूरी तरह तौलकर ही अपनी बन्दिश उसे सौंपते हैं। उस समय

तो दो कलाकार परिवारों में जब विवाह सम्बन्ध होते थे तो बन्दिशें दहेज़ में दी जाती थीं।

उस्ताद रजब अली ख़ाँ साहब ने कृष्णराव की लगन और गहन संगीत साधना को देखते हुए अपने ख़ज़ाने से कुछ बन्दिशें उन्हें सौंपी थीं, जिन्हें सिर्फ़ वे ही गाते थे। उन पर उनकी मिल्कियत थी। एक बार ऐसी ही एक महत्त्वपूर्ण बन्दिश कृष्णराव ने कुमार साहब को गाकर सुनायी। कुमार साहब को वह बन्दिश बहुत पसन्द आयी। उन्होंने उसे अपने अन्दाज़ में गाकर कृष्णराव को सुनायी। कृष्णराव को लगा कि कुमार साहब ने इसे बहुत अच्छे तरीक़े से गाया है। अब इसे इससे बेहतर नहीं गाया जा सकता। ऐसा सोचकर वह अनमोल बन्दिश कुमार साहब को भेंट करते हुए उन्होंने कहा, यह बन्दिश आज से आपकी हुई। अब मैं इसे कभी नहीं गाऊँगा और जीवन भर फिर उन्होंने उस बन्दिश को नहीं गाया। ऐसा अटूट रिश्ता था, कृष्णराव मुजुमदार और पण्डित कुमार गन्धर्व में। कुमार साहब ने भी एक बार उन्हें बहुत आत्मीय सलाह दी थी, 'देखो कृष्णा, संगीत के लिए नौकरी कभी मत छोड़ना। अभी संगीत तुम्हारा शौक़ है व्यवसाय नहीं। जिस दिन तुम व्यावसायिक संगीतकार हो जाओगे तब मंच पर मिलते हुए हमारे-तुम्हारे सम्बन्ध दूसरी तरह के हो जायेंगे। तब शायद हममें इतनी आत्मीयता न रह जाये।' कृष्णराव ने उनकी बात की गम्भीरता को समझा और अपनी नौकरी के प्रति वे पूरी तरह वफ़ादार रहे।

अब वे पी.डब्ल्यू.डी. में कार्यपालन यन्त्री के पद पर थे। जो लोग जानते हैं उन्हें मालूम है कि कार्यपालन मन्त्री का पद कितना महत्त्वपूर्ण एवं ज़िम्मेदारी का पद होता है। कई अनुविभागीय अधिकारी, दर्जनों सब-इंजीनियर, लम्बा-चौड़ा बाबुओं एवं कर्मचारियों का अमला। कांट्रेक्टर, सप्लायर, राजनेता, मिस्त्री, मज़दूर सबको सम्भालना होता है एक कार्यपालन मन्त्री को। अपने क्षेत्र, जो कि बहुत बड़ा होता था, उस समय में जितने सरकारी भवन, डाकबंगले, सड़कें और ऑफ़िस आदि होते थे सबका रख-रखाव और उनकी पूरी व्यवस्था एक कार्यपालन यन्त्री के अधीन होता है। कुल मिलाकर आज भी एक कार्यपालक यन्त्री का बहुत काम होता है, उस समय तो और ज़्यादा होता रहा होगा। ऐसी स्थिति में संगीत साधना के लिए समय निकाल

पाना कितना कठिन होता रहा होगा, इसका अनुमान लगाया जा सकता है। बावजूद कृष्णराव जी ने अपने समय को इस तरह व्यवस्थित किया कि अपनी नौकरी और संगीत के क्षेत्र में वे शिखर पर रहे। अमूमन अधिकांश इंजीनियर और डाक्टर बाथरूम सिंगर से ज़्यादा नहीं हो पाते। संगीत साधना के लिए कितनी लगन, समर्पण और निष्ठा चाहिये, यह बात तो कोई संगीत साधक ही समझ सकता है। आश्चर्य होता है कि मामा साहब मुजुमदार एक सफल इंजीनियर होने के साथ संगीत जगत् के शीर्षस्थ कलाकार रहे।

इधर कृष्णराव जी की पारिवारिक ज़िम्मेदारियाँ भी लगातार बढ़ती जा रही थीं। आपके परिवार में क्रमशः—ऊषा, मीना, अंजली, रंजना और कल्पना पाँच बेटियाँ हुईं। इन सबका पालन-पोषण और उन्हें उच्च शिक्षा प्रदान करना बहुत बड़ा दायित्व था, जिसका निर्वाह कृष्णराव जी ने बहुत उत्साहपूर्वक किया। इसमें उनकी पत्नी कुमुदिनी जी का योगदान कभी नहीं भुलाया जा सकता। सभी बेटियों को उन्होंने अच्छे संस्कार, घर-परिवार की समझ और संगीत की समुचित शिक्षा प्रदान की। बेटियों को दो घर सम्भालने होते हैं। जिस परिवार में उन्हें जाना है उसके सदस्यों की मानसिकता पहले किसी को मालूम नहीं होती। शादी के बाद एकाएक उस परिवार में जीवन-भर के लिए एक सदस्य आ जाता है। उस नये सदस्य को सबसे तालमेल बिठाना होता है। सब तरह के लोग होते हैं, नये परिवार में। माँ-बाप के यहाँ जो लाड़-प्यार और सुविधाएँ रहती हैं, जिनकी आदत होती है बेटियों को, वहाँ ससुराल में उसे अपने व्यवहार से सब चीज़ें अर्जित करनी होती हैं। इसलिए बेटियों को नयी परिस्थितियों के लिए उनकी माताएँ ही पूरी तरह तैयार कर पाती हैं। कुमुदिनी जी ने बड़ी कुशलता से इस काम को अंज़ाम दिया। कृष्णराव जी ने अपनी पत्नी के काम में कभी कोई अवरोध पैदा नहीं किया। उन्हें पर्याप्त सहयोग और स्वतन्त्रता उन्होंने प्रदान की, तब कहीं जाकर इतना बड़ा परिवार मुजुमदार दम्पत्ति भलीभाँति सम्भाल पाये। श्रीमती मुजुमदार जहाँ एक ओर अपनी बेटियों की अच्छी तरह परवरिश कर रही थीं वहीं मुजुमदार साहब, जो कार्यपालन यन्त्री पद में रहते हुए अत्यन्त व्यस्त रहते थे और संगीत का शौक़ अलग से उन्होंने पाल रखा था। उनका पूरा ख़याल रखने में भी

कुमुदिनी अग्रणी महिला साबित हुईं। उन्होंने अपने पति को कभी कोई शिकायत का मौक़ा नहीं दिया। जबकि उनके संगीतकार मित्र गाहे-बगाहे घर पर मेहमान हुआ करते थे। इसमें कोई सन्देह नहीं कि कुमुदिनी जी के सहयोग और समर्पण के कारण ही कृष्णराव मुजुमदार एक सफल इंजीनियर और महान् कलाकार हो पाये।

नौकरी में तबादले तो होते ही रहते हैं। कृष्णराव जी ने देवास के अलावा धार, विदिशा, सीहोर, राजगढ़ आदि क्षेत्रों में अपनी सेवाएँ प्रदान कीं। ट्रांसफर में जाते समय किस प्रकार पूरे परिवार को इधर से उधर करने में दिक़्क़तें आती हैं, यह तो कोई नौकरीपेशा व्यक्ति ही जानता है। यदि नौकरी भर करनी हो तो कोई बात नहीं, नौकरी में तो ऐसा होता ही है। रियाज़ के लिए नियमित समय निकालना है और देश-भर में जहाँ से भी आमन्त्रण आयें वहाँ कार्यक्रम प्रस्तुत करने भी जाना है। बड़ा परिवार, ज़िम्मेदारी से भरपूर सरकारी नौकरी और स्तरीय संगीत साधना को सम्भालते हुए आदमी का व्यक्तित्व बिखर जाता है। किसी न किसी मोर्चे पर उसके विफल होने की पूरी सम्भावना होती है। परन्तु, कृष्णराव मुजुमदार एक ऐसे व्यक्तित्व का नाम है, जो कभी किसी मोर्चे पर विफल नहीं हुए। वरन् प्रत्येक क्षेत्र में उन्होंने सफलता के झण्डे गाड़े। सभी बच्चियों को उन्होंने अच्छी शिक्षा दी। ख़ूब पढ़ाया-लिखाया। अच्छे परिवारों में विवाह किया। संगीत की पर्याप्त समझ और शिक्षा प्रदान की। सबसे छोटी बेटी कल्पना जोकरकर तो आज देश की एक ख्यात गायिका हैं। नौकरी में वे एक इंजीनियर की भाँति रहे। उनके अफ़सरों को कभी उनसे कोई शिकायत नहीं रही। वे जहाँ भी रहे, उनके मातहत और सहयोगी उनके गुणों की चर्चा करते हुए नहीं अघाते। उन्होंने पूरी ज़िम्मेदारी से अपने कार्यों को सम्पन्न किया। उनके बनाये हुए स्ट्रक्चर आज भी विद्यमान हैं, जो अपनी गुणवत्ता के लिए जाने जाते हैं। उनकी बेटी रंजना भी स्वयं अच्छी लेखिका और चित्रकार हैं।

संगीत जगत् में उनकी ख्याति लगातार बढ़ती जा रही थी। यों तो उस्ताद रजब अली ख़ाँ साहब के कई शिष्य थे परन्तु उनमें सबसे ज़्यादा प्रतिष्ठा मिली कृष्णराव मुजुमदार को। इसमें विशेषता ये थी कि उन्होंने अपने उस्ताद को पूरी तरह आत्मसात् कर लिया था। जिन्होंने रजब अली ख़ाँ

साहब को सुना था, और वे यह न जानते थे कि कृष्णराव उनके ही शिष्य हैं, कृष्णराव जी की गायकी सुनते हुए वे सहज ही कह उठते कि यह तो रजब अली ख़ाँ साहब की शैली है। ज़रूर ये बन्दा रजब अली ख़ाँ का शिष्य है। इस प्रकार वे हर स्टेज़ पर रजब अली ख़ाँ की याद ताज़ा कर जाते थे, जबकि उनके और शिष्य ऐसा न कर पाते थे। कृष्णराव ने आलाप, तान और मध्य लय में पूरी तरह रजब अली ख़ाँ की शैली अपनायी। उन्हें रजब अली ख़ाँ की परम्परा आगे बढ़ाने वाला सबसे ज़्यादा गुणी गायक के रूप में जाना जाता है। रजब अली ने कृष्णराव मुजुमदार को अपना सर्वाधिक योग्य शिष्य मानते हुए कुछ दुर्लभ बन्दिशें प्रदान की थीं। यथा एरी बीर जमुना (राग ललिता गौरी), कहाँ जानूँ कौन दिशा (काफी कानडा), तुम मोहे चित्त से बिसारी (अडाना), इन नैनन वैर कीन्हों पिया (चाँदनी केदार), मुरवा करत सींगार, नेक न बिसरो प्यारे मोहे (द्रुत में), अरी मोहे दे गयो आज दिखायी (लच्छा साख), सारन समान लाये येरी सखि (शिवमत भैरव), मोरी तुम संग लागी रटना (तोड़ी), ये दई पिया बिना मोहे (देश), पकर झझकोरी रे मोरी बहियाँ (भैरवी) इत्यादि। मैंने पहले ही कहा कि बन्दिशें हर कलाकार की अपनी सम्पत्ति हैं। चाहे वे बन्दिशें उस कलाकार ने स्वयं बनायी हों या उसे अपने उस्ताद से आशीर्वादस्वरूप मिली हों। वे बन्दिशें उसकी अपनी सम्पत्ति कहलाती हैं। वह चाहे तो अपनी मर्ज़ी से किसी को भी प्रदान कर दे। इस प्रकार कृष्णराव का ख़ज़ाना रजब अली ख़ाँ द्वारा दी गयी बन्दिशों से भरा-पूरा है। वे अपनी गायकी में मुख्य रूप से तराने के लिए जाने जाते हैं। तरानों में उनकी प्रतिभा पूरी तरह उभरकर आयी है। फिर उनका अपना स्वर है। आलाप लगाने का अपना मौलिक अन्दाज़ है और महफ़िल में पूरी तरह छा जाने की उनकी अपनी विशिष्ट शैली है। वे प्राय: कोट और शेरवानी पहनते थे। कभी-कभार कुर्ता-पाज़ामा भी। आँखों पर मोटे फ्रेम का चश्मा औसत से कुछ बड़ा क़द एवं सुदर्शन व्यक्तित्व था उनका।

उन्हें समय-समय पर संगीत के कई राष्ट्रीय स्तर के कार्यक्रमों में भाग लेने के अवसर मिले। सबसे पहले उन्होंने उज्जैन की प्रतिष्ठित संगीत सभा में अपना गायन प्रस्तुत किया। यहाँ के बाद उनकी लोकप्रियता लगातार बढ़ती गयी, देश के कोने-कोने से विभिन्न कार्यक्रमों के लिए

उनके पास बुलावा आने लगा। बनारस, इलाहाबाद, लखनऊ, झाँसी, कलकत्ता, बम्बई एवं आकाशवाणी के अखिल भारतीय संगीत सम्मेलनों में आपने अपनी गायकी के जौहर दिखाये। इन्हें स्टेज पर देखते ही श्रोताओं के मन में उस्ताद रजब अली ख़ाँ की याद ताज़ा हो जाती थी। रजब अली ख़ाँ ने गायकी के जो उच्च प्रतिमान स्थापित किये थे, उस पर परचम लहराने का काम उनके योग्य शिष्य कृष्णराव मुजुमदार ने किया।

कृष्णराव मुजुमदार की एक बड़ी मित्रमण्डली थी, जिनमें उस्ताद अमीर ख़ाँ, पण्डित कुमार गन्धर्व, बंडुभैया चौधुले, रामू भैया दाते आदि। इन्दौर-देवास के आसपास कहीं भी बड़े संगीत सम्मेलन होते मामा साहब अपनी गाड़ी में सबको बिठाकर वहाँ ले जाते और देर रात तक संगीत सम्मेलन का आनन्द लेते। मामा साहब ख़ुद अच्छा खाने के बहुत शौक़ीन और दूसरों को खिलाने में उससे ज़्यादा शौक़ीन। घर में अक्सर नये-नये पकवान बनते रहते। इनमें से दो हिस्से अलग कर दिये जाते। पहला हिस्सा रजब अली ख़ाँ साहब और दूसरा हिस्सा कुमार गन्धर्व के यहाँ प्रेमपूर्वक भिजवाया जाता। इसी प्रकार यात्राओं में मामा साहब की पूरी मित्र मण्डली के लिए रास्ते में चाय और नाश्ते की व्यवस्था मामा साहब की तरफ़ से सहर्ष होती।

एक बार बेगम अख़्तर रजब अली ख़ाँ से मिलने आयीं। सबसे पहले उन्होंने कृष्णराव से सम्पर्क किया और रजब अली ख़ाँ से मिलवाने की इच्छा व्यक्त की। कृष्णराव उन्हें अपने उस्ताद से मिलवाने ले गये। रास्ते में बेगम अख़्तर ने एक चाँदी का गिलास ख़रीदा और ख़ाँ साहब के यहाँ पहुँचकर उन्हें आदर सहित भेंट किया। ख़ाँ साहब ने उन्हें और मामा साहब को ख़ूब आशीष दिये।

देश भर के सभी ख्यात संगीतकार कृष्णराव मुजुमदार को भलीभाँति जानते थे। बड़े-बड़े संगीत सम्मेलनों में उन्हें सादर आमन्त्रित किया जाता था। सभी मंचों पर उन्होंने अपने उस्ताद की शैली में अद्भुत गायन प्रस्तुत करते हुए श्रोताओं का दिल जीत लिया। ख़ाँ साहब से प्राप्त बन्दिशें, जो अब उनकी अपनी बन्दिशें थीं, उन्हें तो वे गाते ही थे उनके अलावा भी वे कई प्रकार की बन्दिशें गाया करते थे। उनका आलाप और तानें सुनकर लोग मन्त्रमुग्ध हो जाते थे।

रजब अली ख़ाँ साहब के पास जयपुर घराने सहित कई प्रसिद्ध घरानों और दिग्गज उस्तादों की कुछ अत्यन्त दुर्लभ चीज़ें थीं, जो उन्होंने सिर्फ़ कृष्णराव मुजुमदार को ही दी थीं। जैसे अतर सुगन्ध (बसन्ती केदार), नेवर बाजूरे (नट कमोद), प्यारी पग होले (विहगड़ा), भूपाली तथा मालकौंस में बीन अंग के कई तराने जैसे छैलुआ न डारो गुलाल (भैरवी), इन नैनन बैर कीनो पिया प्यारे किस विध समझाऊँ ये सबरस की बन्दिश (चाँदनी केदार)। इसी प्रकार सदारंग-अदारंग की कुछ बन्दिशें रजब अली ख़ाँ साहब के अलावा सिर्फ़ कृष्णराव मुजुमदार ही गाते थे। संगीत सम्मेलनों के अलावा देश के सभी बड़े आकाशवाणी केन्द्रों ने मामा साहब को अपने यहाँ आदरपूर्वक बुलाया और आपकी रिकॉर्डिंग कर अपने केन्द्रों से उसे प्रसारित किया।

८ जनवरी, १९५९ में जब रजब अली ख़ाँ साहब का देहान्त हुआ, तब वह दिन कृष्णराव मुजुमदार पर बहुत भारी पड़ा। उस्ताद चले गये। जिनसे सीखा संगीत की बारीकियाँ जानीं और जिनकी कृपा से अच्छे संगीत की मन में पहचान विकसित हुई, वह शख़्स अब इस दुनिया से चला गया। अब यहाँ किसी से कुछ पूछना हो तो किससे पूछें? कोई नहीं रहा वैसा। उनके जाने के बाद कृष्णराव जी का देवास में मन नहीं लगा। दो बेटियाँ तो पहले से इन्दौर में पढ़ रही थीं। वे वहीं हॉस्टल में रहती थीं। तीन बेटियों को और उच्च शिक्षा दिलानी थी। कुमुदिनी जी ने भी इन्दौर में बसने का मन बनाया। इस प्रकार मामा साहब अपने पूरे परिवार को लेकर इन्दौर आ गये। कुछ दिनों तक इमली बाज़ार में अपनी बहन के यहाँ रहने के पश्चात् उन्होंने मल्हार आश्रम के सामने एक किराये का मकान लिया और उसमें रहने लगे। इन्दौर आने के पश्चात् भी उनकी दिनचर्या नहीं बदली। सुबह उठकर रियाज़ करना। दोपहर को अपनी नौकरी पर जाना। शाम-रात को रियाज़ करना, मित्र मण्डली में घूमना-फिरना और संगीत सम्मेलनों में शिरकत करना। कुमुदिनी देवी सदा की भाँति घर के सभी कामकाज कुशलतापूर्वक सम्भाल रही थीं।

कृष्णराव, जिन्हें प्यार से, आदर से, लोग मामा साहब मुजुमदार कहकर बुलाते थे, एक शौक़िया संगीतकार थे। यह शौक़ उन्हें इस बुलन्दी तक ले जायेगा, उन्हें ख़ुद विश्वास नहीं था। वे अपने देश के जाने-माने

कलाकार थे। आये दिन आकाशवाणी इन्दौर से उनका गायन सुनायी देता था। वे कभी भी व्यावसायिक कलाकार नहीं रहे। जहाँ जितनी फीस मिली, उसे सहर्ष स्वीकार किया। अपनी फीस ख़ुद आगे बढ़कर उन्होंने आयोजकों को कभी नहीं बतायी। नौकरी में अवकाश कम मिल पाता था इसलिए ज़्यादा कार्यक्रमों में उनका जाना नहीं हो पाता था, जिसकी उन्हें कोई चिन्ता न रहती। वे अपनी नौकरी से पूरी तरह सन्तुष्ट रहे। इन्दौर और आसपास के क्षेत्रों में उन्हें घरेलू महफ़िलों के लिए ख़ूब याद किया जाता है। आये दिन मित्रों-परिचितों के यहाँ संगीत महफ़िलें जमा करतीं, उसमें मामा साहब दिल खोलकर गाते और श्रोताओं की ख़ूब वाहवाही बटोरते। शहर के बाहर भी जहाँ कहीं भी वे किसी भी काम से जाते तो उनके मित्र-परिचित उन्हें होटल या रेस्टोरेंट में न ठहरने देते। वे आग्रहपूर्वक उन्हें अपने घरों में ठहराते और उनकी आदर सहित आवभगत करते। मोह यह रहता कि रात में उनके यहाँ संगीत महफ़िल जमेगी। इस प्रकार देश भर में मामा साहब के चाहने वालों के यहाँ उनकी घरेलू महफ़िलों की जानकारियाँ यदा-कदा मिलती रहती हैं। इन्दौर में उनके मित्रों के पास तो इस प्रकार की अनगिनत यादें हैं।

इन्दौर साहित्य, संगीत और कला का केन्द्र उस समय भी था और आज भी है। यहाँ अच्छे और स्तरीय संगीत कार्यक्रम बहुत पहले से होते आये हैं। देश भर के नामी कलाकार प्रायः यहाँ आते रहते हैं। उस समय पण्डित भीमसेन जोशी, पण्डित गजानन राव जोशी, व्ही.जी. जोग, पण्डित राजा भैया पूछवाले, विदुषी हीराबाई बड़ोदेकर, प्रो. रातंजनकर, श्रीमती माणिक वर्मा, वरिष्ठ गायिका मोगूबाई कुर्डीकर, संस्कृतिकर्मी पु.ल. देशपाण्डे, ना.सी. फड़के, शिल्पकार अण्णा साहब फड़के, जैसे और भी कई नामी कलाकार, जो भी इन्दौर आये वे सब मामा साहब के यहाँ ज़रूर गये और उन्होंने उनका आतिथ्य ग्रहण किया। मामा साहब और श्रीमती मुजुमदार अतिथि-सत्कार में शुरू से निपुण थे। स्वाभाविक है कि जब संगीत के ख्यात कलाकार घर आयेंगे तो संगीत की महफ़िल ज़रूर सजेगी। इस प्रकार अकसर मामा साहब के घर पर ही संगीत की ज़ोरदार महफ़िलें जमा करती थीं, जिनका आज भी लोग यहाँ ज़िक्र किया करते हैं।

'अभिनव कला समाज' इन्दौर की एक प्रसिद्ध सांगीतिक संस्था है। समय-समय पर इस संस्था द्वारा नामी कलाकारों को अपने यहाँ सादर बुलवाया गया और उनके सम्मान में संगीत सभाएँ और सम्मेलन आदि आयोजित किये गये तथा आज भी किये जा रहे हैं। कृष्णराव मुजुमदार जिस वर्ष इन्दौर रहने के लिए आये उसी वर्ष अभिनव कला समाज द्वारा एक संगीत सभा आयोजित की गयी और उसमें उनका महत्त्वपूर्ण गायन हुआ।

मामा साहब की गायकी के इन्दौर में लोग इस तरह दीवाने हुए कि उनसे सीखने-समझने वाले लोग 'उनके स्कूल के हैं' के रूप में जाने जाने लगे। वे इस तरह से व्यावसायिक गायक नहीं थे और न ही किसी घराने विशेष का प्रतिनिधित्व करते थे। हाँ, अपने उस्ताद रजब अली ख़ाँ साहब की परम्परा को उन्होंने जीवन्त रखा। नये सीखने वालों में उनको लेकर बहुत उत्साह था। कई लोग तो यह कहकर कि आपसे ही सीखेंगे, उनके पास विधिवत् सीखने के लिए आने लगे। उन्होंने किसी को निराश नहीं किया। जो जिज्ञासु हैं और सचमुच जिनमें सीखने की ललक है, उनकी मदद हमें ज़रूर करनी चाहिये, ऐसा सोचकर मामा साहब ने कुछ शिष्यों के साथ मेहनत करना प्रारम्भ किया। इस तरह उनकी शिष्य-परम्परा भी विकसित हुई जिनमें प्रमुख हैं—उनकी सभी पुत्रियाँ, प्रभाकर किबे, हरिभाऊ राणे, अरविन्द पटवर्धन, शशिकान्त ताम्बे, मधुकर गुलवणी, श्रीमती सुधा भण्डारी आदि।

मामा साहब अपने उस्ताद की तरह अप्रचलित रागों में गायन की विशेषताएँ प्रस्तुत करने में माहिर थे। उनके आलाप की अपनी विशेषता थी और तानों के तो बेजोड़ गायक माने जाते थे। वे ताल की हर मात्रा पर स्वराघात करते थे। उनकी गायकी में तन्त्रकारी का प्रभाव साफ़ झलकता था। उनकी तानों का गुम्फन सुनते हुए सुखद आश्चर्य होता था। संगीत उनके लिए परमात्मा की दिशा में जाने वाला मार्ग रहा, जिस पर वे सतत गतिशील रहे। पहला प्रभाव उनके ऊपर महात्मा गाँधी का है, जिनसे उन्होंने जीवन में अनुशासन, समय का संयोजन और अपने स्वास्थ्य के प्रति सदा सचेत रहना सीखा। उनकी दिनचर्या, जो उन्होंने अपने लिए निर्धारित की थी, वह नियमित और स्थायी थी, उसमें उन्होंने किन्हीं भी परिस्थितियों में रद्दोबदल नहीं की। सुबह पाँच बजे उठकर हर मौसम

में उन्हें दो घण्टे संगीत का रियाज़ करना ही है, चाहे कुछ भी हो जाये। दोपहर नौकरी के लिए है। शाम-रात फिर रियाज़ एवं संगीत महफ़िलें और लोगों से मिलना-जुलना। दूसरा ज़बरदस्त प्रभाव रहा उन पर उस्ताद रजब अली ख़ाँ साहब का। रजब अली ख़ाँ साहब उनके लिए सदा गुरु ब्रह्मा, गुरु विष्णु, गुरु देव महेश्वरा की भाँति ही रहे। उनसे उन्होंने गण्डाबँध होकर, विधिपूर्वक संगीत शिक्षा पायी और उनके नाम का परचम सब जगह फहराया। वे हमेशा कहते थे कि मैं जो कुछ भी हूँ अपने गुरु के कारण। उनकी असीम कृपा के कारण। इस प्रकार वे रजब अली ख़ाँ की परम्परा के सच्चे संवाहक के रूप में हमें दिखायी देते हैं। कालान्तर में मामा साहब के भी शिष्य हुए, जिन्होंने इस परम्परा को और आगे बढ़ाया एवं अभी भी बढ़ा रहे हैं। मामा साहब पर तीसरा प्रभाव रहा इस युग के महान् दार्शनिक जे. कृष्णमूर्ति का। जे. कृष्णमूर्ति जी की पुस्तकें पढ़ते हुए, उनके लेक्चर सुनते हुए मामा साहब ने धर्म और दर्शन की बारीकियाँ समझीं एवं उन्हें जीवन में अमल किया। वे वैज्ञानिक सोच-समझ वाले आदमी थे। कभी किसी तथाकथित साधु-सन्त और ज्योतिषी आदि के चक्कर में नहीं रहे। ईश्वर में विश्वास था और संगीत द्वारा वे उसकी आराधना में लीन रहते। बहुत तन्मय होकर वे अपनी प्रिय बन्दिश 'मोरी तुम संग लागी रटना...' गाया करते थे। इस प्रकार मामा साहब में हमें एक सन्तुलित व्यक्तित्व दिखायी देता है, जो निश्चित तौर पर नयी पीढ़ी के लिए प्रेरणास्पद है।

वे राग को सुनते ही नहीं, सूँघते भी थे। एक बार देवास में विदुषी श्रीमती हीराबाई बड़ोदेकर उनके घर अपनी बहनों सहित मेहमान हुईं। लगभग आठ-दस दिन उनका मुजुमदार परिवार में रहना हुआ। एक सुबह उन्होंने बैठक में अपने स्वर छेड़े और कोई राग गाने लगीं। भीतर कुमुदिनी जी को लगा कि बच्चियाँ वेणी गूँथने के लिए कहीं से चमेली की कलियाँ चुनकर लायी हैं। उन्होंने बच्चियों को बुलाकर कहा, आओ तुम्हारे लिए फूलों की वेणियाँ बना दूँ। मामा साहब समझ गये। उन्होंने तुरन्त कहा, ये ख़ुशबू तो बैठक में गूँज रहे स्वरों से आ रही है। सुनकर हीराबाई जी बोल पड़ीं, तुमने तो घर में सात सुरों की सात कलियाँ पिरो रखी हैं। यहाँ तो चमेली, गुलाब सहित कई ख़ुशबूदार फूलों की सुगन्ध अपने आप फैलती

रहती है। तुम्हारे यहाँ रहते हुए मुझे बड़ी शान्ति मिलती है और मन ईश्वर में रमा रहता है।

गायन तपस्विनी मोघूबाई कुर्डीकर उन्हें अपना भाई मानती थीं। मामा साहब भी सदा उन्हें अपनी बड़ी बहन मानते रहे। जब मामा साहब से मिले हुए मोगूबाई जी को बहुत दिन हो जाते तब वे इन्दौर जाने वाले किसी भी व्यक्ति से उन्हें सन्देश भिजवातीं कि तुम्हारी बहन तुम्हें बहुत याद करती है। मामा साहब को जैसे ही उनका सन्देश मिलता वे समय निकालकर उनसे मिलने चले जाते। हिन्दुस्तान के सभी दिग्गज कलाकार पण्डित ओंकारनाथ ठाकुर, उस्ताद अमीर ख़ाँ, पण्डित कण्ठे महाराज, पण्डित किशन महाराज जैसे ख्यातनाम लोगों के साथ मामा साहब ने एक ही मंच से अपने कार्यक्रम प्रस्तुत किये और सभी की प्रशंसा प्राप्त की। देश भर के सभी महान् कलाकार उन्हें भलीभाँति जानते थे। उस्ताद अमीर ख़ाँ साहब, मामा साहब को बहुत मानते थे। वे अक्सर मामा साहब के घर आ जाते। मामी उनके लिए चाय बनाकर पेश करतीं तो वे उसमें थोड़ा-सा नमक डालने का आग्रह करते हुए कहते, 'मीठी-मीठी चाय क्या पीना, इसे थोड़ा नमकीन होना चाहिये, तब चाय पीने का मज़ा है।' इस प्रकार दोनों मित्र हँसते, गुनगुनाते इन्दौर की सड़कों पर घूमने निकल जाते। मामा साहब सचमुच यारों के यार थे। पण्डित कुमार गन्धर्व से उनकी दोस्ती जगजाहिर है। बीमारी के दिनों में पण्डित कुमार गन्धर्व को परिवार सहित उन्होंने अपने घर में रखा। उनकी पूरी सेवा-सुश्रूषा की और दोबारा तबीयत ख़राब होने पर उन्हें बम्बई दिखाने के लिए लेकर गये। वहाँ कुमार जी को चेकअप कराने के पश्चात् एक दिन उनकी पत्नी भानुमती जी के भाई के घर पर संगीत की महफ़िल जमी, जिसमें पण्डरीनाथ कोल्हापुरे, रामभाऊ मराठे, रामभाऊ गुलवणी, सुरेश हलदनकर आदि बहुत से परिचित इकट्ठे हुए थे। उस रात मामा साहब ने बहुत कुछ सुनाया। उसका विस्तार आलापी होने के पश्चात् द्रुत लय प्रारम्भ हुई और बाद में हर तान पर सबकी ओर से वाह-वाह होती रही। बम्बई में प्रसिद्ध वायलिन वादक वी.जी. जोग उनके बड़े प्रशंसक थे। वे हर किसी से कहा करते थे कि मध्य प्रदेश में यदि किसी का गाना सुनना हो तो कृष्णराव मुजुमदार का गाना अवश्य सुनो। उसकी तानों में ग़ज़ब का

कमाल है। देवास और इन्दौर में उनकी मित्रमण्डली में कई नामी संगीतकार, प्रतिष्ठित साहित्यसेवी, ख्यात पत्रकार और शिल्पकार आदि शामिल थे। उनकी दोस्ती और मेहमाननवाज़ी के क़िस्से आज भी देवास-इन्दौर में ख़ूब सुनायी देते हैं।

यों तो मामा साहब के कई शिष्यों ने बहुत नाम कमाया जिनमें श्री शशिकान्त ताम्बे और श्रीमती कल्पना झोकरकर के नाम विशेष उल्लेखनीय हैं परन्तु उनकी पहली शिष्या थीं श्रीमन्त विक्रमसिंह पंवार (देवास नरेश) की सुपुत्री शालनी राजे। राज-परिवार में प्राय: सामान्य जनों का जाना नहीं होता। महाराज विक्रम पंवार को कृष्णराव के व्यक्तित्व और उनकी कला पर पूरा भरोसा था, इसलिए उन्होंने उन्हें राज-परिवार में प्रवेश दिया। इस प्रकार कृष्णराव मुजुमदार और देवास राज-परिवार के सम्बन्ध सदा विशेष बने रहे। नौकरी में उनकी पहली पदस्थापना थी; राजा साहब के कहने से देवास में ही दी गयी थी। देवास नगर के विकास कार्यों में कृष्णराव जी का उस दौरान विशेष योगदान रहा।

मामा साहब नयी पीढ़ी के लिए सदा चिन्तित रहते थे। फ़िल्म संगीत से उन्हें कोई परहेज़ नहीं था। स्वयं लता मंगेशकर के बड़े प्रशंसक रहे। परन्तु, नयी पीढ़ी में फ़िल्म संगीत के प्रति दीवानापन देखते हुए उन्हें लगता था कि इस पीढ़ी को सच्चे संगीत की पहचान कब होगी? इसके लिए वे जीवन-भर काम करते रहे। वे युवकों के बीच जाते। संगीत पर उनसे खुलकर बातें करते। अपने शास्त्रीय संगीत की विशेषताएँ उन्हें समझाते और उनकी शंकाओं का उचित समाधान प्रस्तुत करते। वे चाहते थे कि नये लोग इस क्षेत्र में आयें एवं अपनी महान् संगीत परम्परा को जानें, समझें और उसे आगे बढ़ायें। उनके पास जब भी कोई संगीत के विषय में कुछ जानने के लिए आता तो वे बड़े उत्साहित हो जाते और उसे विस्तारपूर्वक शास्त्रीय संगीत की विशेषताएँ बताते रहते। जिज्ञासुओं के लिए उनके घर के दरवाज़े हमेशा खुले रहते। उन्होंने युवा पीढ़ी में शास्त्रीय संगीत के प्रचार-प्रसार के लिए बहुत काम किया। वे विभिन्न गोष्ठियों, सम्मेलनों में शास्त्रीय संगीत पर बोलने के लिए भी आमन्त्रित किये जाते थे।

आई.टी.सी. संगीत रिसर्च एकेडमी ने उन्हें रजब अली ख़ाँ की गायकी

पर बोलने के लिए कलकत्ता आमन्त्रित किया था। वहाँ उन्होंने सउदाहरण रजब अली ख़ाँ की गायकी और उनकी परम्परा पर विस्तार से प्रकाश डाला। वे आकाशवाणी की सलाहकार समिति में भी वर्षों रहे, जहाँ उन्होंने युवा प्रतिभाओं को अवसर दिलाकर उन्हें प्रोत्साहित किया। बम्बई दूरदर्शन पर मामा साहब का एक विशेष साक्षात्कार रिकॉर्ड किया गया, जिसमें उन्होंने शास्त्रीय संगीत के कई अनछुए प्रसंगों पर विस्तार से चर्चा की और अपना गायन भी प्रस्तुत किया।

इन्दौर में मामा साहब का अमृत महोत्सव बड़ी धूमधाम से मनाया गया। मामा साहब की जयन्ती पर कार्यक्रम है, यह सुनकर ही जिनसे भी इस कार्यक्रम में आने के लिए अनुरोध किया गया, उन्होंने अपनी स्वीकृति तुरन्त प्रदान कर दी और ख़ुशी-खुशी वे इस कार्यक्रम में पधारे। इस कार्यक्रम में विदुषी हीराबाई बड़ोदेकर, वी.जी. जोग, पण्डित बंडुभैया चौधुले, पण्डित प्रभाकर कारेरकर, पण्डित रसिकलाल अंधारिया, पण्डित ओमप्रकाश चौरसिया एवं स्वयं मामा जी ने भाग लिया। कार्यक्रम कितना सफल रहा, यह बताने की ज़रूरत नहीं। उस कार्यक्रम की यादें आज भी यहाँ के लोगों के दिलों में रची-बसी हैं।

अपनी नौकरी में कृष्णराव मुजुमदार एक बड़े अफ़सर थे। उनके अधीन दर्जनों अधिकारी-कर्मचारी काम करते थे। ऑफ़िस और ऑफ़िस स्टाफ़ के बीच वे पूरी तरह अफ़सर की तरह रहते थे। पतलून, कोट और कभी-कभी सिर पर अँग्रेज़ी स्टाइल का हैट भी वे पहनते थे। अपना अभिजातपन उन्होंने बड़े जतन से बचाकर रखा था। क्योंकि प्रशासन में काम करते हुए चुस्त-दुरुस्त और कड़क रहना उन्हें ज़रूरी लगता था। भीतर से वे बहुत कोमल हृदय के व्यक्ति थे। संगीत जगत् में उन्हें जानने वाले उनके इस अफ़सर रूप से प्रायः अपरिचित ही थे क्योंकि उनसे मिलते हुए तो वे अत्यन्त सीधे, सरल और सरस व्यक्ति हुआ करते थे। अपने काम के सिलसिले में उन्हें दूरस्थ ग्रामों की यात्राएँ भी करनी पड़ती थीं। कहीं सड़कें बन रही हैं, कहीं पुल तो कहीं सरकारी भवन। उन्हें सभी कार्यों का निरीक्षण करना होता था। इसी दौरान उन्होंने किसी गाँव में किसी बुजुर्ग से ज़मीन के भीतर पानी विचारने की विद्या भी सीख ली थी। वे मेहंदी के झाड़ की दो कमचियाँ लेकर सधे हुए क़दमों से चलते और किसी स्थान पर

रुककर बता देते कि इस स्थान पर नीचे पानी का स्रोत है। यह विद्या उन्होंने अभ्यास करते हुए अच्छी तरह साध ली थी परन्तु वे इसे लोगों से छिपाते रहते थे। कभी खुलकर न कहते थे कि मैं ऐसी कोई विद्या जानता हूँ। परन्तु पता लगाने वाले चूकते कहाँ हैं। वे किसी भी प्रकार पता लगा ही लेते हैं। आये दिन दूर गाँवों से लोग आते और उन्हें कहीं पैदल तो कहीं बैलगाड़ी में बिठाकर अपने खेत में ले जाते और बोरिंग कराने के लिए सही स्थान का उनसे ही चयन करवाते। वे कभी किसी को मना न करते थे। इस विद्या के साथ यह शर्त जुड़ी हुई थी कि आगन्तुक को कभी मना नहीं करोगे और इस काम का कोई पारिश्रमिक नहीं लोगे। इस शर्त का पालन न करने से यह विद्या स्वत: लोप हो जाती है। मामा साहब हर किसी आगन्तुक के साथ उसके गाँव जाते। उसके आँगन और खेत में पानी के स्रोत उसे बताते और साथ में यह निवेदन भी करते कि अब किसी और को मेरा नाम मत बताना। जब उनके बताये हुए पानी के स्थान सही निकलते, तब उन्हें विद्या आती है, यह जानने वालों की संख्या भी लगातार बढ़ती जाती। वे बिना किसी संकोच, सबकी सेवा करते। कुछ वर्षों तक उन्होंने इन्दौर परस्पर सहकारी बैंक के निदेशक पद पर भी कार्य किया।

कृष्णराव मुजुमदार के व्यक्तित्व की यही विशेषता थी कि वे बहुमुखी प्रतिभा के धनी थे। हर बड़े से बड़ा संगीतकार यह कहता है कि संगीत सीखने वाला व्यक्ति जीवन में सिर्फ़ संगीतकार ही हो सकता है और कुछ नहीं। क्योंकि और कुछ होने के लिए उसके पास वक़्त ही नहीं होता। संगीत जगत् में तो यह मान्यता है कि जो व्यक्ति जितना ज़्यादा रियाज़ करेगा, वह उतना ही बड़ा कलाकार बन पायेगा। इस प्रकार संगीत सीखने वाले लोग हर वक़्त सिर्फ़ संगीत में डूबा रहना पसन्द करते हैं। दूसरे क्षेत्रों में उन्हें सिर्फ़ कामचलाऊ ज्ञान होता है।

इधर कृष्णराव मुजुमदार एक सफल इंजीनियर थे और देश के शीर्षस्थ संगीतकारों में उनका नाम शुमार थे। वहीं वे एक सफल और ज़िम्मेदार पिता, एक बड़े परिवार के मुखिया और अपने शिष्यों के लिए अत्यन्त गुणी गुरु के रूप में विख्यात रहे। आज उनकी शिष्या कल्पना झोकरकर देश की प्रसिद्ध गायिकाओं में गिनी जाती हैं। अपनी ज़िन्दगी के एक-एक पल का मामा साहब ने समुचित उपयोग किया

इसलिए वे विभिन्न क्षेत्रों में पूरी तरह सफल हुए। हर व्यक्ति के जीवन में जहाँ ख़ुशियाँ हैं, वहीं तरह-तरह की परेशानियाँ भी होती हैं। जब हम किसी ऊँचे पहाड़ पर चढ़ते हैं तो अक्सर हमारे पैर भी फिसलते हैं। कभी-कभार हमें निराशा भी होती है। अक्सर तो लोग हार मानकर रास्ता ही बदल देते हैं। मामा साहब में यह सब कमज़ोरियाँ बिलकुल नहीं थीं। ऐसा नहीं कि उनके जीवन में परेशानियाँ न आयी हों। वे कभी निराश न हुए हों। उन्हें कभी अपने उद्देश्यों में असफलता का सामना न करना पड़ा हो। यह सब उनके साथ हुआ परन्तु वे अपनी बन्दिश में यही गाते रहे—'मोरी तुम संग लागी रटना...' जब सब कुछ ईश्वर पर छोड़ दिया, उसके नाम संग रट लगा ली तब वह जाने, जिसने यह जीवन दिया है। हमें सिर्फ़ अपना कर्तव्य करना है। मात्र कर्तव्य। सफलता या असफलता उसके हाथ है, जिसके नाम संग हमने अपनी रटना लगायी है। यही फ़लसफ़ा रहा, जीवन-भर मामा साहब मुजुमदार का।

उन्होंने अपनी संगीत साधना के दौरान नये राग नहीं बनाये, नयी बन्दिशें नहीं लिखीं। वे कहते थे, पहले से इतने राग हैं और बन्दिशों के भण्डार भरे पड़े हैं। हम उन्हें संरक्षित भर कर पाये तो संगीत क्षेत्र में हमारी बहुत बड़ी सेवा होगी। कितने राग-रागिनियाँ लुप्तप्राय हैं। कई जटिल रागों को अब कोई नहीं गाता। सैकड़ों बन्दिशें अपना अस्तित्व खोती जा रही हैं। ऐसे समय में हमें सबसे पहले अपनी विरासत के संरक्षण का काम करना चाहिए। नया तो आता ही रहेगा, उसके आने को भला कौन रोक सकता है परन्तु चिन्ता इस बात की होनी चाहिये कि हमारी महान् विरासत कहीं नष्ट न हो जाये, इसलिए उसका संरक्षण बहुत ज़रूरी है।

वे शुद्ध शास्त्रीय परम्परा के हिमायती थे। उनका कहना था कि पहले हम किसी रचना के शुद्ध और उसके परिपूर्ण रूप विधान को तो जान-समझ लें। उसे शुद्धतम पद्धति के साथ अपने भीतर उतार लें, तब कहीं जाकर उसमें नये प्रयोगों के विषय में सोचें तो वह बात बिलकुल अलग और सार्थक होगी। हम किसी चीज़ को पूरी तरह जानते नहीं और उसे तोड़-मरोड़कर उसे नया रूप देने की कोशिश करते हैं, यह बात ठीक नहीं है। इसे प्रयोग नहीं विकृति कहा जायेगा। जहाँ कहीं उन्हें ये लगता कि इस

परिपाटी में परिवर्तन की गुंजाइश है, वहाँ वे नये प्रयोगों का स्वागत भी करते।

वे कहते थे कि मेरे उस्ताद रजब अली ख़ाँ के पास विभिन्न रागों और बन्दिशों का इतना विशाल भण्डार है कि उसे सीखने के लिए एक उम्र पर्याप्त नहीं है। उसके लिए तो कई जन्म लेने पड़ेंगे। मैंने तो उस संगीत सागर में से अंजुरी-भर जल निकाला है बस। इससे ज़्यादा कुछ भी नहीं। अंजुरी-भर जल ने ही उन्हें बहुत तृप्त किया और संगीत जगत् में उनका ख़ूब नाम रोशन हुआ।

इंजीनियरिंग पढ़ते हुए उन्होंने ड्राइंग में कुशलता हासिल की। इंजीनियरिंग में यह एक प्रमुख विषय है। इस प्रकार चित्रात्मकता उनके मनोमस्तिष्क में पूरी तरह छायी हुई थी। जब वे कोई राग या बन्दिश गाते तो मानो अपने स्वरों से कोई चित्र बना रहे हों। उनको ध्यान से सुनते हुए इस चित्रात्मकता का पूरा आभास मिलता है। वे हर बात को हृदय में सोचते थे। संगीत जैसी अमूर्त कला को उन्होंने इस तरह साधा और प्रस्तुत किया कि उसमें दृश्यात्मकता की झलक मिलती है। श्रोता यहाँ राग को सुनता भी है और देखता भी है, मामा साहब की गायकी में यह सबसे बड़ी विशेषता है। वे डूबकर गाते थे, मानो अपने इष्ट की आराधना कर रहे हों। जे. कृष्णमूर्ति के दर्शन को पढ़ते हुए उन्होंने ध्यान की कई विधियाँ जानीं। आजकल ध्यान की बड़ी चर्चा होती है। कोई अपनी साँस पर, कोई मस्तक के केन्द्र पर और कोई नासिका के अग्र भाग पर अपना ध्यान केन्द्रित करता है। उसमें लोगों को सफलता भी मिलती होगी। मामा साहब स्वर पर ध्यान केन्द्रित करने को अपने लिए श्रेष्ठ ध्यान विधि मानते थे। ऐसा करते हुए वे अकसर कहा करते थे कि किसी भी राग के स्वरों पर ध्यान केन्द्रित कर उसे गाना एक प्रकार से ध्यान योग है। उसी प्रकार उसे शान्त होकर सुनना भी ध्यान में जाना है। इस प्रकार संगीत एक ऐसी ध्यान पद्धति है जिसमें गायक और श्रोता दोनों ध्यान में प्रविष्ट होकर एक साथ आनन्द की अनुभूति प्राप्त करते हैं।

गाँधी जी के दर्शन से उन्होंने शरीर और मन को सम्भालना सीखा। शारीरिक और मानसिक स्वास्थ्य की उन्होंने पूरी तरह सुरक्षा गाँधी जी से सीखी। संगीत को ध्यान की तरह लेना, उनसे अपने इष्ट की आराधना

करना उन्होंने अपने उस्ताद रजब अली ख़ाँ साहब से जाना और जे. कृष्णमूर्ति के अनुसार सत्य की तलाश संसार को छोड़कर, उससे बाहर जाकर नहीं होती। संसार में रहकर ही उसकी धूप-छाँव देखते हुए, उसमें निर्लिप्त रहते हुए सत्य की खोज करना ही जीवन का उद्देश्य है और यही सच्चा धर्म भी। मामा साहब ने अपने जीवन में किन्हीं उत्तरदायित्वों से कभी मुँह नहीं मोड़ा। उन्होंने हर दायित्व को आगे बढ़कर पूरा किया। नौकरी की और बड़ा परिवार पाला। इस प्रकार पूरी तरह संसार में रहते हुए संगीत साधना द्वारा अपने इष्ट की पूजा-आराधना की। 'मोरी तुम संग लागी रटना...।'

१९९१ में मामा साहब की इहलीला समाप्त हुई। वे इस संसार को छोड़कर अनन्त यात्रा पर निकल गये। जाना तो एक दिन सबको है परन्तु जाने वाले अपने पीछे क़दमों के निशान छोड़ जायें जिस पर चलते हुए लोग धन्य हों, तब इस तरह जाने का एक अर्थ होता है। मामा साहब के शिष्य हैं। उनकी बेटियाँ, दामाद और पोते-पोतियाँ हैं, वे चल रहे हैं उन चरण चिह्नों पर जो मामा साहब अपने पीछे छोड़ गये।

श्रीमती कल्पना झोकरकर, परिवार के सदस्य एवं मामा साहब के शिष्यों ने मिलकर इन्दौर में 'मामा साहब मुजुमदार म्यूज़िक फ़ाउण्डेशन' स्थापित की और उनकी पहली पुण्यतिथि से उनकी स्मृति में एक संगीत समारोह का आयोजन प्रारम्भ कर दिया। पिछले सत्ताईस वर्षों से यह कार्यक्रम अनवरत रूप से इन्दौर में मनाया जाता है। इस कार्यक्रम की पूरे देश में प्रतिष्ठा है। सभी चोटी के कलाकार इस कार्यक्रम में शिरकत कर चुके हैं। प्रति वर्ष इस कार्यक्रम में देश के दिग्गज एवं उदीयमान कलाकार सहर्ष भाग लेते हुए स्व. मामा साहब को अपनी स्वरांजलि अर्पित करते हैं। इन्दौर वासियों को तो प्रति वर्ष इस कार्यक्रम की प्रतीक्षा रहती है। यह कार्यक्रम सबके लिए खुला रहता है। बड़ी संख्या में लोग उपस्थित होकर इस कार्यक्रम में संगीत का आनन्द लेते हैं और स्वर्गीय मामा साहब को याद करते हैं।

पिछले दिनों फ़ाउण्डेशन के प्रयासों से मामा साहब के व्यक्तित्व और कृतित्व पर केन्द्रित एक डॉक्यूमेंट्री फ़िल्म भी बनायी गयी, जिसका प्रदर्शन इन्दौर में किया गया था। सन् २००७ में मामा साहब का जन्म शताब्दी वर्ष था। इस अवसर पर इन्दौर में दो दिवसीय अखिल भारतीय

संगीत समारोह आयोजित किया गया। मामा साहब की स्मृति में आयोजित इस कार्यक्रम में देश के अधिकांश दिग्गज कलाकारों ने उत्साहपूर्वक भाग लिया। मामा साहब के शिष्यों की शानदार प्रस्तुतियाँ हुईं। इस अवसर पर एक महत्त्वपूर्ण स्मारिका भी प्रकाशित की गयी, जिसमें नगर के लेखकों-पत्रकारों ने उनकी स्मृतियाँ सँजोयी। उनकी बेटी रंजना मुजुमदार ने अपने उद्‍गार लेख में कई अनछुए प्रसंगों पर प्रकाश डाला और अन्त में एक कविता उद्धृत की जिसकी कुछ पंक्तियाँ इस प्रकार हैं—

> काग़ज़ पर जगह कम है
> मन बहुत ज़्यादा नम है
> ये यादें,
> किसी व्याकुल समय की सूचनाएँ हैं।

सुमिरत भये दिन रैन जुग बीते
आचार्य गोकुलोत्सव महाराज

महाप्रभु वल्लभाचार्य का नाम भला कौन नहीं जानता। भारतीय दर्शन परम्परा में जब न्याय, वैशेषिक, सांख्य, योग, पूर्व मीमांसा एवं वेदान्त दर्शन का वर्चस्व था, तब श्री वल्लभाचार्य ने भक्ति मार्ग की अलख जगाते हुए 'रसो वै सः' अर्थात् 'रस' की महत्ता को प्रतिपादित किया। वल्लभाचार्य जी ने भारतीय दर्शन की शुष्क परम्परा में पहली बार रस की साधना को प्रतिष्ठापित किया। जहाँ जगत् को माया का जंजाल कहते हुए अस्वीकार किया जा रहा था, वहाँ वल्लभाचार्य जी ने जगत् के प्रति स्वीकार का भाव अपनाया और अपने वचनों में इसका प्रचार-प्रसार किया। वल्लभाचार्य जी के अनुसार ब्रह्म सच्चिदानन्द स्वरूप है, जिसे भक्ति भाव द्वारा रस की साधना करते हुए परमानन्दानुभूति के अनुभव में पाया जा सकता है। वल्लभाचार्य जी की यह स्थापना सामान्य जन में सहज स्वीकार्य हुई और इसकी लोकप्रियता पूरे देश में बढ़ती चली गयी। अपने भक्ति मार्ग के प्रचार में महाप्रभु ने पूरे देश का भ्रमण किया, ८४ स्थानों पर श्रीमद्‌भागवत का पारायण किया, इन्हें महाप्रभु की ८४ बैठकों के रूप में जाना जाता है। इसी प्रकार यह भी कहा जाता है कि वल्लभाचार्य जी ने ८४ ग्रन्थों का प्रणयन किया।

महाप्रभु वल्लभाचार्य के भक्ति मार्ग को 'पुष्टि मार्ग' से भी जाना जाता है। इसमें सच्चिदानन्द स्वरूप श्रीकृष्ण ही पूर्ण ब्रह्म हैं। इनकी आराधना,

ध्यान, भक्ति और इनके श्रीचरणों में पूर्ण समर्पित प्रेम ही पुष्टि मार्ग है। आचार्य वल्लभाचार्य ने श्रीमद्भागवत के आधार पर कृष्ण लीलाओं को सर्ग, विसर्ग, स्थान, पोषण, उति, मनवन्तर, ईशानुकथा, निरोध, मुक्ति और आश्रय लीला भेदों में विभक्त किया। वल्लभाचार्य जी के भक्ति मार्ग के तीन प्रमुख सोपान हैं : राग, भोग और शृंगार। राग अर्थात् कीर्तन सेवा, जिसके अन्तर्गत शुद्ध शास्त्रीय परम्परानुसार स्वर, ताल और भाव के साथ लीला गायन के अन्तर्गत प्रभु की लीलाओं के पद गायन; जिसमें कीर्तन, स्मरण, सेवा, वंदना, दास्य और आत्मनिवेदन के भाव सर्वोपरि हैं। यहाँ शास्त्रीय संगीत की शुद्ध परम्परा पर ज़्यादा ज़ोर है। दूसरा भाव है भोग का। इसके अन्तर्गत मान्यता यह है कि जो भी भोजन हम ग्रहण करते हैं, वह परब्रह्म परमात्मा की कृपा से ही हमें प्राप्त है इसलिए सबसे पहले उसे अर्पित करके, उसे भोग लगाकर हम प्रसाद रूप में अपने लिए ग्रहण करेंगे। तीसरा भाव है शृंगार का। वल्लभ सम्प्रदाय में ब्रह्म के साकार रूप की मान्यता है। अर्थात् मन्दिर में जो प्रभु का विग्रह है, वह साक्षात् प्रभु की उपस्थिति का द्योतक है। इस प्रकार जब साक्षात् प्रभु साकार रूप में हमारे सम्मुख विराजमान हैं, तब उनका सुन्दरतम शृंगार होना चाहिये। सुन्दर वस्त्र, तिलक, माला, पुष्प और रत्नजड़ित मुकुट द्वारा उनका शृंगार किया जाता है। शृंगार के जितने उपादान हो सकते हैं यथासम्भव सबका यहाँ समुचित उपयोग किया जाता है। यह शृंगार त्योहारों पर विशिष्ट एवं ऋतु अनुसार होता है। प्रभु यहाँ साकार रूप में हैं इसलिए उनकी सेवा और शृंगार की भावना सर्वोपरि है। अत: वल्लभाचार्य सम्प्रदाय में राग, भोग और शृंगार भक्ति के प्रमुख आधार स्तम्भ हैं। गोवर्धन पर्वत स्थित श्रीनाथ जी के मन्दिर में राग तालबद्ध कीर्तन, भोग एवं शृंगार की उत्कृष्ट परम्परा स्थापित है। मध्य युग में सर्वप्रथम चार संगीतज्ञ शिष्यों क्रमश: सूरदास, परमानन्द दास, कृष्णदास और कुंभनदास को यहाँ राग भक्ति का दायित्व सौंपा गया, जिनमें भक्त सूरदास का नाम जग-प्रसिद्ध है। पुष्टिमार्गीय कीर्तन गान की परम्परा केवल गोवर्धन पुरी तक ही सीमित नहीं है, वरन् राजस्थान, उत्तर प्रदेश, गुजरात, मध्य प्रदेश आदि जहाँ-जहाँ भी वल्लभ सम्प्रदाय के मन्दिर हैं, जिन्हें हवेली भी कहते हैं, वहाँ यह परम्परा आज भी विद्यमान है। कीर्तन गायन की परम्परा में प्रमुख चार कीर्तनकारों के अलावा पद्मनाथ दास, रसिक प्रीतम, गदाधर मिश्र, नागरीदास, जगजीवन प्रभु, राजा आसकरन

जैसे कई ख्यात नाम शामिल हैं, इनमें सभी काव्य कला में मर्मज्ञ एवं मँजे हुए गायक-संगीतकार रहे हैं। इसी परम्परा में आज हम आचार्य गोकुलोत्सव महाराज को याद करते हैं। वल्लभ सम्प्रदाय के मन्दिरों को प्रायः हवेली भी कहा जाता है। दरअसल, ये मन्दिर भगवान श्रीकृष्ण के निवास-स्थल अर्थात् उनकी हवेली ही हैं इसलिए इनमें गायन-वादन की परम्परा को हवेली संगीत के नाम से जाना जाता है।

इन्दौर (म.प्र.) में मल्हारगंज नामक स्थान में वल्लभ सम्प्रदाय का एक विशाल मन्दिर (हवेली) स्थित है, जिसके आचार्य हैं हमारे समय के महान् गायक गोकुलोत्सव जी महाराज। पद्मश्री और पद्मभूषण सहित कई राष्ट्रीय एवं अन्तर्राष्ट्रीय पुरस्कारों से सम्मानित गोकुलोत्सव जी महाराज संगीत के क्षेत्र में हमारे राष्ट्र के गौरव हैं।

मल्हारगंज स्थित वल्लभ सम्प्रदाय के मन्दिर-प्रांगण में ही बालक गोकुलोत्सव का पालन-पोषण हुआ। आपके पिता श्री गिरधर लाल जी महाराज उस समय मन्दिर प्रबन्धन में आचार्य पद पर सुशोभित थे। अपने पद के अनुरूप आप संस्कृत, ज्योतिष, दर्शन और व्याकरण के प्रकाण्ड पण्डित थे। अँग्रेज़ों का शासन काल था इसलिए राजा-महाराजाओं का पत्राचार उस समय की राजकाज की भाषा उर्दू-फ़ारसी में हुआ करता था, जिसे उपयोगी जानकर पण्डित जी ने उर्दू-फ़ारसी में भी महारत हासिल की। अँग्रेज़ी का चयन भी व्यवहार में आने लगा था इसलिए उन्होंने नयी पीढ़ी के लिए अँग्रेज़ी शिक्षा ज़रूरी मानकर बालक गोकुलोत्सव के लिए उसकी शिक्षा का भी समुचित प्रबन्ध किया। माता श्रीमती चन्द्रप्रभा जी श्रीमद्भागवत की उद्भट विद्वान और संस्कृत की अच्छी जानकार। इस प्रकार माता-पिता के संरक्षण और मन्दिर प्रांगण, जो कि एक आश्रम की तरह ही है, के कठिन अनुशासन के बीच बालक गोकुलोत्सव की शिक्षा-दीक्षा प्रारम्भ हुई।

गोकुलोत्सव महाराज के प्रथम गुरु तो उनके माता-पिता ही हैं। अपने पिता से उन्होंने संस्कृत, हिन्दी, ज्योतिष, वैद्यक और उर्दू-फ़ारसी की विधिवत् शिक्षा प्राप्त की। माता से श्रीमद्भागवत महापुराण का गम्भीर ज्ञान एवं अन्य धार्मिक-पौराणिक ग्रन्थों की शिक्षा प्राप्त की। पिता श्री गिरधर लाल जी मन्दिर में आचार्य पद में आसीन थे इसलिए मन्दिर की धार्मिक परम्परा राग, भोग और शृंगार का उनके द्वारा पूरी तरह पालन

किया जाता था। वे स्वयं मन्दिर में कीर्तनकार के रूप में राग गायन की सेवाओं का पालन कर रहे थे। राग गायन की उत्कृष्ट परम्परा में वे पूरी तरह निष्णात थे। वे बहुत अच्छा पखावज बजाते थे। वे ध्रुपद, धमार एवं पुष्टिमार्गीय पद गायन में उच्चतर स्थान रखते थे। पाँच वर्ष की उम्र से ही बालक गोकुलोत्सव को पखावज बजाना उन्होंने सिखाना प्रारम्भ कर दिया था। उधर उनकी माताजी उन्हें लगातार उच्चतर धार्मिक संस्कार प्रदान कर रही थीं। राग, भोग और श्रृंगार द्वारा ठाकुर जी की सेवा का भाव वे मन्दिर प्रांगण में रहते हुए लगातार सीख ही रहे थे।

स्कूली शिक्षा के लिए हंसराज विद्यापीठ, इन्दौर में उनका दाख़िला कर दिया गया। यहाँ से उन्होंने पाँचवीं तक शिक्षा प्राप्त की। आगे उन्होंने स्वाध्यायी छात्र के रूप में स्नातक तक की शिक्षा ग्रहण की। शिक्षा के क्षेत्र में उनके व्यक्तित्व निर्माण के लिए उनके पिता का ही सर्वाधिक योगदान रहा। उनके पिता उन्हें भाषा (संस्कृत, हिन्दी, उर्दू) और व्याकरण अच्छी तरह पढ़ा रहे थे। ज्योतिष और वैद्यक का ज्ञान भी उन्होंने अपने पिता से ही प्राप्त किया। माता की प्रेरणा से आपने वेद, उपनिषद और पुराणों का गम्भीर अध्ययन किया। अँग्रेज़ी सिखाने के लिए उन्हें शिक्षक लगाया गया जो घर पर आकर उन्हें अँग्रेज़ी पढ़ाया करता था। इस प्रकार आपने संस्कृत, हिन्दी, उर्दू और अँग्रेज़ी भाषा में कुशलता हासिल की। धार्मिक ग्रन्थों का अध्ययन भी साथ-साथ चलता रहा। संगीत की प्रारम्भिक शिक्षा आपने अपने पिताश्री से ही प्राप्त की। बचपन से ही गोकुलोत्सव जी मन्दिर में पखावज वादन करने लगे थे। आगे उन्होंने पखावज की विधिवत् शिक्षा पण्डित दीनानाथ व्यास से प्राप्त की। पण्डित दीनानाथ जी कठोर अनुशासन के हिमायती थे। उनका मानना था कि बिना अनुशासन के कभी कोई शिक्षा प्राप्त नहीं की जा सकती। उन्हें मालूम था कि पखावज बजाना बहुत श्रमसाध्य कार्य है। इसके लिए वादक का शरीर बहुत मज़बूत होना चाहिये तब कहीं जाकर हाथों में वज़न पैदा होता है। इसके लिए सबसे पहले उन्होंने बालक गोकुलोत्सव को पहलवानी की शिक्षा दी। यह कठोर अनुशासनबद्ध कार्यक्रम था। सुबह चार बजे तैयार होकर व्यायामशाला में आइये और सैकड़ों दण्ड-बैठक करिये तत्पश्चात् मुगदर घुमाइये, तब कहीं जाकर पखावज पर थाप देने लायक मज़बूत हाथ बन पायेंगे। गोकुलोत्सव जी

ने इस कठोर दिनचर्या को अपनाया और अपने शरीर को व्यायाम करते हुए बहुत मज़बूत बनाया। आगे चलकर उन्होंने श्री चुन्नीलाल पंवार, पण्डित शिवनारायण और श्रीकृष्णदास बनातवाला से भी पखावज बजाने की शिक्षा प्राप्त की। इस प्रकार पखावज बजाने में आपने पर्याप्त कुशलता हासिल की। इसके साथ ही आपने कश्यप वीणा और रबाब बजाने में भी कुशलता हासिल की। प्रथम पखावज फिर ध्रुपद तत्पश्चात् आपने ख़याल गायकी की शिक्षा पायी।

ख़याल गायकी में आपकी अभिरुचि देखकर आपके पिताश्री ने उस समय के प्रसिद्ध ख़याल गायक पण्डित मोरेश्वर राव गोलवलकर जी से आपको ख़याल गायकी की शिक्षा दिलवायी। गोलवलकर जी बहुत गुणी ख़याल गायक थे। उन्होंने गोकुलोत्सव को ख़याल गायकी की बारीकियाँ समझायीं और उनका कठिन अभ्यास करवाया। वे ग्वालियर एवं किराना घराने के ख्यातिनाम कलाकार थे। पण्डित मोरेश्वर राव जी से गोकुलोत्सव महाराज ने ग्वालियर और किराना घराने की कई महत्त्वपूर्ण बन्दिशें और राग सीखे। इनमें केदार-बहार, नट-नारायण, ललित, गौरी, धुलिया, सारंग, दीपक, जोग, बहार, हेम कल्याण, लाचारी-तोड़ी, खट, बसन्त बहार आदि प्रमुख हैं। युवा अवस्था में आपको कई बार टाइफायड हुआ। पिता कहते, खान-पान में परहेज़ रखो। दिनचर्या नियमित रखो और समय से औषधि का सेवन करो, जीवन भर स्वस्थ रहोगे। तब से नियमित दिनचर्या का पाठ उन्होंने अपने जीवन में कठोरतापूर्वक पालन किया और आज भी करते हैं। ईश्वर की कृपा से अब वे पूरी तरह स्वस्थ और सानन्द हैं।

वल्लभ सम्प्रदाय के मन्दिर देश के बहुत से शहरों में हैं। सबसे पहले आठ वर्ष की उम्र में आपने बम्बई स्थित वल्लभ सम्प्रदाय के मन्दिर में एक धार्मिक समारोह में अपने गायन की प्रस्तुति दी। सिलसिला चल निकला। तब से अब तक आप देश के सभी प्रतिष्ठित समारोहों में और विदेशों में कई अन्तर्राष्ट्रीय मंचों से अपनी प्रस्तुतियाँ दे चुके हैं। संगीत की प्रारम्भिक शिक्षा आपने अपने पिता से और ख़याल गायकी की शिक्षा आपने ग्वालियर एवं किराना घराने के सुप्रसिद्ध गायक पण्डित मोरेश्वर राव गोलवलकर से प्राप्त की। आगे की संगीत शिक्षा आपने 'एकलव्य' की तरह अपने पूर्ववर्ती कलाकारों को ध्यानपूर्वक सुनते हुए प्राप्त की।

इन्दौर में उन दिनों उस्ताद अमीर ख़ाँ साहब का बहुत नाम था। गोकुलोत्सव महाराज बचपन से ही सच्चे गुणग्राहक रहे। जहाँ कहीं किसी से भी जो अच्छा मिला, आपने उसे एकाग्र होकर सीखा। इस जन्मजात प्रवृत्ति ने आपको बहुत लाभ पहुँचाया। अमीर ख़ाँ साहब को सुनकर आप उनकी रूहानी गायकी से बहुत प्रभावित हुए। आपने ढूँढ़-ढूँढ़कर उनके सारे एलबम बुलवाये। उन्हें ध्यानपूर्वक कई-कई बार सुना। उनके गायकी की बारीकियाँ समझीं, उन्हें आत्मसात् किया। अमीर ख़ाँ की गायकी का उन पर इतना ज़्यादा प्रभाव रहा कि शुरू-शुरू में लोग उन्हें अमीर ख़ाँ साहब का शिष्य मानने लगे थे।

कालान्तर में उन्होंने अपनी एक निजी शैली विकसित की। अमीर ख़ाँ साहब से प्राप्त गायकी में उन्होंने नये प्रयोग किये। इस प्रकार उनकी अपनी स्वतन्त्र पहचान स्थापित हो पायी। परन्तु इस एकलव्य शैली का उन्होंने साथ नहीं छोड़ा। यह प्रवृत्ति उनमें बचपन से थी। इसी प्रकार उस्ताद वहीद ख़ाँ की आलापचारी और लयबद्धता का भी उन पर बहुत प्रभाव रहा। आगे अमान अली, भास्कर बुआ बखले, आशिक अली ख़ाँ, बालकृष्ण बुआ, इचलकरंजीकर आदि नामी गायकों के रिकॉर्ड मँगाकर आपने उन्हें बार-बार सुना और उनकी गायकी से प्रेरणा ली।

गोकुलोत्सव महाराज सबसे पहले वल्लभ सम्प्रदाय के सर्वमान्य आचार्य हैं। यह पद उन्हें वंश-परम्परा से प्राप्त है। बचपन से उनके पिता ने इस पद के लिए उन्हें तैयार किया। पाँच वर्ष की अवस्था से ही आपको वेद-वेदांग एवं धार्मिक शास्त्र आदि कण्ठस्थ कराये गये। स्कूली शिक्षा के साथ-साथ आपने पाणिनी अष्टाध्यायी, सिद्धान्त कौमुदी, पातंजलि महाभाष्य, शब्देन्दु शेखर एवं मनोरमा पौढ़ का गहन अध्ययन किया। एक आचार्य के लिए शास्त्रों का ज्ञान परम आवश्यक होता है, इसको ध्यान में रखकर आपके पिता ने आपको विभिन्न धार्मिक शास्त्रों की विधिवत् शिक्षा दिलवायी। आगे चलकर आपने स्वाध्याय करते हुए षड्दर्शन के अन्तर्गत न्याय, वैशेषिक, सांख्य, योग, पूर्व मीमांसा और उत्तर मीमांसा का विस्तारपूर्वक अध्ययन किया। श्रीमद्भागवत पुराण तो वल्लभ सम्प्रदाय का आधार ग्रन्थ है, इसका नियमित पारायण करते हुए आपने इसमें विशेषज्ञता हासिल की। संस्कृत, हिन्दी, अँग्रेज़ी, उर्दू और तेलुगु भाषाओं का ज्ञान आपने अलग से प्राप्त किया। इस प्रकार वल्लभ

सम्प्रदाय के परिपूर्ण आचार्य के रूप में आपने पर्याप्त ज्ञान हासिल कर अपने पिता की भाँति इस पद को गौरवान्वित किया। इस पद के साथ नियम, संयम, दिनचर्या आदि की कुछ कठिन परम्पराएँ जुड़ी हुई हैं, जिन्हें गोकुलोत्सव महाराज अब तक पालन करते हैं और उनके अनुसार जीवनपर्यन्त करते रहेंगे।

वल्लभ सम्प्रदाय के मन्दिरों में, जिन्हें हवेली भी कहते हैं, एक विशेष प्रकार की पूजा पद्धति है जिसके अन्तर्गत राग, भोग और श्रृंगार की प्रधानता है। इसमें 'राग' के अन्तर्गत प्रातःकाल से लेकर रात्रिशयन के समय तक के भक्ति गीत हैं, जिन्हें लीला गीत भी कहा जाता है, उन्हें शास्त्रीय रागों में गाने की परम्परा है। ये ऋतु के अनुसार हैं और त्योहारों पर इनमें नयी शैलियाँ जुड़ जाती हैं। इस प्रकार वल्लभ सम्प्रदाय की पूजा पद्धति में 'राग' का बड़ा महत्त्व है। राग आधारित पूजा पद्धति को अपनाने के लिए हवेली संगीत की परम्परा में निष्णात होना बहुत ज़रूरी है।

एक ओर गोकुलोत्सव जी के पिताश्री गिरधरलाल जी ने आपको वेदशास्त्र और धार्मिक ग्रन्थों की शिक्षा दी। वहीं दूसरी ओर उन्होंने आपको हवेली संगीत की उत्कृष्ट परम्परा में भी पारंगत होने की प्रेरणा दी। ख़ुद उन्होंने अपने बेटे को कण्ठ संगीत एवं पखावज की शिक्षा दी तथा आगे संगीत शिक्षा के लिए उन्होंने विद्वज्जनों से परिचित कराया। इस प्रकार वल्लभ सम्प्रदाय की पूजा में 'राग' को साधने के लिए गोकुलोत्सव महाराज ने हवेली संगीत में कुशलता हासिल की। आज भी उनकी सम्पूर्ण गायकी ठाकुर जी की पूजा ही है। वे कहते हैं कि मैं तो कहीं भी, चाहे मन्दिर में या स्टेज पर जो कुछ भी गाता हूँ वह एक तरह की पूजा ही है।

इस प्रकार रेल की पटरियों की तरह समानान्तर आपके व्यक्तित्व का विकास हुआ। एक वल्लभ सम्प्रदाय के आचार्य रूप में और दूसरे रागी-अनुरागी भक्त गायक के रूप में। दोनों दिशाओं में आपकी साधना और उपलब्धियाँ अद्वितीय हैं। एक आचार्य के रूप में आपने पूरी वैदिक परम्परा को आत्मसात् कर कई महत्त्वपूर्ण पुस्तकों का प्रणयन किया, जिनमें प्रमुख इस प्रकार हैं : श्रीमद्भागवत गीता भव भयघ्न भाष्यम् (संस्कृत), उपनिषद भाष्यम्, कण्ठाभरण भाष्यम्, भवभयघ्न भाष्यम्, (संस्कृत), पुष्टि साहित्य सार (दो भागों में, हिन्दी)। हिन्दी में आपके

कई ग्रन्थ हैं, जिनमें—पुष्टि सेव्य स्वरूप, गृहस्वरूप वर्तमान सन्दर्भों में, स्वरूप निर्णय, द्वादशाध्याय गीता, आकृति विज्ञान, चिन्तन के चरण, बिन्दु में सिंधु समाये, साकार ब्रह्मवाद इत्यादि। इसी प्रकार उर्दू में भी आपके कुछ ग्रन्थ उपलब्ध हैं। अँग्रेज़ी में आपकी भेंटवार्ताएँ और वक्तव्य आदि प्रकाशित हैं। आयुर्वेद, होम्योपैथी, प्राकृतिक चिकित्सा और यूनानी चिकित्सा पद्धतियों का भी आपको विशेष ज्ञान है। ज्योतिष के अन्तर्गत कुण्डली विज्ञान और समुद्रशास्त्र के भी आप खासे जानकार हैं। इस प्रकार एक आचार्य के रूप में आपको धर्मशास्त्रों, पारम्परिक चिकित्सा पद्धतियों और ज्योतिष का पर्याप्त ज्ञान है। हज़ारों शिष्य अपनी परेशानियाँ लेकर आपके पास आते रहते हैं। यथासम्भव आप लोगों की समस्याओं का समुचित समाधान कर उन्हें सुझाते हैं। वल्लभ सम्प्रदाय की अपनी पूजा पद्धति और धार्मिक मान्यताएँ हैं, जिसका आप स्वयं तो पालन करते ही हैं और शिष्यों द्वारा उन्हें जीवन में उतारने की प्रेरणा देते रहते हैं। आपके पिता ने बचपन से आपको एक आचार्य के रूप में स्थापित होने के लिए यथोचित शिक्षा प्रदान की, जिसमें पूरी तरह पारंगत होकर आप वल्लभ सम्प्रदाय के सर्वमान्य आचार्य के रूप में लोकप्रिय हैं।

जैसा कि मैंने ऊपर स्पष्ट किया कि वल्लभ सम्प्रदाय में 'राग' की बड़ी महिमा है। मध्य युग में अष्टछाप कवियों की श्रृंखला इस महिमा को स्थापित करती है। उसी परम्परा के अन्तर्गत आधुनिक युग में एक नाम आकर जुड़ता है, पण्डित गोकुलोत्सव महाराज। इस प्रकार गोकुलोत्सव जी का एक आचार्य का पक्ष है और दूसरा उनका संगीत साधक का पक्ष है। इस दूसरे पक्ष में भी आपने शिखर स्थान प्राप्त किया है। हवेली संगीत की परम्परा में आज गोकुलोत्सव महाराज का नाम शिखर कलाकारों की श्रेणी में ही लिया जाता है। विशेष बात ये है कि आपने गण्डाबँध शिष्य के रूप में तो सिर्फ़ अपने पिता से ही शिक्षा प्राप्त की शेष 'एकलव्य' शैली अपनाते हुए आपने अपने समकालीन एवं पूर्ववर्ती कलाकारों को एकाग्र मन से सुनते हुए शिक्षा प्राप्त की। आपने किसी घराने-विशेष की परम्परा को नहीं अपनाया अपितु विभिन्न घरानेदार गायकी सुनते हुए, उनमें मौलिक प्रयोग कर आपने अपनी निजी शैली विकसित की। वैसे ही आप घरानेदारी में विश्वास नहीं करते। आपका कहना है, घरानों का

इतिहास मात्र डेढ़-दो सौ साल पुराना है। उसके पहले तो शास्त्र की परम्परा थी अर्थात् शास्त्रीय संगीत की एक अनवरत धारा वैदिक काल से चलती चली आयी है। घराने इस धारा के बीचोबीच उगे हुए छोटे-छोटे टापू हैं। मूल धारा तो शास्त्र की है, जो आज भी अक्षुण्ण है। मैं उसी धारा का संवाहक हूँ। अर्थात् शास्त्रीय संगीत की परम्परा में एक साधारण संगीत साधक।

इन्दौर में रहते हुए उस्ताद अमीर ख़ाँ साहब की गायकी से आप अत्यन्त प्रभावित हुए। शुरू-शुरू में आपने उनकी शैली में गाने का प्रयास किया। इसी कारण कभी-कभार लोग आपको इन्दौर घराने का मानने लगते हैं। परन्तु ऐसा नहीं है। अमीर ख़ाँ साहब से प्रभावित होकर आपने उनकी शैली में कई प्रयोग किये एवं अपनी एक स्वतन्त्र पहचान स्थापित की। उनका कहना है, अच्छी चीज़ें कहीं से भी मिलें, सीखनी चाहिये परन्तु अपनी पहचान तो अपनी शैली से ही बनती है। गोकुलोत्सव महाराज ने बड़ी मेहनत, लगन और रियाज़ से अपनी स्वतन्त्र पहचान बनायी।

उनका कहना है कि सीखना तो जीवन भर चलता है, इसका कोई अन्त नहीं होता, परन्तु मेरी संगीत साधना का पक्ष है वल्लभ सम्प्रदाय में 'राग' द्वारा ईश्वर आराधना। हम तो पूरी तरह ठाकुर जी के लिए गाते हैं, चाहे मन्दिर में गायें या स्टेज पर। गायन ठाकुर जी के लिए ही होता है अर्थात् ईश्वर आराधना के लिए। अब इसमें जनरंजन भी हो जाये तो वह अलग बात है। इसलिए हम अपने संगीत में तमाम तरह के प्रयोग करते हुए भी शास्त्र से विलग नहीं हो सकते। हमारी परम्परा शुद्ध शास्त्रीय परम्परा है। फ्यूज़न को हम कन्फ्यूज़न कहते हैं। फ़िल्म संगीत मुख्य रूप से जनरंजन के लिए है, इसलिए हमने उसे नहीं अपनाया। इसी प्रकार अन्य मनोरंजन प्रधान संगीत में हमारा विश्वास नहीं है। हमारा संगीत तो हमारी आराधना है, जिसे हम पूरी पवित्रता के साथ करते हैं।

हवेली संगीत की परम्परा में काव्य पक्ष की प्रधानता है। संगीत के साथ लीला गायन को यहाँ महत्त्व प्रदान किया गया है। अष्टछाप के कवियों, गायकों ने इस परिपाटी को सहर्ष अपनाया। गोकुलोत्सव महाराज के गायन में भी स्वर और शब्द दोनों की महत्ता है। एक ओर वे आचार्य हैं। संस्कृत, हिन्दी और उर्दू के अच्छे जानकार। दूसरी ओर वे संगीतज्ञ हैं अर्थात् स्वर पर उनका पूरा अधिकार है। इस प्रकार उन्होंने पारम्परिक

बन्दिशें गाते हुए अपने लिए संस्कृत, हिन्दी और उर्दू में पाँच हज़ार से अधिक बन्दिशें स्वयं लिखीं। पूर्व में अधिकांश गायक स्वर के साधक तो रहे परन्तु भाषा पर बहुत कम लोगों का अधिकार रहा। इसके कारण कई पुरानी बन्दिशें भाषा की दृष्टि से त्रुटिपूर्ण हैं। अक्सर तो उस्ताद ने बीमारी के दिनों में या वार्धक्यावस्था में यदि दोषपूर्ण भी गा-बजा लिया तो शिष्यों ने प्रसाद मानकर उसे वैसा ही ग्रहण कर लिया, वैसा दोषपूर्ण गायन आज भी प्रचलित है।

गोकुलोत्सव महाराज भाषा और व्याकरण के अच्छे जानकार हैं इसलिए उनकी बन्दिशें शुद्ध और व्याकरण-सम्मत हैं। वे 'मधुप्रिया' नाम से लिखते हैं। इसी उपनाम से उनकी विभिन्न भाषाओं में अनेक बन्दिशें अत्यन्त लोकप्रिय हैं। आपने ध्रुपद, धमार, ख़याल, रागमाला, ख़यालनुमा ठुमरी सहित संगीत की कई विधाओं के लिए गेय प्रबन्धों की रचनाएँ की हैं। भाषा और व्याकरण का अच्छा ज्ञान होने के कारण आपकी रचनाएँ उच्च कोटि की साहित्यिक रचनाएँ बन पड़ी हैं। इनमें राग की प्रकृति के अनुसार ही रस, भाव और स्वर विन्यास रखा गया है। भावानुकूल शब्दों का चयन एवं मात्रिक छन्द की शैली अपनाते हुए आपकी रचनाएँ राग एवं ताल के समन्वय के साथ अद्‌भुत प्रभाव छोड़ती हैं।

शास्त्रीय संगीत तो बचपन से ही सीखना पड़ता है और शास्त्रीय संगीत के गुणीजन तो प्रायः यह कहते हुए पाये जाते हैं कि शास्त्रीय संगीत को अच्छी तरह सीखने-जानने के लिए एक उम्र अपर्याप्त है। अक्सर बड़े कलाकारों के विषय में यह सुनने को मिलता है कि पूर्व जन्म के संस्कार हैं, जो ये इतने बड़े कलाकार हैं। यह निर्विवाद रूप से सत्य है कि शास्त्रीय संगीत की साधना बहुत श्रमसाध्य एवं धैर्यपूर्वक लगातार सीखते रहने की साधना है। आठ वर्ष की उम्र में ही गोकुलोत्सव जी सार्वजनिक समारोहों में अपने कार्यक्रम प्रस्तुत करने लगे थे। सीखना तब भी चलता था, अब भी लगातार चलता रहता है। कार्यक्रमों का सिलसिला उस छोटी-सी उम्र से शुरू हुआ और चलता चला जा रहा है। 'आकाशवाणी' एक सशक्त माध्यम है अपनी कला को जन-जन तक पहुँचाने का। ख़ुशी की बात है कि प्रचार-प्रसार के तमाम माध्यमों के बावजूद आकाशवाणी की लोकप्रियता कम नहीं हुई है। आज भी रसिक श्रोता आकाशवाणी पर अपने पसन्दीदा कलाकारों को सुनते हुए बहुत

सुकून महसूस करते हैं। 'आकाशवाणी' श्रेष्ठ कलाकारों का चयन कर उनके कार्यक्रम अपने माध्यम से प्रसारित करती है। आकाशवाणी ने आपको 'ए' श्रेणी के कलाकारों में चयनित किया और समय-समय पर आपके बहुत सारे कार्यक्रम प्रसारित किये और अब भी आकाशवाणी पर आपके कार्यक्रम आते रहते हैं। १९७४-७५ में आकाशवाणी द्वारा आयोजित एक कार्यक्रम में आपको सर्वश्रेष्ठ ख़याल और ध्रुपद गायक के रूप में चुना गया था। फिर तो रेडियो पर आपके कार्यक्रमों की बाढ़-सी आ गयी। राष्ट्रीय कार्यक्रम, संगीत सभा, विदेश संचार सेवा, उर्दू सर्विस, विविध भारती, संगीत सरिता, सुबद्ध संगीत आदि विभिन्न कार्यक्रमों में गोकुलोत्सव जी की प्रस्तुतियाँ होती रहीं। देश-भर में जहाँ कहीं भी आप कार्यक्रम देने जाते वहाँ के आकाशवाणी केन्द्र वाले आपको अपने केन्द्र में आमन्त्रित कर आपकी रिकॉर्डिंग ज़रूर करते। इन्दौर तो आपका निवास स्थान है इसलिए आकाशवाणी इन्दौर ने समय-समय पर आपकी कई रिकॉर्डिंग की, जिन्हें उन्होंने अपने कार्यक्रमों में प्रसारित किया एवं संग्रहालय में सुरक्षित करके रख भी लिया। इसी प्रकार आकाशवाणी दिल्ली, मुम्बई, रायपुर, अहमदाबाद, राजकोट, पूना, हैदराबाद, जालन्धर, जयपुर, भोपाल, गोवा आदि केन्द्रों में आपके कार्यक्रमों की रिकॉर्डिंग की गयी और वहाँ से उनका प्रसारण हुआ।

विभिन्न शहरों में समय-समय पर अखिल भारतीय रेडियो संगीत सम्मेलन आयोजित किये जाते हैं। ये कार्यक्रम बहुत उच्चस्तरीय होते हैं, जिनकी देशभर में प्रतिष्ठा है। ऐसे अनेक कार्यक्रमों में गोकुलोत्सव महाराज को सादर आमन्त्रित किया गया, जहाँ आपने अपनी यादगार प्रस्तुतियाँ दीं। इस प्रकार आकाशवाणी के आप एक प्रतिष्ठित कलाकार हैं। अक्सर आपके स्वर आकाशवाणी पर सुनायी देते रहते हैं। देश में जब दूरदर्शन आया तो गोकुलोत्सव महाराज को तुरन्त याद किया। दिल्ली दूरदर्शन, नेशनल चैनल और डी.डी. भारती सहित दूरदर्शन के विभिन्न चैनलों से आपके कार्यक्रम और भेंटवार्ताएँ प्रसारित हुईं।

देश में अखिल भारतीय स्तर के जितने संगीत समारोह होते हैं, लगभग सभी में आदर सहित गोकुलोत्सव महाराज को आमन्त्रित किया जाता है और वहाँ आपका गायन सुनने को मिलता है। अब तक आप तानसेन समारोह, ग्वालियर, हरिदास संगीत सम्मेलन मुम्बई, सवाई गन्धर्व

फ़ेस्टिवल पुणे, गुणीदास संगीत सम्मेलन दिल्ली, हरवल्लभ संगीत सम्मेलन अहमदाबाद, मध्य प्रदेश कला परिषद् भोपाल, संगीत नाटक अकादमी, लखनऊ, आई.टी.सी. संगीत सम्मेलन, कलकत्ता, उस्ताद अमीर ख़ाँ संगीत समारोह, इन्दौर आदि में भाग ले चुके हैं। सुप्रसिद्ध सितार वादक पण्डित रविशंकर आपका गायन सुनकर अत्यन्त प्रभावित हुए थे। उन्होंने व्यक्तिगत रूप से पत्र लिखकर दिल्ली में आयोजित 'रविशंकर प्रजेंट' कार्यक्रम में भाग लेने के लिए आपको आमन्त्रित किया था। यह कार्यक्रम ४ फरवरी, १९८८ को श्रीराम सेंटर, दिल्ली में आयोजित किया गया था। गोकुलोत्सव महाराज ने इस कार्यक्रम में हवेली संगीत परम्परा की यादगार बन्दिशें पेश कीं, जिन्हें सुनकर सारे श्रोता मन्त्रमुग्ध हो गये थे। इस कार्यक्रम में विभिन्न घरानों के नामी कलाकार पधारे हुए थे। उन्होंने गोकुलोत्सव महाराज का मर्मस्पर्शी गायन सुनकर भूरि-भूरि प्रशंसा की थी। इसी प्रकार पण्डित भीमसेन जोशी के आमन्त्रण पर आप 'सवाई गन्धर्व समारोह' में भाग लेने पुणे गये। वहाँ रात तीन बजे आपका कार्यक्रम शुरू हुआ। आपने वहाँ राग मालकौंस में रुबाईदार तराना और द्रुत तीन ताल में सुप्रसिद्ध बन्दिश 'आज मोरे घर आइला बलमा' प्रस्तुत की। इस कार्यक्रम में पण्डित जसराज, श्रीमती मालनी राजुरकर, पण्डित शिवकुमार शर्मा जैसे नामी कलाकार उपस्थित थे, सबने महाराज का गाना सुनकर उनकी तारीफ़ों के पुल बाँध दिये। इसी प्रकार डॉ. प्रेमलता शर्मा जी के आग्रह पर खैरागढ़ संगीत विश्वविद्यालय के एक कार्यक्रम में आपका जाना हुआ। प्रेमलता जी जानती थीं कि आप पखावज बहुत अच्छा बजा लेते हैं इसलिए सबसे पहले उन्होंने आपसे पखावज बजाने का आग्रह किया। कार्यक्रम बहुत देर तक चला। श्रोताओं में सामने सुप्रसिद्ध ध्रुपद गायक पण्डित अभय नारायण मलिक जी बैठे हुए थे। उन्होंने घोषणा कर दी कि अब तो महाराज जी का ध्रुपद गायन सुनकर ही जायेंगे। फिर क्या था महाराज जी का देर तक ध्रुपद गायन भी हुआ। उस रात पण्डित अभय नारायण जी गोकुलोत्सव महाराज से इतने प्रभावित हुए कि वहीं उन्होंने दिल्ली में 'ध्रुपद समारोह' आयोजित करने की योजना बनायी और उसमें गोकुलोत्सव महाराज से पधारने का आग्रह किया। सन् २००१ में यह कार्यक्रम त्रिवेणी सभागार, दिल्ली में आयोजित हुआ और इसमें गोकुलोत्सव महाराज ने राग 'मधुर ध्वनि' में नायक बैजू की प्रसिद्ध ध्रुपद रचना 'विध्या सोई

भली, जोन साधी है रे लाल' गाकर लोगों को मन्त्रमुग्ध कर दिया। अन्त में लोग वाह-वाह कह उठे।

इस प्रकार पूरे देश में गोकुलोत्सव महाराज को लोग भलीभाँति जानने लगे थे। उनकी लोकप्रियता अब देश की हदें लाँघकर विदेशी मंचों पर दस्तक देने लगी थी। दुनिया भर में कार्यक्रमों के लिए आपको आमन्त्रण मिलने लगे। वल्लभ सम्प्रदाय के आचार्य रूप में विदेशों में आपके वक्तव्य आयोजित हो रहे थे और संगीत शोध संस्थानों तथा विश्वविद्यालयों में भारतीय संगीत पर प्रकाश डालने के लिए भी आपके वक्तव्य आयोजित हो रहे थे। इसके साथ विभिन्न संगीत समारोहों में आपका गायन भी लोग सुन रहे थे। सराह रहे थे। इस क्रम में जर्मनी, बेल्जियम, इंग्लैण्ड, फ्रांस, अमरीका, लास एंजिल्स, शिकागो, डेनमार्क, स्वीडन आदि जगहों पर आपके कार्यक्रम आयोजित किये गये। अब तक सौ से ज़्यादा बार आपकी विदेश यात्राएँ हो चुकी हैं। विदेशों में आयोजित कई अन्तर्राष्ट्रीय संगीत सम्मेलनों में आपको सादर आमन्त्रित किया गया। स्पेन में आयोजित ऐसे ही अन्तर्राष्ट्रीय कार्यक्रमों में आपने राग हिंडोल कल्याण, चन्द्रकौंस और दरबारी गाते हुए लोगों का दिल जीत लिया। इस प्रकार जर्मनी में आयोजित एक अन्तर्राष्ट्रीय संगीत सम्मेलन में आपने अपना गायन प्रस्तुत कर सभी गुणीजनों और श्रोताओं को चमत्कृत कर दिया। लोगों ने आपकी भूरि-भूरि प्रशंसा की। आये दिन विदेशों से आपको आमन्त्रण मिलते रहते हैं। सुविधानुसार आप विदेशों में कार्यक्रम प्रस्तुत करने जाते रहते हैं परन्तु आपका कहना है कि जो मज़ा अपने देश में गाने-बजाने में है, वह विदेशों में नहीं। आपका मानना है कि विज्ञान और प्रौद्योगिकी में भले ही दुनिया के कई देश हमसे बहुत आगे हैं परन्तु संगीत के क्षेत्र में आज भी भारत का शास्त्रीय संगीत सर्वश्रेष्ठ है। और हमारी संगीत श्रेष्ठता दुनिया भर के लोग खुले मन से स्वीकार भी करते हैं। हमारे देश की युवा पीढ़ी में भले ही शास्त्रीय संगीत की लोकप्रियता कम हो रही है परन्तु पश्चिम में लोग हमारे संगीत के दीवाने हैं। एक पुरानी उक्ति के अनुसार 'मूरख जन को बोलवो और गुणीजनों को मौन' यह किसी भी कलाकार के लिए सबसे ज़्यादा कष्ट की बात हो जाती है। परन्तु गोकुलोत्सव जी की कला पर गुणीजन मौन नहीं हैं, देश-भर के नामी कलाकारों ने दिल खोलकर आपकी कला पर

अपने विचार व्यक्त किये हैं। भारतरत्न पण्डित रविशंकर आपको एक महान् कलाकार मानते रहे। उन्होंने पत्र लिखकर गोकुलोत्सव महाराज की तारीफ़ की और उन्हें दिल्ली में आयोजित अपने कार्यक्रम रविशंकर प्रजेंट में आपको आमन्त्रित किया। भारतरत्न पण्डित भीमसेन जोशी सदा आपके प्रशंसक रहे। वे कहते थे, आचार्य गोकुलोत्सव महाराज शास्त्रीय संगीत के वरिष्ठ गायक हैं, आपने देश-विदेश में शास्त्रीय संगीत को प्रतिष्ठा दिलायी हैं। उस्ताद अमीनुद्दीन ख़ाँ डागर कहते थे कि गोकुलोत्सव महाराज एक पूर्ण कलाकार हैं। आपकी गायकी में एक आदर्श गायकी के सारे अंग अकार, लहक, डगर, कुरन, मुनर, कम्पित, आन्दोलन, गमक, सूत, तान, सभी अद्‌भुत हैं। आपका लय पर अच्छा अधिकार है। आप ध्रुपद और ख़याल दोनों बहुत अच्छा गाते हैं, इसके पीछे वल्लभ सम्प्रदाय की परम्परागत गायकी है। सुप्रसिद्ध सरोद वादक अमजद अली ख़ाँ कहते हैं—गोकुलोत्सव जी महाराज के पास ध्रुपद, धमार, ख़याल और तराना आदि की प्राचीन और पारम्परिक चीज़ों का भण्डार है। आपने अमीर ख़ाँ साहब की रूहानी गायकी को आगे बढ़ाया है। पण्डित जसराज तो हर्षातिरेक में कहा करते हैं, 'वल्लभ कुल उपज्यो या जग को उजियार'। वे आपका गाना सुनते हुए बार-बार आपको इसी प्रकार सूर्य की तरह चमकते रहने की शुभकामनाएँ प्रेषित करते हैं। विदुषी प्रोफ़ेसर कृष्णा विष्ट कहती हैं कि मैंने गोकुलोत्सव महाराज की उत्कृष्ट गायकी, ध्रुपद, तराना, रागमाल के अलावा उनका पखावज वादन भी सुना है। वे चहुँमुखी कलाकार हैं। इस प्रकार संगीत जगत् के सभी नामचीन कलाकार गोकुलोत्सव महाराज की प्रतिभा का लोहा मानते हैं। यहाँ गुणीजन मौन नहीं हैं, वे पूरी तरह मुखर हैं।

आज देश-विदेश में गोकुलोत्सव महाराज की लोकप्रियता लगातार बढ़ती जा रही है, उसके पीछे उनके व्यक्तित्व और कृतित्व की कुछ ख़ास विशेषताएँ हैं। वे सीधे, सरल एवं मर्यादाओं वाले व्यक्ति हैं। आधुनिक फ्रेम में भले ही उनका व्यक्तित्व फिट न बैठता हो, परन्तु वे अपना फ्रेम ख़ुद तय करते हैं चाहे उसके लिए उन्हें कितनी ही आलोचना सहनी पड़े। उनकी वेशभूषा निर्धारित है। वे हमेशा सफ़ेद धोती, अंगरखा (बंडा) और उपरना (अंगवस्त्र) पहनते हैं। विशेष पर्वों पर राजकीय वेशभूषा धारण करते हैं और कभी-कभार केसरिया रंग के वस्त्र भी

धारण करते हैं। मस्तक पर हमेशा चन्दन और कुमकुम का ऊर्ध्वपुण्ड तिलक लगाते हैं। पलकों पर भी चन्दन लगाये रहते हैं। गले में तुलसी की माला और वक्षस्थल में यज्ञोपवीत धारण करते हैं। अब यह पारम्परिक वेशभूषा भले ही लोगों को रास न आये लेकिन उन्हें यही पसन्द है। वे हर मौसम, देशकाल और परिस्थिति में ऐसे ही रहते हैं। इसमें कभी कोई परिवर्तन नहीं होता। सुबह ब्रह्ममुहूर्त में उठकर यम, नियम, प्राणायाम करने के पश्चात् आपकी संगीत साधना का क्रम चलता रहता है। ठाकुर जी की नित्य प्रति की सेवा है, तत्पश्चात् समय पर शुद्ध शाकाहारी भोजन भगवान का प्रसाद समझकर आप ग्रहण करते हैं। सम्प्रदाय की पद्धति के अनुसार गाना-बजाना ठाकुर जी की सेवा का ही अंग है। इसलिए उनका हर कार्यक्रम ठाकुर जी के लिए ही है। श्रोता उसमें अतिरिक्त रूप से आनन्द प्राप्त करते हैं। यह भी ठाकुर जी की कृपा से ही सम्भव है। नित्य प्रति शास्त्रों का अध्ययन, प्रवचन, कथा-वार्ता और संगीत द्वारा ठाकुर जी को रिझाने का प्रयास जीवन का एकमात्र लक्ष्य है। इस प्रकार उनकी जीवन शैली अपने ढंग की है। समय-बेसमय उनकी जीवन पद्धति का लोग उपहास भी उड़ाते हैं। परन्तु वे हँसकर यही कहते हैं कि मैंने अपने लिए अपनी मर्ज़ी से यह जीवन शैली चुनी। सारे नियम, कायदे और संयम मैंने अपने लिए निर्धारित किये हैं। मैं किसी को यह सब अपनाने के लिए नहीं कहता। सबकी अपनी-अपनी स्वतन्त्रता है। मेरी भी है। मुझे जो अच्छा लगता है, उस प्रकार मैं जीवनयापन करता हूँ। किसी से नहीं कहता कि मेरी जीवन शैली सर्वश्रेष्ठ है, जो है, वो मेरे अपने लिए है, उसे कोई अपनाये, ऐसा मेरा आग्रह कभी नहीं रहता। हाँ, मेरे बेटे और पोते को मेरी जीवन शैली पसन्द है तो वे उसे सहर्ष अपना रहे हैं। यह हमारी पारिवारिक परम्परा है। इस प्रकार गोकुलोत्सव महाराज का व्यक्तित्व अपने ढंग का है। स्वभाव में वे सरल, मृदुभाषी और स्वाभिमानी प्रवृत्ति के हैं। जहाँ बोलना होता है, वहीं बोलते हैं। प्राय: चुप ही रहना पसन्द करते हैं।

आप कई चिकित्सा पद्धतियों के जानकार हैं। ज्योतिषशास्त्र में भी अच्छा-खासा दख़ल रखते हैं। समय मिलने पर बैडमिंटन और शतरंज खेलने का शौक़ रखते हैं। संस्कृत, हिन्दी और उर्दू में काव्य रचनाएँ करते हैं। आपको बड़े शायरों के सैकड़ों शेर याद हैं। सामान्य बातचीत में

अकसर आप कोई शेर सुनाते हुए बातचीत को रोचक बना देते हैं। आपने अपने जीवन के एक-एक दिन का भरपूर उपयोग किया है। समय को कभी आपने मौज़-मस्ती, गप्पबाज़ी आदि में बर्बाद नहीं किया, उसका सदा सदुपयोग किया है इसलिए विभिन्न क्षेत्रों में आप इतनी कुशलता हासिल कर पाये। अब संगीत साधना नियमित चलती रहती है। इस क्षेत्र में नित नये प्रयोग करते रहना आपको अच्छा लगता है। अपने प्रयोगधर्मी स्वभाव के कारण ही आपकी कला पर किसी का स्पष्ट प्रभाव नहीं है। अमीर ख़ाँ साहब से आप बहुत प्रभावित रहे, परन्तु जल्द ही आपने अपनी निजी शैली विकसित कर ली। इसी प्रकार सभी नामी कलाकारों को आपने ध्यानपूर्वक सुना, उनकी विशेषताएँ समझीं परन्तु उन्होंने किसी का अनुसरण नहीं किया। आज संगीत जगत् में उनकी अपनी मौलिक पहचान स्थापित है। वैसे तो मुख्य रूप से आपको गायक के रूप में जाना जाता है परन्तु सबसे पहले आपने पखावज सीखा भी, जिसमें आपने महारत हासिल की। आप पखावज बहुत अच्छा बजाते हैं। कई संगीत के कार्यक्रमों में आपने स्वतन्त्र रूप से अपने पखावज वादन का प्रदर्शन भी किया है। जितनी कुशलता से आप पखावज बजाते हैं, उतनी ही कुशलता से आप कश्यप वीणा और रबाब भी बजा लेते हैं। बाद में आपने ध्रुपद, धमार, ख़याल और तानों के प्रस्तुतीकरण में विशेषता हासिल की।

आपके सरगम और तानों में मेरुखण्ड, तीनों सप्तकों में गमक का प्रयोग मींड, आन्दोलन, खटका, सूत, लहक, बहलाव आदि के अद्भुत प्रयोग देखने को मिलते हैं। सपाट तान, कूट तान, फिरत, गमक, जरब की विशेषताएँ भी आपकी गायकी में स्पष्ट परिलक्षित होती हैं। आप राग विस्तार करते समय आकार के स्थान पर बोलालाप का खुलकर प्रयोग करते हैं, जिसका प्रभाव सुनते ही बनता है। आपकी गायकी में चैनदारी, ठहराव और धीमी लय का समावेश राग में चमत्कार पैदा कर देता है और श्रोता 'वाह-वाह' कह उठते हैं। राग विस्तार करते समय कण, मींड, सूत, गमक का सन्तुलित इस्तेमाल आपके गायन में अतिरिक्त मधुरता पैदा करता है।

वल्लभ सम्प्रदाय में मुख्य रूप से ध्रुपद गायन की परम्परा है इसलिए शुरू से ही गोकुलोत्सव महाराज ने ध्रुपद गायन में अपना ध्यान केन्द्रित किया। ध्रुपद गायन की परम्परा आपको अपने परिवार से मिली। आपके

पिता ने बचपन से आपको ध्रुपद गायन सिखाया और इसमें प्रवीण होने की प्रेरणा दी। आपने प्रारम्भ से ही ध्रुपद का ख़ूब अभ्यास किया। समकालीन सभी ध्रुपद गायकों को आपने गम्भीरतापूर्वक सुना और उनकी विशेषताएँ आत्मसात् कीं। आपके पास अनेक प्राचीन प्रबन्ध, छन्द, अष्टपदी, ध्रुपद एवं धमार रचनाओं का भण्डार है। अब तक देश में आयोजित लगभग सभी ध्रुपद सम्मेलनों में आप शामिल हो चुके हैं। स्वतन्त्र रूप से पखावज वादन और ध्रुपद शैली के गायन के लिए आपको हमेशा याद किया जाता है। आपका ध्रुपद-धमार सुनना, अपने आप में एक यादगार अनुभव होता है।

इधर शास्त्रीय संगीत के कार्यक्रमों में ख़याल गायकी की लोकप्रियता बढ़ी है। गोकुलोत्सव महाराज ने ख़याल गायकी में भी नये प्रयोग किये हैं। विलम्बित ख़याल के बाद जब आप छोटा ख़याल आरम्भ करते हैं तो प्रायः मध्य लय से बन्दिश शुरू करके आप धीरे-धीरे बढ़त लेते हुए तानों की झड़ी लगा देते हैं। आप द्रुत ख़याल में अनेक बार सरगम की तान में नीमबाट का प्रयोग करते हैं। आपने मेरुखण्ड की कठिन साधना की है। इसलिए कई क्लिष्ट और पेचीदा सरगमों को आप सहज ढंग से प्रस्तुत कर श्रोताओं को आश्चर्यचकित कर देते हैं।

तानों के प्रस्तुतीकरण के लिए आपको विशेष रूप से जाना जाता है। आपकी तानों में विविधता होती है। प्रायः आप अलग-अलग जाति की तानों का प्रयोग करते हुए अपनी गायकी को एक विशिष्टता प्रदान करते हैं। अक्सर अप्रचलित क़िस्म की तानें प्रस्तुत करते हुए आप चमत्कार पैदा करते रहते हैं। कड़क की तान, हनुमत गति की उछाल वाली तान, लरज गरज की तान जैसी प्रसिद्ध तानें प्रस्तुत करते हुए गोकुलोत्सव महाराज श्रोताओं को मोहित कर लेते हैं।

ध्रुपद-धमार, ख़याल, तराना, रागमाला आदि की प्रस्तुतियाँ करते रहने के साथ आप ठुमरी और भजन की प्रस्तुतियाँ भी उसी कमाल के साथ करते हैं। वल्लभ सम्प्रदाय में कीर्तन की परम्परा है इसलिए भजन प्रस्तुत करना महाराज को बहुत प्रिय है। गोकुलोत्सव महाराज को स्टेज पर सुनना, चाहे वे ध्रुपद-धमार, ख़याल, तराना, ठुमरी, भजन कुछ भी गायें, एक नये अनुभव से गुज़रना है।

गोकुलोत्सव महाराज पूरी तरह शास्त्रीय परम्परा के गायक हैं। घरानेदारी में आपका विश्वास नहीं है परन्तु घरानों से उनका विरोध भी नहीं है। वे संगीत की वैदिक परम्परा के अनुयायी हैं, वही उनका घराना है। अलग से किसी घराने का उन्होंने अनुसरण नहीं किया। उनका सारा संगीत ईश्वर की आराधना है। पूजा है। रागों की शुद्धता पर उनका बहुत ज़ोर है। लय-ताल पर उनका पूरा अधिकार है। स्पष्ट उच्चारण, स्थिर मुद्रा, दोष रहित और तीनों सप्तकों में आवाज़ को सहजता से ले जाना उनकी अपनी विशेषताएँ हैं। आपकी आवाज़ में आर्द्रता, मिठास और कोमलता महसूस करते ही बनती है। वे जितना मधुर और विशिष्ट गाते हैं, मंचों से उतने ही प्रभावशाली ढंग से संगीत का विश्लेषण भी प्रस्तुत करते हैं। शास्त्र और संगीत पर उनका वक्तव्य सुनना भी एक महत्त्वपूर्ण उपलब्धि से कम नहीं होता।

एक ओर आपने हज़ारों बन्दिशों की रचनाएँ कीं वहीं, आपने कई नये राग भी बनाये। इनमें प्रमुख हैं—राग अद्‌भुत रंजनी, स्नेह गन्धार, प्रसन्न प्रदा, मधु मल्हार आदि। सामान्यत: लोग तराने के बोलों को अर्थहीन मानते हैं। अमीर ख़ाँ साहब उन्हें सूफ़ी साधना के जाप मन्त्र कहते थे। गोकुलोत्सव महाराज इसे स्पष्ट करते हुए कहते हैं कि हमारी परम्परा में मन्त्रों का ध्वनि आघात होता है। जैसे हीम, क्लीम आदि। इन शब्दों के आप अर्थ खोजने जायेंगे तो कुछ नहीं मिलेगा। इनका सही उच्चारण के साथ पाठ करने पर जो ध्वनि आघात होता है, उसका असर होता है। इसी प्रकार तानों में बोलों का आप अर्थ न खोजें, वे बीजाक्षर हैं। उनकी ध्वनि का असर होता है अत: वे मन्त्र के समान हैं। इसका प्रमाण है गोकुलोत्सव महाराज की तानों को ध्यान से सुनना और उनका असर अपने ऊपर देखना।

गोकुलोत्सव महाराज को जो विरासत के रूप में पिता से मिला उसमें उन्होंने बहुत कुछ जोड़कर समृद्ध किया। अब इसे वे अपने शिष्यों को प्रदान कर रहे हैं। उनके बेटे ब्रजोत्सव महाराज उनके प्रथम शिष्य हैं, जिन्हें वे बचपन से सिखा रहे हैं। या यों कहें क्रमश: अपनी विरासत सौंप रहे हैं। अब तो उनका पौत्र उमंग गोस्वामी भी उनके साथ बैठकर संगीत सीखने लगा है। देश और विदेश में उनके शिष्यों की फ़ेहरिस्त लम्बी है, जिनमें (देश में) डॉ. नीता माथुर, डॉ. इब्राहीम अली, तृप्ति वाटवे,

नितिन पनकी, रूपाली दलाल, विनोद कटारे, परितोष पोहनकर, निखिल क्षीर सागर, अजय गरवारे आदि। विदेशों में डॉ. हैदर मुस्तफा (अमेरिका), पंकज पण्डित (लन्दन), मिस्टर पेट्रिक (फ्रांस) आदि। इस प्रकार गोकुलोत्सव महाराज के अनुसार संगीत की यह वैदिक परम्परा निरन्तर आगे बढ़ रही है।

गोकुलोत्सव महाराज को अब तक अपने जीवन में जितनी उपाधियाँ एवं मान-सम्मान प्राप्त हुए उनमें कुछ विद्वत्ता के लिए शेष संगीत जगत् में उनके योगदान के लिए। सबसे पहले मैं उन्हें 'वेद वाचस्पति' की उपाधि के लिए याद करता हूँ। इसके पश्चात् आकाशवाणी संगीत प्रतियोगिता के अन्तर्गत आपको सर्वश्रेष्ठ गायक का खिताब दिया गया। कालान्तर में भारत सरकार द्वारा ऑल इण्डिया रेडियो की ओर से आपको 'सर्वश्रेष्ठ कलाकार' का पुरस्कार प्रदान किया। अब पुरस्कारों और सम्मानों की मानो झड़ी-सी लग गयी। इण्टरनेशनल मेलोडी फ़ाउण्डेशन की ओर से आपको 'उस्ताद अमीर ख़ाँ अवार्ड' प्रदान किया गया। भोपाल में मधुवन संस्था द्वारा आपको 'श्रेष्ठ कला आचार्य' की उपाधि प्रदान की गयी। भोपाल में ही उस्ताद अलाउद्दीन ख़ाँ अकादेमी की ओर से आपको 'उस्ताद अलाउद्दीन ख़ाँ एकेडमी अवार्ड' प्रदान किया गया। अभिनव कला परिषद्, भोपाल द्वारा आपको 'अभिनव संगीत रत्न' की उपाधि से विभूषित किया गया। इस प्रकार शुरू से ही आपको विभिन्न संस्थाओं के अवार्ड मिलते रहे। देश और विदेश में लगातार हो रहे कार्यक्रमों से आपकी लोकप्रियता बढ़ती चली गयी। विक्रम विश्वविद्यालय के सत्रहवें दीक्षान्त समारोह में आपको डी.लिट्. की उपाधि प्रदान की गयी। वर्ष २००७-०८ में आपको मध्य प्रदेश शासन का प्रतिष्ठित 'राष्ट्रीय तानसेन सम्मान' प्रदान किया। यह सिलसिला आगे बढ़ता ही गया। देश की सीमाओं से बाहर विदेशों में भी आपको कई पुरस्कारों से सम्मानित किया गया, जिनमें 'ग्लोरी ऑफ़ द नेशनल टाइटल—जर्मनी', 'वाइस ऑफ़ द सेंचुरी—जर्मनी', 'मिलेनियम अवार्ड—न्यूयॉर्क', 'ओशन ऑफ़ द ज्वेल—अमरीकन आर्ट एंड कल्चर मीट वेस्ट शिकागो', 'यूनिवर्सल वाइस लन्दन' आदि।

भारतवर्ष में हर संस्था, संगठन और अकादेमी आपको सम्मानित कर रही थी। भारत सरकार ने भी आपकी योग्यता और आपकी सेवाओं को

भरपूर सराहा। आपको देश के प्रतिष्ठित पद्म-सम्मानों—पद्मश्री और पद्मभूषण से सम्मानित किया गया। इसके अलावा सरकारी और ग़ैर-सरकारी पुरस्कारों, अलंकरणों और उपाधियों का यह क्रम अब भी लगातार चल रहा है।

इन्दौर में 'अभिनव कला समाज' एक महत्त्वपूर्ण और बहुत प्रतिष्ठित संस्था है। इस संस्था द्वारा ६ मार्च, १९९५ को गोकुलोत्सव महाराज का नागरिक अभिनन्दन समारोह आयोजित किया गया। इस समारोह में अपार भीड़ के बीच आपकी तानों के चमत्कारपूर्ण प्रभाव के कारण आपको 'तान सम्राट' कहकर सम्बोधित किया गया।

इन दिनों आचार्य गोकुलोत्सव महाराज इन्दौर में मल्हारगंज स्थित वल्लभ सम्प्रदाय के प्रसिद्ध मन्दिर के निकट अपने भवन में अपनी पत्नी श्रीमती ब्रजलक्ष्मी, पुत्र ब्रजोत्सव महाराज एवं पौत्र उमंग गोस्वामी के साथ रहते हैं। कार्यक्रमों के सिलसिले में प्राय: इन्दौर के बाहर जाना होता रहता है। जब यहाँ रहते हैं तो दूरभाष पर बात करके उनसे कभी भी मिला जा सकता है। वे बार-बार यही कहते हैं कि संगीत तो मेरे लिए पूजा है। उपासना है। उनके विश्वासों के आधार पर यह कहा जा सकता है—

गाना ही नमाज, गाना ही कुरान है
गाना ही गीता, गाना ही पुराण है।